河之歌

罗选民译文自选集

罗选民 译著

中国出版集团
中译出版社

丛书编辑说明

"我和我的翻译"系列丛书由罗选民教授担任主编,第一辑遴选了12位当代中国有影响力的翻译家,以自选集的方式,收录其代表译著篇目或选段,涵盖小说、散文、诗歌等多种体裁,涉及英、德、法、日、西、俄等多个语种,集中展示了当代翻译家群体的译著成果。

丛书篇目及选段大多是翻译家已出版的经典作品,长期受到读者的喜爱和追捧。每本书的译者不仅是知名翻译家,还是高校教授翻译、文学课程的名师,对译文的把握、注释、点评精辟到位。因此,这套丛书不仅具有一定的文学价值,同样具有较高的收藏价值和研究价值,是翻译研究的宝贵历史语料,也可作为外语学习者研习翻译的资料使用,更值得文学爱好者品读、体会。

书稿根据译者亲自校订的最后版本排印,经过了精心的编辑,主要包括以下几方面的处理:

一、译者及篇目信息

1. 丛书的每个分册各集中展示一位翻译家的译著面貌,文前增添翻译家自序,由译者本人对自己的翻译理念、自选作品的背景和脉络等进行总体介绍。

2. 每篇文章都注明了出处，读者可依据兴趣溯源阅读。

3. 根据各位翻译家对篇目的编排，章前或作品前增添导读，由译者自拟，解析原著内容和写作特色，帮助读者更深入、全面地理解文本。

4. 书后附译著版本目录，方便读者查找对照、进行延伸阅读。

二、译文注释与修改

1. 在译文必要的位置增加脚注，对一些陌生的表述，如人名、地名、书名等做了必要的注释，有助于读者理解术语的文化背景及历史渊源。

2. 遵照各位翻译家的意愿，书中有的拼写仍然保留了古英语的写法和格式，原汁原味。

3. 诗歌部分，考虑其翻译的特殊性，可探讨空间较大，并且具有英文阅读能力的读者较多，特将原文为英文的诗歌，以中英双语形式呈现。

由于编辑水平有限，书稿中肯定还存在一些不足之处，望各位读者批评指正。

丛书总序

百年征程育华章　薪火相传谱新曲

　　翻译是文化之托命者。翻译盛，其文化盛，如连绵数千年的中华文明；翻译衰，则其文化衰，如早已隔世、销声匿迹的墨西哥玛雅文化、印度佛教文化。文化传承，犹如薪火相传；静止、封闭的文化，犹如一潭死水，以枯竭告终。

　　翻译是思想的融通、心智的默契、语言的传神。化腐朽为神奇是翻译的文学性体现，化作利器来改造社会与文化乃是翻译的社会性体现。前者主要关注人性陶冶和慰藉人生，个性飞扬，神采怡然；后者主要关注社会变革和教化人伦，语言达旨，表述严谨。在清末的两类译者中，代表性人物是林纾和严复。林纾与他人合作翻译了180余部西洋小说，其中不少为世界名著，尤其译著《茶花女》赢得严复如下称赞："孤山处士音琅琅，皂袍演说常登堂。可怜一卷茶花女，断尽支那荡子肠。"[1] 严复则翻译了大量西方的社会学、政治学、经济学、法学、哲学等方面的著作，是中国近代重要的思想启蒙家，其译著《天演论》影响尤为深远。该书前言中提出的"信、达、雅"翻译标准对后世影响

1　严复，《甲辰出都呈同里诸公》。

很大。严复本人也因此被誉为中国近代史上向西方国家寻找真理的"先进的中国人"之一。

此后百余年,我国出现了一大批优秀文学翻译家,如鲁迅、朱生豪、傅雷、梁实秋、罗念生、季羡林、孙大雨、卞之琳、查良铮、杨绛等。他们的翻译作品影响了一个时代,影响了一批中国现当代文学家,有力地推动了中国现当代文学的创新与发展。

余光中先生有一段关于译者的描述:"译者未必有学者的权威,或是作家的声誉,但其影响未必较小,甚或更大。译者日与伟大的心灵为伍,见贤思齐,当其意会笔到,每能超凡入圣,成为神之巫师,天才之代言人。此乃寂寞译者独享之特权。"[1] 我以为,这是对译者最客观、最慷慨的赞许,尽管今天像余先生笔下的那类译者已不多见。

有人描述过今天翻译界的现状:能做翻译的人不做翻译,不做翻译的人在做翻译研究。这个说法不全对,但确实也是一个存在的现象。我们只要翻阅一些已出版的译书就不难发现词不达意、曲解原文的现象。这是翻译界的一个怪圈,是一种不健康的翻译生态现象。

作为学者、译者、出版者,我们无法做到很多,但塑造翻译经典、提倡阅读翻译经典是我们应该可以做到的事情,这是我们编辑这套丛书的初衷。编辑这套丛书也受到了漓江出版社的启发。该社曾开发"当代著名翻译家精品丛书",出了一辑就停止了,实为遗憾。

本丛书遴选了12位当代有影响力的翻译家,以自选集的形式,收录译文、译著片段,集中反映了当代翻译家所取得的成绩。收录译文

---

[1] 余光中,《余光中谈翻译》,中国对外翻译出版公司,2002。

基本上是外译中，目前，外国语种包括英语、俄语、法语、德语、西班牙语、日语。每本书均有丛书总序、译者自序，每部分前有译者按语或导读。译丛尤其推崇首译佳作。本次入选的译本丛书可以视为当代知名翻译家群体成果的集中展示，是一种难得的文化记忆，可供文学和翻译爱好者欣赏与学习。

如今，适逢中国面临百年未有之大变局之际，中译出版社的领导高度重视，支持出版"我和我的翻译"丛书，可以视为翻译出版的薪火相传，以精选译文为依托，讲述中国翻译的故事，推动优秀文化的世界传播！

罗选民

2021年7月1日于广西大学镜湖斋

译者自序

译可译,非常译

我们现在不能产生严格意义上的翻译大家,因为在我们这个年代,能够倾其一生做文学翻译的人,几乎没有了。最后能够对得起这个称号的,恐怕只有20世纪早期那些教授学者,他们很幸运有过那么一段惬意的时光。周作人仅凭一部四万字的译书,卖给胡适,领到四百大洋(十个大洋一千字),并用这笔钱在北京西郊买了一块地、三间瓦屋,这在今天是天方夜谭。[1] 那个时候懂外语的人才十分稀缺,能留学的必须家底殷实,而且年轻有为。最重要的是,那个时代是中国社会的一个转型期,革命需要创造新的文学,需要改造旧的语言,从而去开创新的生活。翻译自然成为推动这个伟大运动的首选,译者的地位自然非常之高。

---

1 胡适当时主持"中华教育文化基金会编译委员会"工作,手上掌握一批经费。参见周作人,《知堂回想录》,香港:三联图书有限公司,1980,第9页。

如今，有国外留学经历且精通外语者大有人在，翻译也不再是高雅的词汇。尤其是翻译技术兴起之后，文学翻译与一般翻译的界限已经变得十分模糊，不少人甚至天真地认为人工智能未来甚至可以取代文学翻译。由于翻译的报酬可怜，译者的地位低下，这一切造成了今天译界的消沉，以至于批评声不绝于耳。

但我们还是能够非常惊喜地发现一批对翻译有坚定信念而且笔耕不辍的人，他们活跃在文学、哲学、历史等领域。他们是集仁、智、勇于一身的先觉。之所以仁，因为他们能够始终保持一份知识分子的优雅气度和淡定，维护了良好的学术生态环境。之所以智，因为他们能够看透今天的许多光鲜的学术成果不过是一层镀金，待时过境迁，精华荡然无存。而翻译，一旦与伟大的思想碰撞，产生的必是传世之作。之所以勇，因为他们能够抵抗时下疯狂的物质和名利的诱惑，甘于在翻译中寻找知识与思想，犹如一位矿工，挖掘不止，砥砺前行。

我不敢以翻译家自称，但希望自己是这样一群翻译矿工中的一员，虽然我只是在教学和科研之余做翻译，但我对文学和学术翻译一往情深。

我是"文化大革命"后恢复高考的第一批大学生。在我们读书期间，我们佩服的是能够讲一口流利的英语、把课文讲透彻的老师；如果在此之上，还发表译文和译著，那就足以令我们崇拜。翻译甚至成为我们鉴别外语老师水平优劣的最高标准。

当时上外语课普遍采用的是语法翻译教学法。课堂上，老师剖析语法解构，介绍生僻词的典型用法，然后，让学生将句子甚至段落翻译成中文，以检查学生对课文和词汇的理解与把握程度。我们常常在班上为老师或某一同学的精妙翻译而喝彩；后来我当老师以后，授课时也偶尔会使出一招精妙的翻译来镇住学生。

我是靠自学英语考进大学的，入学后，并没有勇气去动笔做篇章翻译。1981 年我毕业后留校，通过考试去了北京外国语学院英文系高师研修班学习一年，特别精读了张汉熙先生的《高级英语》(上、下册)。这是我读过的最好的教材之一。通过学习该教材，我对语言的认识已经从字句层面上升到谋篇布局，学会了关注文体修辞和品味文字。教材中有一篇课文《青尼罗河》(The Blue Nile)，描写了青尼罗河从埃塞俄比亚高原奔腾而下的壮美景色，展示了沿河千余英里的动植物的绚丽画卷。我很喜欢这篇课文，便将其翻译成中文，反反复复地修改，直到满意了才将译稿投给《环球》杂志。不曾料想 1983 年春这篇译文得以刊发，编辑部为了配合这篇文章，甚至在封三刊发了五幅尼罗河组图。初次出手，便获得成功。杂志被几位同时留校的同学轮流借阅，译作得到老师和同事们的一致赞扬。

1978 年 3 月入大学前，我只读过五年小学，一年中学，后来进了内地小城一家街道工厂做了七年多的炼胶工人，期间自学英文，汉语语法是到大学以后才开始学的。不过五年而已，我居然有英文翻译作品正式发表，这令我兴奋并充满了动力！此后我从《纽约客》《读者文摘》等英文刊物上寻觅可资翻译的散文，到 1985 年我考上北京外国语学院研究生以前，我已经发表了几篇译文和论文。

我 1985 年秋入学北外，研究生的专业是应用语言学，两年下来，我的语言学各科成绩位于全班前列。然而，就在写毕业论文时，我选择了语言学途径的翻译研究。一些同学为此感到不理解。我非常喜欢文学的想象力，也喜欢语言学的严谨缜密，唯有翻译让我从中找到了两者的结合。较为系统的语言学训练让我收获良多，让我做翻译研究时方法更为系统与科学，做翻译文本分析时更加严谨和深入。我的硕士论文《构建话语语言学的翻译理论》后来被收入《中国人文社会科学博士、硕士文库》（文学卷），1998年由浙江教育出版社出版。文学卷分上、中、下三册，一共才收入40篇学位论文，外语类入选的三篇，除我的翻译研究硕士论文外，另外两篇是中山大学区鉷和北京大学辜正坤的英美文学博士论文。同收入文学卷的一些著名学者有温儒敏、杨义、陈平原、汪晖、王岳川等。

翻译《青尼罗河》以后，也不曾有翻译鸿篇巨制的念头。然而，读研究生期间，我和好友一块合译了马利坦的《艺术与诗中的创造性直觉》，这部诗学译著于1989年完成，因为出版社经费短缺而搁浅了三年，1992年由北京三联书店在"当代西方学术文库"中推出。马利坦是普林斯顿大学梅隆讲座教授、西方新托马斯主义的代表人物。由于此书属于首译，所以，胡经之先生20世纪90年代初主编北京大学出版社的《西方文艺理论名著教程》时，邀请了译者来写《马利坦的文艺思想》一章。这部教程1992年底获得了全国优秀教材二等奖。在这段时间前后我还合译了文学理论著作《后现代主义面面观》以及《德国哲学》的部分章节。这些翻译实践让我认识到，在扎实的中外语言基本功基础上，做文学翻译的需要人生阅历和文采，而做学术翻译的则需要理论修养和概念准确。这些为我后来做文学翻译或学术翻译奠定了基础。

我接下来又翻译了奥巴马的《无畏的希望：重申美国梦》，译著于

2008年8月8日北京奥运会开幕式的第二天上架。由于法律出版社只买了五年的版权，故此书五年内重印了13次后就没有再印刷，读者也无法在书店邂逅此书了。此后，我又翻译了莎士比亚的《安东尼与克莉奥佩特拉的悲剧》、主译了陈福田主编的《西南联大英文课》（双语读本）等，得到不错的社会反响，尤其后者，一直在亚马逊、当当网上占据五星位置，短短几年售书便接近20万册。

现在简单回想起来，我的翻译经过两个截然不同的阶段：找米下锅阶段和上门约稿阶段。前阶段因我在一个普通师范院校任教，没有太多资源，几乎只要有译活，二话不说就接，而且不过问稿酬一事。后来，尤其到了北京以后，不同的出版机构或学术机构会常常上门约稿，被我婉拒了的出版社有不少。我的拒绝不是因为稿费，我只翻译自己喜欢的书，喜欢翻译有思想性的、有挑战性的书。当然，我也有两本儿童读物的翻译，那是因为我觉得我们的翻译界对儿童文学翻译的关注不够。儿童的想象力培养，不能仅仅来自母语的故事，还要来自异域儿童文学作品的翻译。

翻阅我的译文集，读者会发现至少两个特点：第一，首译占了绝大部分。我当然也羡慕过去那些翻译一个外国作家全集的译者，但这种机会在今天已经微乎其微。我的大部分翻译，接近百万字，都是不曾有人翻译过的。首译困难大，尤其是学术著作的翻译，稍有不慎，就会导致学理混乱，如严复所云："一名之立，踟蹰数旬。"不过在这种精神挑战中，我也产生了一种只有译者可意会的成就感。第二是翻译书稿体裁多样，涉及文学、文学理论、美学、哲学、神学、认知心理学等主题内容。而且，这些书大都是出自名家，属于经典之作。2009

年我参加了奥地利的萨尔茨堡全球论坛,讨论文化、翻译认同等,这是一个西方类似达沃斯论坛级别的文化论坛。我以翻译理论研究成果获得欧洲和北美学者的共同提名,并获得3,300欧元的奖金参加会议(中国另一位参会者是中国社科院哲学所的单继刚教授、《翻译的哲学方面》的作者)。参会者共计50人左右,都是各国著名学者,如英国《卫报》的主笔,诺贝尔文学奖评审委员会主席、瑞士的马悦然教授,美国加州洛杉矶分校著名学者和翻译家迈克·汉姆等。在我们分组讨论时,时任国际译联(FIT)主席、南非大学的教授竟自告奋勇担任秘书,做记录员的工作。与会者一致认为应该彰显译者(visibility of the translators)的地位,因为他们为世界的文化、思想和文学的沟通起到了巨大的作用。"遭到彰显"的三位与会译者分别是:挪威翻译协会会长(挪威百分之九十的印刷品是翻译,她说,一个小国如果没有翻译,思想就会干枯)、拥有利比亚和英国双重国籍的女翻译家(她用英语和俄语翻译非洲小说)和我。大家为我翻译了马利坦的《艺术与诗中的创造性直觉》、奥巴马的《无畏的希望:重申美国梦》两部选题不同、体裁迥异、难度极大、欧美学者几乎必读的书而感到钦佩。在五大后的论坛结束晚宴上,我还应邀代表来自世界各地的参会代表用英文致辞。

在翻译方法上,我个人主张先直译而后意译。我讲的直译不是欧化的翻译,佶屈聱牙;我讲的直译建立在通畅、晓易之上。在直译中,文本的形式与语言表达方式能够得到较好的保存,形式本身就是意义的一部分。我希望译作能留下原文的痕迹,那里面我们可以体会文化的、思想的、词语的别样滋味,我们的鉴别力、认知度都可以同时得到提升。当然，没有百分之百的直译，原文有许多可以做到直译与意译兼顾。我只是在直译不能表达文本意义时才采取意译。如果是诗歌，我会尝试用直译和意译不同的方式，或者直译与意译结合的方式去做。

我本人多年的翻译体会是：译者必须态度严谨，对文本心怀敬畏，措辞谨慎，力求达意。做到不通晓文本不译，不熟悉术语不译，语境不清楚不译，无可查资料不译。对于译文要反复推敲，斟酌用词，不断修改，只有这样，才能产生合格的译文。不同的语言中存在差异性和心智的不同，我们必须承认这个差异性，并力求在译文中保留它。因为这个原因，我们说，译可译，非常译！

罗选民

2021 年 8 月 15 日于西大镜湖斋

目 / 录

丛书编辑说明 ·· i

丛书总序 ·· 罗选民 iii

译者自序 ·· 罗选民 vii

第一编　人类与自然：散文与诗歌

河之歌 ·· 5

贫瘠的春天 ··· 7

负重的牲口 ··· 11

一对啄木鸟 ··· 13

圣　　山 ··· 17

青尼罗河 ··· 23

《精神颂》三首 ·· 29

心灵深处 ··· 32

第四天 ··· 34

迷失的心·· 36

第二编　诙谐与崇高：小说与戏剧

阿肯色的难关·· 44

怎样从猫爪下逃生·· 57

恶作剧者的下场·· 66

爱情之悲壮·· 76

第三编　直觉与阐释：美学与哲学

创造性直觉和诗性认识······································ 107

后现代文学及其机遇·· 145

原因的种类与科学的兴起···································· 193

被全球化遗忘的中间地带···································· 216

第四编　修身与思辨：教育与政治

何为思维·· 226

通识教育·· 231

民主社会中教育之功用······································ 236

经济增长会升华人的精神吗？································ 240

英语与修身·· 245

共和党人和民主党人·· 266

罗选民译著年表·· 308

第一编

人类与自然：散文与诗歌

导读

我的译文自选集按体裁和主题大致分为四个部分:"人类与自然:散文与诗歌""诙谐与崇高:小说与戏剧""直觉与阐释:美学与哲学""修身与思辨:教育与政治"。

第一部分主要收集了六篇短文和六首诗歌的翻译。最早的《青尼罗河》发表在20世纪80年代初,最近的散文翻译的发表是在2017年,时间跨度达三十多年。我用"人类与自然"作为这一节的标题,表达了我期盼人类与自然的和谐与发展。散文和诗歌的翻译,虽文字不多,但语言精练,寓意深刻,意境高远,读者的期盼很高,对翻译的要求自然也很高。在翻译中,我少用华丽的辞藻,也少用四字句,因为这些对一篇清新自然、贴切传神的散文和诗歌翻译往往是有害无益的。

在这一节,我选录了六首译诗,分别出自西班牙克洛斯的圣约翰、法国新托马斯神秘主义女诗人拉依撒·马利坦和法国诗人彼埃尔·勒韦迪之手。前三首从英文转译,后三首诗从法文译出。之所以选这几首,因为这些诗属于首译。前面三首我严格遵循了原诗abaab的韵脚,从结构和意义上尽量贴近原作。之所以没有采取归化的翻译,因为我希望把诗歌翻译作为一种实验。后面的三首法文诗翻译,则是无知无畏之举,预设了诗的意境和超验的感觉,力求在精神上与原文产生一致,让读者感受到语言的张力和轻快,从而和诗人、译者产生共鸣。

但在散文翻译中,我会注意人物描述的细微和贴切,让人物和事件自己去说话。在《河之歌》的结尾翻译是:

歌声里渗透着痛苦的呻吟。这是一种绝望的叹息,撕心裂肺,惨绝人寰。这是灵魂在极度痛苦中的呐喊,只不过带着音乐的节奏罢了。那最后的音符是对人性的终极罪诉。生活太难,太残酷,这是最后的绝望之反抗。那就是河之歌。

作为译者,我希望读者在欣赏这些译文时犹如欣赏一幅幅主题不同、色彩迥异的油画,聆听一曲曲神思飞扬、扣人心弦的演奏。把读者的心智、五官和体验都调动起来,这恐怕是散文和诗歌翻译应该获得的效果。在某种意义上,翻译家、作家、画家、音乐家都在讲述同一个故事,只是讲述故事的外在形式不同而已。

河之歌

[英]威廉·萨默塞特·毛姆

沿着河流一路都可以听到这歌声。这是桨手的歌声，响亮有力。他们奋力地划着木船，顺急流而下，船尾翘得老高，桅杆猛烈地摆动。这是纤夫的号子声，他们在拼尽全力逆流拉船时，声音会更加急促，让人透不过气来。如果拉的是乌篷船，那可能有十几个人；如果拉的是扬着横帆的华丽大木船过急流，那就得有几百人。船中央站着一个汉子不停地击鼓，给他们助威，让他们使劲。于是纤夫们使出浑身气力，就像被魔咒驱使般，腰弯成了九十度。有时在极度费力的情况下，他们就全身趴地匍匐前进，像地里的牲口。顶着河水无情的阻力，他们拉呀，拉呀，拼命地拉。领头的在队伍前后来回奔走，看到有人没有拼尽全力，就用劈开的竹条抽打他们裸露的脊梁。每个人都必须全力以赴，否则所有的努力就白费了。就这样他们还唱着激昂又热切的号子，这是汹涌澎湃的河水的号子。我不知道如何用言语来描述这股劲儿，这里面带着心脏的拉扯，肌肉的撕裂，还有人们克服无情大自然时所表现出的不屈不挠的精神。虽然绳子可能断开，大船可能又会被荡回，但他们最终能涉过湍流，在疲惫的一天结束后,热闹地吃上一顿饱饭,也许还可以抽一枪鸦片,舒服地幻想一番。然而最令人揪心的是岸上的苦力唱的歌,他们得背着从船上卸下的大包,沿着陡峭的台阶,一直走到城墙那里。他们不停地上上下下,伴随着无尽的劳役响起有节奏的呐喊:嘿,哟——嗨,哟。他们赤着脚,光着膀子,汗水顺着脸颊直流。歌声里渗透着痛苦的呻吟。这是一种绝望的叹息,撕心裂肺,惨绝人寰。这是灵魂在极度痛苦中的呐喊,只不过带着音乐的节奏罢了。那最后的音符是对人性的终极哭诉。生活太难,太残酷,这是最后的绝望的反抗。那就是河之歌。

贫瘠的春天

[美]赛珍珠

农民老刘坐在自己仅有的一间房门口。那是二月末一个温煦的黄昏,他瘦削的身体已经感知到春天的来临。他怎会知道正是这时候树木的汁液开始颤动,泥土中的生命开始苏醒呢?他无法给自己一个答案。可是在往年,这本是一件极容易的事情。他本可以指着屋子四周的柳树,给大家看就要抽条的嫩芽。但是现在树已经没有了,严冬饥荒时被他全砍了,一棵一棵地卖了。或者他本来还可以指着父亲年轻时亲手栽种的三株桃树和六棵杏树,给大家看那粉嫩的花苞。这些果树正值壮年,每年都会结下累累的果实。但是这些树也没有了。最重要的是,往年他还会指着麦地给大家看。在这块地上,他冬天种麦子,因为那个时令没法种水稻;快入夏时,他就会插秧种稻子,而且收成很好。水稻是他田里的主要农作物。但是今年地里啥也没有。没有离离的麦子,因为该种麦子的时候,田地被洪水淹没了,现在地都开裂了,像刚干不久的黏土一样。

好吧,在这样一个日子里,要是还和往年一样,他的水牛还在,耕犁还在,他应该早已经出门去耕种那片已经开裂的土地了。他很想念犁地，想念平整耕田的样子，是的，就算他连一颗可以播撒的种子也没有。但如今他没有水牛了。要是先前有人劝他把他的水牛宰了吃，他一定会痛骂那个人是个王八犊子。他的水牛可是耕地能手，丰收时还可以帮着拉石磨碾谷子。但这都是过去时了。他已经吃掉了自己的水牛。他和他的妻子、父母还有四个孩子一起把水牛给吃了。

但是，在那个昏暗的冬日里，他们吃完了储藏的最后一点粮食，树也砍光卖了钱，能卖的都卖了，连从洪水中救出的那一点点东西也都卖了，除了房梁和身上的衣服，什么都没有剩下，他们还能怎么办？剥掉衣服来填肚子有意义吗？而且当时牲口也已快饿死了，因为洪水已淹没草地，连煮牲口的骨和肉所需的柴草也得走很远才能捡够。那一天，他看到自己年迈的父母面如死灰，听到孩子们哭泣不停，眼见小女儿奄奄一息，他被一阵惨痛的绝望钳住，变得失去了理智，然后鼓起虚弱的气力，做了他说过永远不会做的事情。他到厨房拿起刀，走出去，把自己的牲口给宰了。那一刻他绝望地呻吟着，好像亲手杀了自己的兄弟。对他而言，这是最后的牺牲。

但这还不够。是的，他们又开始遭受饥饿的折磨了，但已经没有什么可杀的了。村子里很多人南下投奔别的地方，或者到河流下游的大城市去乞讨。但农民老刘绝不乞讨。而且他觉得反正大家迟早都要死，死在自己的土地上是剩下的唯一的安慰。邻居来求他，让他跟他们一起动身；是的，他的邻居看到自己的老父亲已命归黄泉时，甚至提出愿意跟老刘一道背他的父母赶路。但老刘拒绝了。这样也不错，因为两天以后他老母亲就死了。要是死在半路上，他只能把尸体扔在路边，否则还得耽误其他人的时间，让更多人因此死去。现在呢，虽说他身体已经十分虚弱，花了整整三天才挖出一个够深的土穴来掩埋母亲干瘪的身躯，但毕竟他可以把她安好地埋葬在自己的土地上。就在母亲下葬之前，他和老婆吵了一架，就为老人尸体上那点可怜的衣服。他老婆是个硬心肠的女人，假如老刘同意的话，她就要让婆婆光着身子下葬，这样一来扒下来的衣服就可以给孩子们穿。但是老刘还是给母亲穿了内衣和裤子离开，尽管那都已经是破布了。当他看到冰冷的泥土盖在老母亲的皮肉上时——喔，这对一个男人来说是一种悲哀，但是又有什么办法呢？然后他又亲手将他的老父亲、幼小的女儿和一个从未长结实的小儿子一个个埋入泥土。

　　这就是这场冬日的饥荒从他们身边所夺走的。饥荒还差点夺走所有人的性命，幸亏洪水过后，随处可见的水塘里发现了小虾，他们便捞来生吃，虽然都因此得了一种难以痊愈的痢疾，但他们一直这样吃到现在。大概在最后一天，他老婆挣扎着出去，挖到了一些刚发芽的蒲公英，因为没有柴火，所以也只能生吃了。味儿苦，但在吃腻了没有滋味的生虾后，这苦味倒还感觉不错。是的，春天来了。

　　他一屁股坐下，望着外面自己的土地。如果他能要回他的水牛，如果他没有把耕犁当柴火烧了，他现在就能耕地了。每当他想到这些（他每天都想很多遍），他就觉得十分无助，就像扔进洪水的一片孤叶。水牛不在了，犁也不在了，连一根木头一节竹子都没有剩，他还有什么呢？冬天里，有时候他还会心存一丝感激，因为洪水虽然冲毁了很多人家的房子，却至少没有把他的所有房屋都冲坏。但现在，他突然意识到没有什么值得他感激的，没有，甚至他都不感激自己还活着，自己的老婆还活着，还有老大老二两个孩子。他感觉到泪水慢慢涌上眼眶，就算在埋葬母亲那天，看着泥土撒落在母亲的躯体上时，他都没有掉过一滴眼泪，他甚至还因为母亲辞世时尚有破布遮体而感到安慰。但现在，他无以慰藉。他喃喃自语：

"我没有种子可以种地。土地就在那儿！我要是有种子，我会用我的双手去刨地，土地就会有收成。我知道我的地肥。但我没有种子，地里什么也没有。是的，春天来了，可我们还会挨饿！"

他呆望着这贫瘠的春天，没有一丝希望。

负重的牲口

[英] 威廉·萨默塞特·毛姆

  刚开始看到有苦力挑着重担在路上行走，你会觉得这是个愉悦的场景，冲击着你的眼球。他穿着破衣烂衫，一身蓝，从靛蓝、天蓝到泛白的乳蓝，但很应景。他费力地走在稻田间狭窄的田埂上，又或是爬上绿色的山丘，一切都显得那么自然。他身上不过一件短外套和一条裤子。倘若他有一套起先还是完好的衣服，后来要打补丁时，他却没有想到要选用同一颜色的布块，手头什么方便就拿什么补。为了遮阳避雨，他戴了顶草帽，隆起的部分像个灭火器，帽檐又宽又平，看上去有些怪异。

  你看见一长溜苦力走过来，一个接一个，每个人肩上挑一个担子，两头挂着两个大包，构成一幅惬意的图景。从水中的倒影看他们匆匆忙忙的样子十分逗笑。他们路过时你观察他们的脸，要不是东方人神秘莫测的说法已植入人心，你肯定会说他们面容温厚坦诚。当他们到了路边的神祠，在菩提树下放下重担，躺下来，快乐地抽烟聊天，而且如果你也尝试扛过他们一天要挑三十多英里路的重担，你会很自然地敬佩他们的忍耐力和精神。两千年来，他们祖祖辈辈都是挑重担的，所以他们干得很开心也不足为奇。事实上，你自己都能看到他们打很小的时候就开始挑担了，因为你会遇到小孩子肩头挑着扁担，两头挂着菜筐，跟跟跄跄地蹒跚前行。

日子一天天过去，天气变暖，这些苦力脱掉上衣，光着膀子走着。有时一个苦力要停下来休息，便把两头的包放地上，扁担还留在肩头，这样他就要稍稍蜷蹲着休息一下，这个时候你会看到他那可怜疲惫的心脏在肋骨间跳动。你看得一清二楚，样子恰似在医院门诊室看见心脏病人的心脏跳动一样。看到这一幕会让人有些许莫名的伤感。你再看他们的脊背，担子长年累月的压迫，留下深红的疤痕，有时甚至有溃口的疮疤，很大，没有绷带包扎，没有衣服隔挡，直接就在木扁担上摩擦。但最奇怪的是，就好像大自然力图让人适应他被交予的这些残酷用途，一种反常的畸形出现了，苦力们肩上会隆起一个包，就像驼峰一样，这样担子就可以顶在上面。但是尽管心在狂跳，疤在怒吼，不管苦雨还是烈日，他们永远都行在路上，从黎明到黄昏，年复一年，从童年到迟暮。你看到那些老人骨瘦如柴，皮肤松弛地耷拉在骨头上，丁瘪枯槁，脸上满是皱纹，像瘦猴一样，头发灰白稀疏，在重担之下跌跌撞撞，一直走向坟墓的边缘，那是他们最后休息的场所。但苦力们仍在赶路，不能算跑，也不能算走，就是快速地侧身而行，眼睛一直盯着地面，好选个下脚的地方，脸上露出紧张焦虑的神情。他们继续前行时，你眼前再也不是什么惬意的图景了。他们那种疲于奔命的努力让你感到压抑，内心充满怜悯，但又什么忙都帮不上。

一对啄木鸟

佚名

那天下午,读罢赫德森的《绿厦》,我沿着公路溜达。公路在我农场的另一边,那是在木伐林毁后新建的。曾经,湿润的六月让森林里的大叶枫、赤杨、柳树和桦树枝繁叶茂、郁郁葱葱。如今远望去,延伸至远方的公路好比一把灰色的利剑,将整片绿荫密林从中一劈两半。此时,我脑海中浮现出那对优雅有趣的鸟儿形象,就是赫德森的小说中埃布尔带着莉玛奔向她出生之地时看到的那一对。

画面似乎在脑中继续浮现,我看到眼前有一对举止奇特的啄木鸟。雄鸟紧抓杨树干枯的树干,雌鸟仅露出头和肩。显然,他们正用最富有激情的方式,享受交配的乐趣。一发现我,雄鸟用他特有的飞行方式从林中俯冲而下,起伏间飞进了像绿色砧云一般高出森林的树丛中。

此时,雌鸟留在树干后,只露出头和颈,盯着我,屏住气息,纹丝不动,俨然一副惊弓之鸟状。三辆汽车呼啸而过,犹如发疯的巨型甲虫,而她还是丝毫未动。

我挤进茂密的凤尾蕨中,距她已不到二十英尺。雌鸟依然紧盯着我的一举一动。这时,雄鸟归来,为她献上一条又肥又白的肉虫,其感觉显得极为荣耀。吃上一口,双方就要叽喳上好一会儿,此外,他还充分展示了作为雄性应有的礼节。总之,"在席面上最让人开胃的就是主人的礼节"。苏格兰乡绅如此,啄木鸟也一样。

我继续向凤尾蕨里头走去,发现雌鸟实际上就在她的窝里。她从那儿探出头和颈部。我小时候就研究过不少枯萎枫树上的小洞,很清楚这些小洞足足有六英寸深,而且当雌鸟堵在洞口时,一定有某种特殊原因。要问她在做什么,那一定在孵蛋了。

很快我发现,雌鸟并没在孵蛋。在一个井然有序的家庭里,每位成员要承担起一定的义务。因此,她负责孵蛋,而他呢,通俗点说就要负责"养家糊口"。他的任务显然没有完成。因为他离去的身影还没完全消失在林中,雌鸟就发出又急又尖的叫声,显然企盼着更多的食物。接下来的好几分钟里,她一直这样,偶尔嘴巴张得很开,好似喘不过气来。千呼万唤之后,他还没回来,这时雌鸟便换了手段,把叫声压低,声音断断续续地在树林间回荡。

可是,为她觅食者并没回来。显然,入凉的时候虫子不如平日多。她的脖子伸出洞口很长,一遍又一遍呼唤着他,显得非常紧迫。她还时不时地歪着头倾听外面的动静。她失望了,愤然回身待在巢中。不一会儿,她再次出现在洞口,又一遍遍发出尖锐的呼唤声。足足过了二十分钟后,雄鸟叼着条肉虫,风尘仆仆地赶了回来。她从他嘴里夺下肉虫,囫囵吞下。不过,美味还没进到胃里,她便像泼妇一样斥责起自己的丈夫。

雄鸟感到有些无所适从,便飞到树干另一边的枯树枝上,避避风头。而她以为雄鸟去那里游手好闲了，于是便站稳脚跟，伸出头去，转动着脖子，继续斥责唠叨。

像多数被数落了的爸爸们一样，雄性啄木鸟看起来跟平时一样淡定，如同在说："你就唠叨吧，反正我压根不当回事儿。"然后，雄鸟飞进了森林，她也就马上把头缩回窝里了。雄鸟刚飞走时还是毛毛细雨，而这会儿已然暴雨倾盆。雄鸟的身影还没完全消失在林子里，红冠头顶就探出洞口，双眼上方的浅橙色条纹好似两道冷峻的横眉，她又开始不停地发出尖锐的叫声了。我注意到洞口下缘略呈V字形，既可向阳采光，又可避风遮雨。

啄木鸟爸爸这次还是没能在预期的十分钟内返回，于是啄木鸟妈妈便发挥了怨妇的老派做法，变得愤怒而焦躁。有只不知好歹的长足虻刚掠过她的嘴边，就被她那乌黑锐利的喙恶狠狠地钳住。纯粹是怒火中烧，她居然还要吃洞口枯木的碎屑。可稍作品尝之后，她就感到无比恶心，于是吐了出来。

突然间，她性情大变，静坐在那里，好似从没见过我，眼中流露出些许温柔和好奇，时不时还眨眨双眸，娇媚迷人。继而，她又把头伸向另一边，侧耳倾听些什么。不过，我的耳朵迟钝，没能从充满森林的轻言细语中分辨出什么来。而听到动静的她又开始了新一轮的高声尖叫。不一会儿，只见一只啄木鸟羽毛不整，可怜兮兮地在雨中起伏颤悠，再次停落在窝边的枯树枝上。不过这回，他的夫人已经气过头了，压根不睬他带来的银灰色飞虫，而是发出更尖锐的声音，貌似在嚎叫。朝他一通数落后，她才开始享受觅来的食物。然后虫子刚刚下肚，就又继续对他喋喋不休。

不过,凡事总有个度,即便是啄木鸟也不例外。雄鸟兢兢业业,在森林的某个阴郁角落为她长时间觅食,归来时已浑身湿透、面容憔悴,而今受到这般数落,他突然抖了抖羽毛,飞到几码外干枯的红枫树枝上,开始"反唇相讥"。相比他那毛色靓丽的伴侣,他显得朴素单调,平淡无奇,个子矮小,身体紧实而有效用,一看就是一辈子伺候人家的。从昆虫到人类,无一例外。他出口简单干脆,我猜一定是一针见血了。

接下来啄木鸟妈妈便展现了其高超的博弈天分。她迅速撤回到窝里,无疑是决心待到"暴风雨"结束。啄木鸟爸爸发现没了听众,气得抖了几下湿透的翅膀,显然感觉自己还是很重要的,无人可以取代。于是,他又俯冲进入林子觅食去了。

圣 山

[英]高兹沃斯·洛斯·狄金森

　　火车到达泰安府时已是子夜时分，其时月满如盘，我们越过田野，穿过几条裸躺着一些睡客的旧巷子，之后跨进了一座嵌在高墙上的大门。途经之处，厅堂、凉亭三三两两，又路过几处空地，那里月光如泄、树影斑驳。上下了一段台阶后，我们终于到达了一座柏树成群的庭院。当夜，我们便在一条游廊里休憩，翌日清晨一睁眼，看到头顶的树叶似乎与天相接。我们先行游览了巍峨的寺庙，参观遗迹——这里有唐代的铁器、宋朝的石碑，还有据说在公元前就生长于此的古木，以及刻满乾隆御笔的石碑和一间间破败不堪的厅堂。另外，一座座院落杂草丛生，偶有残垣断壁、大门和高塔。下午，我们便开始登泰山，此山是中国众山之首，也大抵是世界上最常为游人所造访的名山。相传泰山是上古帝王祭天的地方。听说孔夫子于公元前六世纪就曾登顶并感叹"登泰山而小天下"。伟大的秦始皇也于公元前三世纪至此，而乾隆皇帝则于十八世纪在这里题词铭文。三千年来，数百万谦卑的香客在这条陡峭而狭窄的山路艰难跋涉。山路陡峭因其从无迂绕，而是沿一条小河的河床径直而上，通过石阶沿着山体一路爬上，约有五千英尺高。泰山十八盘有双崖夹道，犹如天门云梯，自下向上望去，蜿蜒耸立，险峻丛生，直到与天穹相接，这足以让任何一个狂热的旅者望而却步。我们比较有幸，可以在部分路段乘轿子通过。旅程异常精彩，路过那些低缓的山坡，我们途经了一道道大门和一座座庙宇。杨树叶的影子点缀着草地，成荫的柳树环绕着小溪，溪水一路上好像从一片碧绿的水塘落入了另一片碧绿的水塘。地势较高处散种着几棵松树。此外还有光秃秃的岩石，虽然光秃，却也极美，充满了奇形意趣，这与我在中国其他地区的山中所见到的一样。

中国人更宜于欣赏此类美景。沿山路而上，岩石上镌刻着文字，它们记载的是泰山的魅力与神圣。这其中有些出自帝王之手，十八世纪伟大的艺术赞助人乾隆皇帝便题字不少。到此的游人被告知，那些文字既是书法艺术之经典，又是文学创作之范例。实际上，据中国标准来看，书法艺术与文学创作彼此依存，浑然一体。最受游客青睐的景点，其名字本身就充满诗意。有亭曰"凤凰亭"、有泉称"白鹤泉"、有塔名"灵岩塔"、有山顶之门叫作"云门"。另有史为朴实却魅力不减的一处景致是块刻着"三笑处"的石头，因为有官员聚集于此饮酒时畅谈了三个极其有趣的故事而得名。很有意思吧？的确，中国人颇具谐趣。

登峰之时天已暮黑，于是我们就在山顶的寺庙里留宿。这庙是为道教神祇玉皇大帝而建，因此，我们就在玉帝和他身边诸位神明的塑像注视下休息，但直到月亮升起之时我们方才入睡。那是一轮橙色的圆月，从地平线上升起，轻盈地爬上天空，月光从五千英尺的山顶一泻如注，将山底流淌的河流映成了一条银色的带子。

翌日清晨日出之时，只见北边和东边山群叠嶂，绵延不绝，一直伸向地平线；而南边则地势平坦，五十多条小溪闪着光芒从山谷奔向河流。放眼望去，百山坐落，千峰林立。一千多年前，唐代著名诗人李白与五位友人一同退隐于此，饮酒作诗，史称"竹溪六逸"。我有时在想，他们相聚之时大概也沐浴在这晨光之中吧。我们在山上停留了一整日。随着时间的消逝，这里愈发显现出"神圣之地"的端倪。但何以为"神"呢？在这"神圣之地"，此类问题总是难以回答，因为有多少敬神者，就有多少关于神的理解。泰山的寺庙为不同的"神"而建，有的为泰山本身而建，有的为泰山娘娘——碧霞元君而建。泰山娘娘就像卢克莱修为之献上颂词的维纳斯女神——一处碑文称她泽被万物，霞光万丈，宛如青天——是一位慈祥的母亲，为女人送子添女，为孩子祛除病痛。有的为北斗星君而建；有的建给青帝，因为他为树木披上绿装。也有建给追云者的，或建给其他神仙。在这诸庙宇中，难道没有天神之位吗？如果真的这样认为，就太缺乏想象力了。当人们膜拜泰山时，他们敬拜的是山上的岩石，还是山之灵魂，或是那无实地寄放的神明？我们相信，日出中站立于此进行敬拜之人，他们敬拜的是后者。那么玉皇大帝只是一座神像吗？在我们留宿的庙宇中，有三行乾隆皇帝的题词：

佐天生万物，护国福烝民，造万世福祉。

这些诗行好似《诗篇》的文字一样，它们的宗教色彩不亚于任何一段希伯来文字。倘若众人在泰山的拜神被以"迷信"之名反对，那么从古至今任何地方的拜神都应以迷信论之。世上任何国家的宗教信徒都是少数人,我想印度则是个明显的例外。但我无法理解中国的宗教信徒为何少于世上任何一国。中国人对华兹华斯式的宗教有着特别的天赋,那种宗教崇尚的是自然之美和美之后所隐藏之物。人们对泰山和中国其他名山的仰慕、寺院和庙宇的选址、精美的石刻以及建之于秀丽景色中的各种亭台楼阁都印证了这种天赋。在英格兰,我们的山之秀美堪比中国的任何一座,但我们的"圣山"位居何处?在古希腊、意大利、现今的中国等所有国度都有迷人的神话传说,那么人类对自然之爱的外在表现又在何处寻觅呢?

伟大的神啊,
我宁愿是个,
沉浸于旧教规的异教徒,
站在这令人神怡的草原,
看着那缓解我内心之苦的世界。

若是生在中国,这位出生于赤裸世界的诗人绝不会发出那样动情的呐喊。

以上游历便引发了我这最后的反思。当那些热爱中国的人——如今在东方被蔑称为亲华派——宣称中国比现代西方更加文明时,坦率却对真相一知半解的西方人都对这个有失坦诚的谬论提出质疑。然而,这些关于泰山的文字或许有助于澄清这一事实。一个将自然之美视为神圣的民族一定是一个能够很好感知生活核心价值的民族,尽管这个民族可能会是肮脏、混乱、腐败、无能的——即使果真如此也无关宏旨,况且从广义上讲这远非实情。数百年前,他们在尚未高度富足的物质基础上建立了伟大的文化上层建筑。西方人则在重建物质文明的同时毁坏了上层建筑。西方文明所渗透的地方不仅带来了象征着现代文明的水龙头、下水管和警察,还带来了由罗马帝国首开先河的丑陋、虚伪和庸俗。中国的第一次"西潮"顺着铁路、河流和海岸将病态的广告、波纹状的铁屋顶、庸俗而毫无意义的建筑形式卷入中国,此景令人痛惜。如同在许多古老文明中一样,我在中国看到的建筑,都与自然和谐统一,并为自然之景增添色彩。如今,西方所建的一切都是败笔。我知道许多人都真心认为这种对美的破坏无所谓,他们以为在当下对下水道和医院需求量如此之大的世界,只有颓废的艺术家才会着眼于美。我认为此言甚为荒谬,西方世界之丑陋是灵魂痼疾之表征。这暗示着西方人行为的目的已隐藏于手段之后而难见其貌。而在中国,情况恰好相反,尽管达到目的之手段并不富足,但目的本身却明晰可见。试想中国人如何对待泰山,而不久之后当西方游客大量涌入泰山时,西方人又会有何举动?中国人修筑蜿蜒石径,从任何角度看上去都美不胜收,而美国人和欧洲人只会在石径上方架构索道,看上去就像一道永难愈合的显眼的伤疤。中国人用优雅的书法在山岩上作诗,西方人则会在上面写满广告。中国人在山上修建寺庙,每一座都像是为美景锦上添花,而西方人则在山上经营餐馆和旅店,好比自然之美颜上多了许多疥疮。我可以自信地讲,西方人定会如此为之,因为他们已经在任何有机会投资的地方采取了相同的举动。不错,中国人需要我们的科学、组织和医药，但倘若认为中国人必须为此付出极高的代价，或者认为在获取我们物质优势的同时，中国也势必同样丢弃我们几乎丢弃的那种精神生活形式——一种优秀而细腻的文化——那就是我们自以为是了。西方总是大谈启蒙中国，而我愿中国也能启迪西方。

青尼罗河

[澳]艾伦·穆尔黑德

"埃及是天赐的国家,是尼罗河的赠礼。"

——希罗多德

青尼罗河十分平静地从埃塞俄比亚北部高原的塔纳湖流出。没有瀑布或急流,没有固定的水流,事实上也没有任何迹象能够表明至少这部分平缓的水流要开始一次漫长而又重大的旅程,直下2,750英里以外的地中海。河源的实际出口位于塔纳湖南端的一个湾角里,一位旅行者很可能一点也不会注意到它。河岸不明显地分布为许多露出水面不高的岛屿,岛边丛林茂密,黑色的熔岩砾石点缀其间,灰绿色的河水从岛屿间慢慢流过。除了几位渔翁像水塘上的蜉蝣一样,在纸莎草筏上荡桨以外,此地荒无人烟,并且毫无开化的痕迹。四周一片寂静。你可以看到几只灰色的顽猴在巉岩上嬉戏,还可看见黑白羽毛相间的食鱼鸟在水上10英尺处鼓翅飞翔,然后径直俯冲下来,猛啄在一条鱼上。据说这一带有蟒蛇出没,它们长达20余英尺,身上五彩斑斓。假如机会碰得巧,你可以看到一条沿岸涉水觅食的蟒蛇,不过,在更多的情况下,它们往往栖息在低矮的树枝上,利用树叶的颜色作掩护,然后冷不防地抓住并吞噬一只猴子,或是一只下到河边饮水的警惕性不高的小羚羊……

在离湖几英里处,水流在浅滩和礁石上翻滚,浪花四溅。要在这儿行船是危险的;你只能骑上驴子,避开沿河的茂密矮林,紧紧依岸而行。

此地景色极美,是非洲热带与山区风光的结合:刺槐和荷花、榕树和桉树、棕榈和娇嫩的水蕨,雨林中的猴面包树也长得阔叶成荫,不似青尼罗河流至苏丹沙漠时遇到的这种树的光秃秃的样子。至于鳄鱼,我们在上游这块地方离它们还有老远,不过,这儿的鸟类却是不胜枚举。鱼鹰早晨在枝头鸣叫;白鹳的双翅缀有一条漂亮的黑边;鸥椋鸟看起来什么都像,就是不像鸥椋鸟,因为它们的羽毛闪烁着蓝色;黑色的朱鹭有一张弯刀似的嘴;还有鹈鹕、戴胜科鸟、金丝雀、鸢等。大犀鸟长得同幼鸵鸟一般大,但是更加笨拙,直到飞上天空,才展开它的宽大并带有白羽的双翅。

河东岸是连亘不断的崎岖的山峦,西岸却是布满黑色棉田的平原,一直延伸到远处的群山,在这些奇特的死火山顶上,花岗岩形状突兀,就像一块块巨大的灰色仙人掌直插云霄。

走过长约20英里的这样的地带,你可以察觉前面的阵阵轰鸣。潺潺流水声变成阵阵巨吼,山谷笼罩着低矮的湿云。这就是梯斯塞特瀑布——你的行程中所能见到的最壮观的景色。从某方面来说,它是白尼罗河或青尼罗河所能奉献的最庄严的景色,而却少为人们所知,这真是一件奇特的事情。在整个非洲,只有赞比西河上的维多利亚大瀑布可以与它媲美。同维多利亚瀑布一样，它也是平静地流过绿树葱郁的小岛和平滑的礁石，然后急转直下，形成一泻千丈的飞流，发出雷霆般的轰鸣。俯首下望，只见狭窄的山谷里河水湍急地奔腾，它弯弯曲曲地最后消失在远处环绕的山岩后边。山谷里，水花四溅，飞到对面的山脚，犹如永远不断的毛毛细雨。山脚下是一片湿润的绿色芦苇，随风摆动，就像海底的海藻。在这儿站上 5 分钟，就会全身湿透。

梯斯塞特瀑布标志着青尼罗河的平静流程的终点。从此，湍急的水流奔腾在埃塞俄比亚高原之上。它在长约 400 英里的路途上不断绕着大弯，先是向南，然后往西，再后又转向北方，一直到冲出重重群山，流入炎热的苏丹南部平原。水流越远，它所冲刷的水道越深，流至埃塞俄比亚中部，峡谷达 1 英里深，有的地方宽达 15 英里。但是，即使在最干旱的季节，急流也是翻腾而下，流速快到无法通航。从未有人能够驾小舟在青尼罗河上走完从塔纳湖到苏丹的这段航程，也从未有人能够骑驴或步行沿着这段险峻的河岸走完全程……

在这里，青尼罗河汹涌澎湃，令人生畏，而且越涌越急，在喀土穆与白尼罗河汇合。

白尼罗河比青尼罗河长得多。到喀土穆时，它离自己发源的中非维多利亚湖已有 2,000 英里。除南部苏丹苏德地区的大沼泽地带外，它的沿岸几乎都有人居住。不过它到此处的漫长流程的水位落差仅为 2,000 英尺 (而青尼罗河水位陡降近 5,000 英尺)，因而外貌平静，沉着。广阔的河面上，汽船、小帆船从容往还。它在很大程度上是主河。然而，两河在喀土穆汇合并失去各自的特点后，其真正实力有赖于青尼罗河。它提供了总水流量的七分之六,一年中有六个月,它从埃塞俄比亚群山中冲刷而下,势如奔涛。到六月份,洪水的力量如此迅猛,以致喀土穆汇合处的白尼罗河犹如被闸门截断,水流后退让路,而年轻、活跃的青尼罗河却一涌而过,夹带着成千上万吨无色泥沙冲到埃及。最后到一月,巨大的水流变得缓慢平静,白尼罗河重振声威。此时,你在喀土穆可以看见两河平缓地并肩流过,有几英里之遥的水面上呈现出一道明显的分界线;除凌晨或黄昏的一段时间外,白尼罗河水并非白色,而是棕绿。

  大河在到达地中海前尚有 1,750 英里的流程,沿途只有一条支流,阿特巴拉河——塔纳湖高原的另一份献礼。当尼罗河流经终年无雨的地带以前,只有这条温暖而又迂缓的棕色水流能够舒解沙漠中无休无止的单调之感。最终,在这个似乎一切都在使生活痛苦不堪,即到处炎热,充满风沙,孤寂凄凉,全无绿色的地带,我们突然发现古代文化的首批遗迹,它是对那种认为非洲不曾开化的看法的断然否定。当然,这些古代文明确实难以算是非洲的。存在这类文明的迹象首先出现在河下游离喀土穆 180 英里处靠近申迪的梅岁,在那里,200 余座已经毁掉的金字塔残存在沙漠上。此后,随着大河以它悠长而平缓的水流朝埃及边界涌去,这儿有越来越多的古堡和庙宇出现在眼前。这是苏丹的努比亚地区,另一种号称无人之境的边疆,古代的侵略军顺河而上,到这里寻找奴隶、黄金和象牙,征服者轮番违立王朝,并为自己树碑立传,直至诸如埃及人、波斯人、希腊人、罗马人以及努比亚本地人这样的新征服者接踵而至,老征服者才被驱逐出去。奇怪的是,他们中的许多人都崇拜太阳,而不崇拜尼罗河,尽管太阳乃是他们的敌人,而尼罗河却是他们赖以生存的希望。同样令人奇怪的是,这个历经争战和耕耘的地方在当代却遭到如此程度的离弃,过去的那种生活方式保留在河岸的努比亚人居留地上,画在这里的房屋上的明快的图案使人更多地联想起原始的非洲,而不是古代的埃及。过去的那种生活的迹象还保留于蜿蜒伸展在沙漠中块块绿洲之间的商旅小道上。朝圣者们怀着蚂蚁般的虔诚,年复一年地继续穿过这些荒芜之地,前往圣地麦加,这是一种忍受着在非洲酷暑中的奔波之苦去寻求神的恩典的壮举。

在曾是庞大的商旅集散中心和罗马帝国南疆前哨的阿斯旺,河谷也经历了巨变。河流的这段最后几百英里的流程中,都曾是荒凉的岩石和黄沙。但是,如今当你沿着流经菲勒圣庙的河水而下的时候,麦地和甘蔗田相继出现了。骆驼和驴子队在棕榈和柽柳丛中沿着河岸前进,在那里,村落连绵不断。河面上,轻舟浮荡,船桅上飘扬着指示风向的长条形三角旗。尼罗河上游那种十分骇人的风现在平息下来了。轻柔葱翠的埃及从这里开始,尼罗河的那段荒芜地带到此终结。

宏伟的寺庙相继出现。在温暖的空气中万籁俱寂,暗示过往岁月的事物都被保留下来。游人北去,观看前人已经看过的同样景物。这是一个认识过程·他们在观赏金字塔和狮身人面兽之前,脑子里已经有了它们的隐约可见的形象。

尼罗河最后把埃塞俄比亚的沃土带到开罗,这儿距离大海仅有100英里。尼罗河为自己的平展和驯顺感到茫然,它穿过许多错综复杂的河道和水道流入扇形的绿色三角洲。随着岸泥一块块地掉落,尼罗河把近海土地冲进地中海，它本身也就消失在沼泽和湖泊之间。古人所说的七个河口，现在仅存两个，其中一个在罗塞塔，另一个在达米埃塔。但是，在洪峰季节，尼罗河使得沿海数英里的海水颜色顿变；而当暴风雨从北方滚滚而至时，枯叶色的波涛则返回来扑打着埃及海岸。

至此，河流已经到达尽头，一系列再创造的业绩已经终结，青尼罗河通过这种再创造把生命从高原带到沙漠，从沙漠带到三角洲。

《精神颂》三首

克洛斯的圣约翰

第七首

所有萦绕在这儿的回忆
细述着你的美妙,却令我心黯神伤,
我不知为什么语无边际
它们唤起了什么样的奇异的狂喜,
留下我横卧着,瞑目在跌倒的地方。

第三十六首

亲爱的,跟我快乐在一起,
于你的美妙中,看到我们俩的映象:
在山麓旁,在绿草地,
纯净的小溪畅流无羁,
我们将穿越无人知晓的林莽。

第三十七首

然后爬上那巍峨的山脊,
攀援于山洞之间,花岗石旁,
这儿的小径模糊隐失,
我们踏入,不留下痕迹,
石榴美酒中我们酩酊尽欢。

心灵深处

拉依撒·马利坦

上帝啊！我的上帝，我们之间的距离难道无法忍受
指给我，请指给我一条坦荡、真诚的路
从我心到您神灵的历程半途中断
天地之间人类可否建立驿站
我赤贫如洗，心力交瘁
一切说出来的太残酷，而我的悲伤太多情
心灵披着忧伤的丧服
恐怖漫漫的路
何处有希望闪耀
抬起全然孤独无望的双眼
我寻觅你的身影
层层黑暗笼罩着我，恰似那殉葬的墓穴
怎样穿破象征与您相聚
聆听您那充满真理的话语

围绕着您所说的一切都大逆不道
您亲口讲述的永恒秘密却予以关照
当您将自己裹藏于所有这些影子之中
您所创造的世界，早已闪耀着满天的星辰
空灵的意识萦绕我的心际
在空灵之深处，我向您呼喊，我的上帝！

第四天

拉依撒·马利坦

我目睹大地壮美的诞生
她从缤纷的汪洋中崛起
林木遍地,翠绿四溢
汇成天堂般的妙景

梦幻将我带向
超越一切已知时代的宇际
金色门府开启
露出凋寒的画面

我穿越无涯的天际
毫无激越的冲动
但舞步的节奏与旋律
都在我身心萌启

森林和草原向我欢欣
那绿茵早闻名于《创世纪》
河流奔泻,安详而静谧
那斑斓的山岗上白雪云集

凝滞的空气在光芒中飘逸
多像那愉快的脸儿稍带睡意
歌声轻轻回荡在天穹
却不知歌手们在何处隐匿

新词从我喉咙中蹦出
永恒的感觉,无穷的意味
从大地深处发出清新的赞歌
那是巴贝塔塌落前的语汇

知觉的波澜又拍打着我的身体
在科学和非科学之间
灵魂惊慌不已
第六天,我才恍然醒起。

迷失的心

彼埃尔·勒韦迪

他那样珍重自己
他那样害怕被盖
那蓝天的被盖
是白云的枕头
他的良心遮掩得如此不够
他害怕杂沓的脚步
和玻璃里切割的街道
他太瘦太小,不能抵御冬天
他如此害怕寒冷
玻璃镜反照着他透明的身体
他如此迷惘,不知去向
时光把他投入波浪
鲜血不时泛起
眼泪已浸湿衣裳

双手撷采绿色的树枝

和海滩上的藻类植物

良心埋藏在荆棘之中

沾血的双手紧捂胸口

两眼无光,双脚在海面拖曳

像章鱼无生气的双翅

他跌倒尘埃

与城市相撞

祈祷上帝,将他从记忆里

抹去吧!

第二编

诙谐与崇高：小说与戏剧

导读

这一部分收录的是小说和戏剧的翻译，选材具有戏谑和崇高之特质，它们是文学作品中最能彰显文学性的两个要素，是对翻译成败的一个极大的挑战。

第一篇出自马克·吐温的《哈克贝利·费恩历险记》，一部写给小孩同时又写给大人看的文学经典。此前主要有张友松和成时的译本。但这两个译本的语言老到、规范，成人读者自然欢迎，但对于少年儿童，语言则略显拘谨。也就是这样一种原因，20世纪90年代中期我和曾竹青接受了这部作品的重译任务，我们力求翻译的语言生动和幽默，而且尽量不显山露水，让读者去细品个中滋味。另外，译者在翻译中严格采用了原书的排版，如文中海报格式和字体大小，而不只是把海报内容翻译出来即可，这些细节是其他译本未能做到的。

第二篇来自布鲁克斯的猪宝弗雷迪经典系列，这套儿童读物有26种，作者通过猪宝弗雷迪系列将传统的价值观和幽默风趣的语言融合在一起，被认为是堪与小熊维尼媲美的美国儿童文学经典。

2004年接力出版社编辑找到我，希望我邀请几人翻译美国儿童经典猪宝弗雷迪系列中的四本。我邀请了北外王克非、南开严启刚两位教授博导一块来做。我翻译的本子是《牛仔弗雷迪》。在翻译时，我力求用儿童的语言来翻译，把动物的俏皮和幽默充分表现出来。我给自己定了一个标准，如果少儿读翻译文本时，没有不时笑出声来，那这个文本翻译就不算成功。下面的引文出自译著第十章：

"金克斯很羡慕兔子的表演，一心想加入他们的组织。但是他们却怎么都不同意，说是恐怖十一人组这个名字听起来不雅。真正的原因很清楚：金克斯比他们这些兔子个头要大一些，一旦加入就会夺他们的位，当他们的头头，并控制他们。金克斯诱惑说，他的加盟可以充实恐怖十人组的力量。首先，他擅长发出恐怖到让人血液凝固的尖叫；其次，如果卷入什么搏斗，他还可以保护他们。兔子们则说，虽然恐怖的尖叫声确实很有效果，但到目前为止，他们没有恐怖的尖叫声，日子也照样过得不赖；至于保护吗，他们实在不需要了，如果真的有哪个动物丧失理智而攻击他们，他们是可以拔腿就跑的。当然，兔子跑起来飞似的，就像驾着疾风的闪电。"

第四篇取自在莎士比亚的《安东尼与克莉奥佩特拉的悲剧》结尾部分。这是外研社为纪念莎士比亚逝世四百周年而策划的《莎士比亚全集》(双语本)的出版计划。2013年底该丛书主编辜正坤教授找我帮忙，翻译莎士比亚的这部最长的悲剧作品。他告诉我译者阵营强大，除他自己外，还有许渊冲、彭镜喜、傅浩等。本来所有剧本早两年就已安排好译者人选，可当交稿日期临近时，有少数人退出了。我是算是救火赶场子的。不期最后加入的我在2014年下半年交稿时，大部分译者都还没有交稿，于是我把译稿撤回重新修改，如此反复了两次。至2015年初交稿时，我在这部译著上花费的时间达到了两年，从原著、历史读物、电影和电视剧等，阅读大量相关资料，得到了自己比较满意的翻译效果。

克莉奥佩特拉是一个美丽、蛮横、傲慢的女人，但在这个外表之下隐藏着她真实、炽热的爱情。在剧情的尾声，安东尼战败后自杀，面对凯撒的软硬兼施，克莉奥佩特表达了对爱情的忠贞和埃及女王应有的高贵气质。我努力通过译笔来表现她的高贵和尊严：

克莉奥佩特拉：
阁下，我将不吃不喝，阁下；
如果瞎扯闲谈能消磨漫漫长夜，我亦将

> 不眠不休。让凯撒尽管使出他的招数,
> 我定要亲手摧毁这血肉之躯。你要知道,阁下,
> 我不会像一只被斩翅折翼的鸟儿般,
> 跪在你的主人庭上等候发落。
> …………
> 我宁愿赤裸着身体,躺在尼罗河的淤泥上,
> 让水蝇在我身上产卵生蛆,令我恶心呕逆!
> 我宁愿让祖国那高高的金字塔做我的绞刑架,
> 用铁索把我吊起!

译著出来后,我丝毫没有因在这个翻译大大超出了预想的时间和精力而感到亏损,相反,每次的修改,我都有乐在其中的感受。虽然是重译,但我的重译站在了前贤的肩膀上。出版社给我的译酬是比较丰厚的,但我觉得最大的回报是这部译著本身。

阿肯色的难关

[美]马克·吐温

太阳已升起来了，可我们没有靠岸，继续往下漂。不久国王和公爵起床了，可仍迷迷糊糊的。他们到河里游了一会儿后，才清醒过来。吃过早饭，国王坐到一边去，脱掉靴子，挽起裤卷，把腿泡在水里，图个舒服凉快，然后点燃了烟管，背诵《罗密欧和朱丽叶》中的台词。等他背熟了，公爵和他一块排练。公爵一遍一遍地教他怎样念台词；教他把手放在心口上，叹气，过了一会，他点头说国王做得很好，"不过还有一点欠缺"，他说，"不要像你现在这样粗声粗气地吼出'罗密欧'的名字，声音像水牛一样——你要柔声、娇嫩地叫唤他的名字，像这样——罗密欧！就这样；因为朱丽叶是个甜甜蜜蜜的小姑娘，可不能像个母驴那样粗声粗气地叫唤。"

接下来，他们拿出一对公爵用棕树板子做的长剑，开始练习击剑——公爵称他自己为理查德三世；他们在木筏上你进我退，蹦来蹦去的样子，还真有看头。可不久，国王绊了一跤，跌倒在木筏上，于是他们坐下休息，讲着以前沿河各自历险的经历。

吃过中饭，公爵说：

"喂,卡白[1]陛下,我们想把这台戏演成第一流水平的,所以我想再加点东西进去。要是观众要求我们再表演一个的话,我们好拿出个节目应付应付。"

"什么叫再表演一个,比尔吉窝特?"

公爵告诉了他,然后说道:

"我就来一个《高原挥手》或《水手号笛舞》,那你呢——嗯,让我想想——噢,有了——你可以演一段哈姆雷特的独白。"

"哈姆雷特的什么?"

"哈姆雷特的独白。你知道,那是莎士比亚最精彩的部分。啊,它是多么崇高、多么伟大啊!总能迷住整个剧院的人。我这书上没有这段独白——我只有一册莎士比亚的书——但我可以凭记忆背出来。我要来回踱一分钟的步,看能不能从装记忆的容器里倒出来。"

于是他来回不停地踱来踱去,皱着眉头拼命地想着,忽然他扬起眉毛,立刻,又把手用力压在额头上,朝后踉跄了几步,仿佛呻吟了一声,接下来他叹了口气,还掉了颗泪珠子,那样子真逗趣。到最后,他总算记起来了,叫我们听好。他装出一副最高贵的姿态,一只腿迈向前,举起只胳膊,头往后仰,眼睛朝天,然后咬牙切齿地狂喊狂叫了一通,完了后,又四处吼了几声,胸膛挺得高高的,他的表演胜过我看过的所有剧目。这段独白挺容易,当他教国王背诵时,我就学会了:

---

[1] "卡白"是路易十六的王室姓氏。

活下去，还是去寻死；正是这把短剑造成了一生的灾难；谁愿担负起这么大的重荷，直等到勃南森林真的来到敦西宁，

但对死后的恐惧，

害死了清白无辜的睡眼；

伟大自然的第二条路径，

使得我们宁愿投射残酷命运之箭，

也不愿逃向那未知的地府寻求解脱。

这正是让我们犹豫的缘故：

用你的敲门声叫醒邓肯吧！只要你做得到；

因为谁愿忍受时间的鞭打与蔑视，

以及统治者的镇压，傲慢者的无礼，

法律的延误，肉体剧痛致死的痛苦，

在午夜的荒野中，当教堂墓地，

在惯常的庄严肃穆的黑衣笼罩下打着呵欠时，

但是从那个未知的有去无回的国土上，

吹出的死亡气息传染了整个世界。

因此决断的本来面目，像格言中可怜的猫，

因过分的犹豫而出现了病容。

笼罩在我们屋顶的低云，

由于这个缘故而改变了流向，

失去了行动的力量。

我们虔诚祈求的正是这种至善至美的崇高，

且慢,美丽的奥菲丽亚,

不要张开你那大而笨重的大理石嘴巴,

去尼姑庵吧——快去![1]

老头非常喜欢这段台词,他很快就学得像模像样,好像他天生就是演这一段戏似的。当他演熟了,背熟了时,一高兴,竟然兴奋得手舞足蹈,泪流满面,那样了可真逗乐。

公爵一遇上机会,就印了许多演出的海报。从那以后,我们又往下演了两三天,这时我们的木筏上真是热闹非凡,因为他俩一天到晚要么就是练习击剑,要么进行彩排——这是公爵说的术语。一天早上,当我们顺利地来到阿肯色州时,我们看到一个大河湾里有一个不起眼的小镇,于是我们在它上游大约四分之三英里的地方,把木筏停在一条小溪的口子上,两边低垂的松树枝桠交叉、盘根错节,把小溪围得像个隧道。除了吉姆,我们都乘独木舟去镇上,看有没有演出的机会。

我们赶上了好运气;那天下午那儿有个马戏团,乡下人早已乘坐各种各样带篷的四轮马车纷纷进镇了。马戏团天黑前就会离开,所以给了我们的演出一个很好的机会。公爵租下了法院大厅,我们到处张贴海报。上面写道:

---

[1] 这篇《哈姆雷特》的独白是由《哈姆雷特》和《麦克白》两个剧中的台词凑成,此外还有其他戏剧的台词。

莎士比亚戏剧的再现！！！

精彩绝伦！

只演一晚！

由世界著名的悲剧演员

伦敦珠瑞港剧院小**大卫·加里克**

和

伦敦皇家亥马克特剧院大**爱德蒙·克安**[1]

主演

莎剧最经看的一幕

《罗密欧与朱丽叶》

中的

〈阳台抒怀〉

罗密欧…………加里克先生

朱丽叶…………克安先生

剧团全体成员通力合作，竭诚尽心

最新服装，最新布景，最新道具

激动人心的、一流的、惊心动魄的比例

又及

《理查德三世》！！！

理查德三世…………加里克先生

1　爱德蒙·克安（1787—1883），伦敦珠瑞港皇家剧院的著名悲剧演员。

瑞切蒙德………克安先生

又及

(应观众的强烈要求)

加演哈姆雷特经久不衰的独白！！

由克安先生主演

巴黎三百场，场场爆满

兹因须火速返欧

仅演一场

门票：每人二毛五，小孩、仆人一毛

四处张贴完后，我们在镇上闲逛。镇上的店子和房子几乎都破旧不堪，清一色的用干木头架搭成的，上面从来没刷过油漆；它们都建在离地面有三四英尺高的树桩上，这样河水上涨时，不会给淹着。所有的房屋前后都有个小花园，可他们几乎什么都不种，只有一些金参草，向日葵，一堆一堆的炉灰，卷缩的旧皮靴和破皮鞋，还有些破瓶子，烂布条，和用坏了的锡铁壶一类的东西。周围的篱笆是由各种各样的木板钉成的，钉的时间也不相同，有的是很久以前钉的，有的才补上去不久。木板钉得东倒西歪，一般篱笆上的门都没安上铰链——只用一根皮带系着。有些篱笆不知什么时候用白粉涂抹了一下，公爵说那一定是哥伦布时代涂的。常常有几只猪钻进花园里，人们就赶忙把它们赶出去。

所有的店子都开在一条街上。他们在店外都搭了白色的家常凉棚，乡下人就把马拴在搭凉棚的杆子上。凉棚下堆放着许多装布匹用的空盒子，那些游手好闲的人整天躺在木盒上，用刀子在上面削木片下来，嘴里嚼着烟叶，时不时地张着大嘴慢悠悠地打哈欠，伸懒腰——真是一群无赖。他们通常头戴伞盖那样大的帽子，可身上不穿外套，也不穿背心；他们互相叫着比尔，巴克，汉克，乔和安这样的名字，懒洋洋地聊着天，嘴里不停地骂着脏话，每根凉棚的柱子上都靠着个这样的闲汉，他们总把手插在裤兜里，除非借烟叶给别人，或搔痒时，才把手拿出来。他们之间老讲着这样的话：

"给我一口烟嚼吧，汉克。"

"不行，我只剩下一口了，你去问比尔要吧。"

也可能比尔会给他一口烟嚼，也许他会撒个谎，说他的也嚼完了。他们中的一些人的口袋里从没装过一分钱，也没有一口自己的烟。他们都借烟嚼。他们中的一个对另一个说，"我求你借我一口烟嚼，杰克，我刚才把最后一口烟借给本·汤普逊了。"——每次这样说时都在扯谎，他只能骗骗陌生人罢了，可杰克不是陌生人，他会说：

"你给了他烟嚼，是吗？你妹了男人的奶奶还给了一口呢。你把从我这里借走的烟叶都还给我，内夫·巴克，那就再借你一两吨烟都行，还不要你还利息。"

"可我先前的确还了你几口烟呀！"

"不错，你还了我——大概是六口。你借的是商店烟，还的却是黑人头。"

商店烟是又扁又黑的板烟，可是这些家伙多半是把烟叶卷起来就放到嘴里嚼。当他们向别人借一口烟时，总是不用刀子切下一点来，而是放在上下齿之间，用牙齿咬开，再用手扯下一半；有时这块烟饼的主人哭丧着脸看着还给他的这一小口咬剩的烟饼，讽刺地说道：

"把你嘴里的烟给我吧，你把这块拿去。"

所有的街道和巷子里满是泥浆，都是稀泥——有沥青那样黑，有的地方有一英尺深，浅的地方也有二三英寸深。只见街上到处是猪走来走去，哼哼地叫着。有时 只满身是泥的母猪带着一窝猪仔沿街懒洋洋地散着步；忽然横躺在路当中，把腿伸开，闭着眼喂猪仔奶吃，两只大耳朵还扇来扇去的，害得行人不得不绕过它走。过了一会，只听得一个闲汉叫道，"咳，去咬它，小虎！"于是那头母猪爬起来就跑，可怕地尖叫着，因为一边有一两只狗咬着它的耳朵在打秋千，后面还跟着三四十只狗。这下引得所有的闲汉都围来观看，不停地哄笑着，对这闹闹嚷嚷的景象非常满意。一直到那些个狗和猪都消失不见了，他们才又回到凉棚躺下去。要是有场狗打架的话，他们又会爬起来观看。不过，像狗打架这样的事，也不能让他们从梦中彻底醒过来，或让他们从头到脚高兴个透——除非在一只野狗身上浇上些松油，点上一把火，或者把一个锡盒子拴在狗尾上，惊扰得拼命直跑，跑得要死的样子，那他们才觉得快活无比呢。

朝河的那一面，有一些房子伸向岸外，它们朝水面上歪斜着，看上去马上就要倒塌了。人们不得不搬离那儿。有些房屋的一个角落下的河岸已经塌陷，所以那个屋角便吊在空中，可还有人住在里面，非常危险，因为有时像屋子那样宽的地面会突然沉陷，有时四五百码长的地带会渐渐的陷下去，——陷下去，直到某个夏天来临时，全部没入水中。住在地基这样岌岌可危的镇上，人们只好不停地往后撤，因为河水永远不停地在啃蚀着小镇。

那天越临近中午，街上的车马就起多，而且还有更多的人马不断地涌来。户户都从乡下带来了午餐，一家几口便待在车子里头吃起来。有许多人喝着威士忌，其间还发生了三起打架事件。突然，只听得有人喊道：

"瞧，老鲍格斯来了！——他从乡下赶来，过他那一月一回的小酒瘾了，伙计们，看啦，他来了！"

所有的闲汉们都喜眉笑眼的，我想他们一定是取笑惯了鲍格斯。其中一个说道：

"猜猜他这回又要弄死谁了。他这二十年来一直威胁说要干掉那么多人，要是他真的把他们弄死，就大名鼎鼎了。"

另外一个说道，"我倒希望鲍格斯来吓吓我，那样我就知道可以活上一千岁了。"

鲍格斯骑在马上，穿过人群一路飞奔而来，像个印金人[1]似的大喊大叫，吼道：

"给我让道，让道，我来打仗了，棺材要涨价了。"

他喝醉了，在马鞍上东倒西歪的。他有五十多岁了，喝酒喝得满脸通红。大家都朝他叫喊，嘲笑他，骂他粗话。他也用同样的话回敬他们，说他不会放过他们，要每月来一回把他们一个个揍死；可他现在还顾不上他们。因为他这次来是要杀了谢勃老上校。他的座右铭

---

[1] Injin，印金人，印第安人的俚称。译注。

是"先吃肉,临完再吃上几勺果子汤"。

他见了我,纵马前来说道:

"你从哪里来?小东西,你想死吗?"

说完他又策马继续往前跑。我怕极了,可有个人说:

"他说的不是那个意思,他一喝醉酒总是那个样子。他是阿肯色州心眼最好的大傻瓜——无论他醉了还是没醉,从来不害人。"

鲍格斯骑到这个镇最大的店铺前,低下头,把头探进凉棚的帘子下观望,喊道:

"滚出来!谢勃!滚出来,见一见你骗的人。你正是我要找的流氓,我要结果了你的命。"

他继续叫骂下去,用他挖空心思想出来的最恶毒最肮脏的话骂谢勃。这时整条街都挤满了来看热闹的人,大家边听边笑,沸沸扬扬的。隔了不多久,一个大约五十五岁左右,态度高傲的人——他是那个镇上穿得最好的人了——走出了商店,人群立即向两边后退,分开一条道让他走。他镇定自若地、一字一顿地说道:

"我听够了这些话了,不过我还可以忍耐到一点钟。到一点钟时,你要记住——我将再也无法忍受。一过那个钟点,若你还开口骂我的话,不管你走多远,我都要找你算账。"

说完他转身又进了店。人群看起来冷静了许多,没人敢动一下,也没人敢笑一声。鲍格斯离开了店子,在马背上沿街扯着嗓子漫骂谢勃;没过多久又掉转马头,回到那个店门前,仍然破口大骂。有些人围住他,想要他闭口,可他听不进劝告;他们告诉他过十五分钟就到一点了,所以他必须立刻回家。可劝来劝去都是白费劲。鲍格斯仍然粗话不离嘴,还把帽子扔到泥里,往它上面骑过去,然后又策马离开了那儿,沿街叫骂去了。只见他那灰白色的头发在迎风飘扬。谁只要一看到,就竭力想把他拉下马,好把他关起来,让他清醒清醒,但都是徒劳无益——他拨开人群,沿街奔腾,又骂了谢勃一句脏语。后来有人说:

"去叫他女儿来!——快,去叫他女儿来;有时他还听她的话,要说有谁能劝得住他的话,那只有她了。"

立刻便有人跑去找鲍格斯的女儿去了。我沿街走了几步,又停住了。过了五到十分钟,鲍格斯又来了,可这回没骑马。他光着头,摇摇晃晃地横过街道朝我走来,一边由一个朋友搀扶着,他们急着要把他拖走。鲍格斯现在已经闭了嘴,脸上露出一副不安的神态,这时的他并不是不愿离开,他自己也在挪动步子大步走路。想不到有人大喊一声:

"鲍格斯!"

我朝那喊声望去,看是谁在喊他,原来是谢勃上校。他站在街道正中间,一动也不动,右手举起一支手枪——还没有瞄准鲍格斯,只把枪管斜对着天空。也就在同一时刻我看见一位年青的姑娘急忙跑来,旁边跟着两个人。鲍格斯和他的朋友转身看谁在叫他,当他们看到时,搀扶他的那二位朋友立刻跳到一边去,这时谢勃的枪管慢慢地放下,稳稳地端平了——两根枪筒上的扳机都扣上了。鲍格斯举起双手叫道,"噢,天啦,不要开枪!"砰"!第一枪打响了,他朝后踉跄了几步,手在空中抓了几下——"砰"!又是一枪,他朝后重重地倒在地上,两只胳膊伸开。那个年青的姑娘尖喊着跑了上来，扑倒在她父亲身上，哭喊道，"噢，他杀了他，他杀了他！"人群立刻围了上来，贴肩接踵的，你挤我，我挨你，都伸长了脖子想看个仔细，而里层的人想把他们往后推，叫道：

"退后，退后！让他透透气，让他透透气！"

谢勃上校把枪扔到地上，来了个"向后转"，走开了。

他们把鲍格斯抬到一个小药铺，人群依然围着不散，整个镇的人都来了。我跟了去，在那儿的窗户边占了个好位置，站在那里离他很近，可以看得很清楚，他们把他放到地板上，把一本大圣经垫在他头下，打开另一本《圣经》，展开放到他胸脯上；他们首先撕开他的衬衫，我看见一颗子弹射进了他的胸膛。他喘了大约十二口气，他一吸气，胸脯上的《圣经》就鼓起来，一呼气，《圣经》又沉了一下去——之后，他一动不动地躺在那儿，断了气。他的女儿，哭着尖叫着，被人拉走了。她大约十六岁，长得十分温柔可爱，可脸色十分苍白，她真是吓坏了。

这时，整个镇的人都倾巢出动，来到药铺前，推推搡搡的想到窗户边看个仔细，可先前站在窗边的人不肯让位置给别人，于是后边的人总抱怨道，"喂，你现在该看够了，你们这些家伙，你们老待在那儿不动真是太不像话了，太不公平了，总要给别人一个机会来看一看呀，别的人也有同样的权利想看一看呀。"

而站在前面的人就还嘴，我立刻溜了出来，心想可能要出大乱子了。街道上挤满了人，个个都兴奋不已。谁见过那场枪击的人就讲给那些不在场的听。那些讲的人身边围着许多人，听的人则一个个伸长脖子，听得入了神。其中一个又高又瘦的人，长发披肩，脑袋后扣着顶白皮高帽,手里拿着根弯柄手杖,用手杖把鲍格斯站的地方和谢勃站的地方都划个圈圈标明出来;人们也跟在他后头,从这个地方走到另一个地方,看着他所做的一切,一边点着头表示他们明白了他那样做的用意,一边还微微弯下腰,把手撑在大腿上看地上用手杖划出的圆圈。然后那人站直身子,站在谢勃那个位置,皱着眉头,把帽檐往前拉到眉毛上,嘴喊着:"鲍格斯!"然后把手杖朝下,慢慢地端平,嘴里发出"砰"的一声,朝后踉跄了几步,又叫声"砰!"便直挺挺地朝后倒在地上。那些亲眼看见那个场面的人都说他模仿得不差一毫一厘,事情就是那样子发生的。接着便有十二个人拿出酒瓶来,请他喝酒。

有人说应当把谢勃用私刑绞死。大约过了一分钟,每人都随声附和说要这样做,于是他们疯了一般地大喊大叫着一边跑,一边把路上的晒衣服的绳子扯下来,准备拿它们去绞死谢勃。

怎样从猫爪下逃生

[美]沃尔特·R.布鲁克斯

金克斯对教课很着迷、很投入,所以,他在谷仓住了整整四天。谷仓里有几种捕鼠器,他向老鼠们演示如何用小树枝捅诱饵来触发有些捕鼠器的弹簧,这样就可以安全地吃到诱饵。他还向老鼠们传授如何在触发机关前在门口放上土豆大的一个东西,就可以安全地进入鸟笼子般大小的捕鼠器中,因为此时门已无法关上了。他还告诉他们如果在野外遇到猫头鹰和老鹰的追捕时该怎样逃脱。他说,大多数老鼠此时都试图通过快跑来逃生。但是,那样做实际上是很愚蠢。正确的方法应该是站着不动。当老鹰突袭时,一下躲到一边去。那老鹰就会抓到一爪子草,随后他会呼叫着,振翅飞到高空中来做第二次俯冲,你就可以抓住时机朝隐蔽处跑上十到十五码。然后当他再次俯冲下来时,你可以故技重施。

"鹰在最后半秒钟内是不能改变进攻方向的,"金克斯告诉他们,"我知道当你看着那两只大爪子向你扑来时,要做到一动不动地站着确实很难。但只要你能坚持到最后半秒钟,一般都能逃脱。"

一只老鼠提出他们还想了解一下怎么从猫爪下逃生。

"关于这个问题我恐怕帮不了多大忙,"金克斯说,"说到猫——嗯,那是另一回事。因为我自己就是一只猫,所以夸奖猫有多么聪明、多么足智多谋似乎不太好。但是既然你们问到了我,我也不想隐瞒什么。猫是有史以来最聪明的动物,只要他想抓住你——嗯,你就只有被抓住,就这么简单。"

"但我有一次就从猫爪下逃走了。"一只长着大耳朵的小老鼠说道。

听到这句话,金克斯的胡须猛然一抽,但还是礼貌地说道:"祝贺你。我刚要讲到虽然想从猫爪下逃脱几乎是在浪费时间,但我觉得我还是可以教你们几招逃避的方法。也许你,先生,可以协助我一下。你叫什么名字?"

那只老鼠说他叫霍华德。

"很好,霍华德,"金克斯说道,"请你靠墙那边站好。如果在我抓住你之前,你能跑到谷仓的任何一角的话——那么,就说明你够机灵的。你随时可以开始啦。"

于是霍华德开始了。但他并没有跑,他爬了一英寸左右就停了下来,然后接着再爬一英寸。

"别害怕,"金克斯温和地说,"我不会用我的爪子的。"

"我没害怕。"霍华德答道。然后他突然转身,沿原路飞奔了回来。

金克斯蹲伏下来,摇着尾巴。"现在我来演示给你们看。"他说着一跃而起。

但是霍华德并没有跑开,相反,他径直朝猫跑了过来。当金克斯腾空跃起时,他刚好从他身下跑过。然后当金克斯疯狂地四处搜寻他时,他已跑到了谷仓的一角。"我做得不错吧?"小老鼠急切地问。

金克斯有点掩饰不住他的恼怒。他开始后悔不该说了那么多关于猫的大话。"不错!"他故作热情地说道,"不错!再来一次。"

霍华德故技重施。他爬一点儿,停下来一动不动,然后接着爬。这次,金克斯也爬了起来。他肚子贴近地面迅速地往前移动。这样老鼠就不能再从他身下跑过去了。当他做最后的攻击时,他离霍华德只有三英尺远。但这次霍华德还是没被抓住,他沿着墙径直往上跑,越过了一根大梁,然后掉到了谷仓的一角。

金克斯坐了下来,愤怒地环视着其他老鼠,但是老鼠们都没有笑。"好啊,好呀,"他说道,努力地想使自己的语气听起来好像一切都在意料中一样,"不错,霍华德。你似乎已知道了两种较简单的躲避方法,所以我不必再教你们这两招了。我们可以接着讲一下更复杂一些的招数。但现在我要先谈一谈另一个话题。"

他所作的演讲很有指导意义,是关于如何合理使用鼠洞的:"比方说有一只猫守在老鼠洞口,在洞里你们派了一只老鼠监视着猫。不一会儿,这只老鼠就会想:'我想他已经走了吧?'然后他就把鼻子伸了出来。砰!一只大爪子拍了下来。这只老鼠急忙缩回去,吓得心脏都快停止跳动了。但又等了 小时后他想:'这回他肯定已经走了!'于是他又把鼻子伸了出来。"

"嗯,在这类游戏中只有一方会输,那就是老鼠。但我从未听说过有这么一只老鼠,他绝顶聪明,设置了一种报警系统。尽管他住的那所房子里有四只猫,但他从没被抓住过。因为他只有一个出口——那是在餐厅一角的护壁板上开的一个洞——他在房间两侧啃出两三个瞭望孔,这些孔大小刚好够老鼠向外窥视。老鼠躲在那些地方窥视,可猫甚至还蒙在鼓里呢。老鼠将他的孩子们安置在每一个瞭望口,当他听到孩子们说:'啊,爸爸,可以啦。'他就窜出去,收拾餐厅地毯上的面包屑。"

每天早上,金克斯都会用上一个小时,就"逃避猫的对策"或"野外安全措施"等话题进行一番演讲,然后下午的时间会用来进行实地考察,或是指导老鼠们啃瞭望口、在谷仓里对身体进行伪装。

霍华德是金克斯最得意的学生。他非常喜欢他。到了第五天,金克斯说他得回去了,当他问霍华德是否愿意跟他到比恩农场去过夏天时,霍华德感到欣喜万分。

于是他们用几段细绳把装塔菲的笼子捆了起来,然后两只老鼠一人抓住一根绳子把笼子拖出了谷仓,拉到了路上,开始了他们的行程。

当然,金克斯意识到了,如果后面有车开过来的话,他们小小的行进队伍就会引起骚动。所以他没有去拉绳,只是在后面跟着,手里拖着一根树枝,这是几天前被暴风雨吹折的,上面还依然留着许多青绿色的树叶。金克斯的用意是,在听到后面来车时,就可以把树枝往笼子上一盖,然后让老鼠们围在笼子边坐下,直到车开走。

他们快到比恩农场时,听到了一个奇怪的声音,这种声音在东部的路上已不常听到了——那是十几匹马的马蹄踏在碎石路上发出的鼓点般的声音。当骑手们快速绕过前方的转弯处时,金克斯用树枝一下子把笼子盖住了。

骑手中领头的高个子一脸苦相，穿着牛仔服，他身后跟着两个并排的骑手，衣服都很鲜艳。金克斯以为是碰上了马戏团。领头的人，当然是卡尔·弗林特，其他的骑手是从城里到他牧场度假的游客，但是金克斯当时并不知道这些。这些游客穿着五颜六色的西部服装。有些骑手骑得很轻松，但多数都在马鞍上又颠又晃，金克斯不禁想，他们的牙齿一定都被颠松了。

弗林特先生举起一只手，于是骑手们都停了下来。

"出什么事了？"有人问道。

"猫——我不喜欢猫。"弗林特先生说道。他从马鞍上跳下来，朝金克斯走去，每走一步，他身上佩带的硕大的墨西哥踢马刺都会叮当作响。

金克斯并不怕人。他觉得人一般都举止优雅，彬彬有礼。不过弗林特先生的表情让他开始产生怀疑。他看起来并不像要过来摸摸他的头，然后说声"多漂亮的小猫"。当弗林特先生把一条腿甩向后面要踢他时，他躲开了。那只大靴子从他耳边擦过，金克斯飞快地爬上树。

游客们小声嘀咕着，他们似乎不赞同弗林特先生的做法，一个来自锡拉库扎的巴洛威太太像一袋湿沙一样坐在马鞍上，她是个非常好的人，她说："哎，听着，弗林特先生，那只猫也不碍你的事，你为什么要踢他呢？"

但是弗林特先生已把盖笼子的树枝踢飞了，老鼠们飞跑而去，藏到了青草里，笼子里关着的俘虏一览无余。

弗林特先生指着笼子："这就是为什么我要踢他！"他进而说道，

"这就是你的猫！把无辜的小松鼠关到笼子里，将他拖走，然后用他来做一顿美餐！哎呀，看看这可怜的小家伙吧！"他伸手拿起笼子递给他们看。

塔菲用他那双大大的松鼠眼可怜巴巴地看着人们，大滴大滴的眼泪顺着他的皮毛慢慢地滚落下来。他看起来确实很可怜。

队伍中的女人们说道："可怜的小家伙！""他多可爱呀！"而男人们都怒视着金克斯，朝他挥舞拳头。弗林特先生从臀部的枪套里拔出一枝大枪，瞄准了树上的猫。

但巴洛威太太策马过来，停在了他身边，把一只手放在了他的手臂上。"无辜的小松鼠，是吗？"她说道，"我想你不太了解松鼠。他们抢劫鸟巢，吞噬小鸟，他们的害处简直是任何一只猫都无法想象出来的。你要想放松鼠一马就放了他吧，但如果你把猫打死，就别再指望我住在你的牧场了。"

弗林特先生耸了耸肩。"好吧，"他说道，"不过我得等一会儿再把他放走，那样他才能到一个安全的地方去！"他把捕鼠器绑到马鞍头上，"我还是要警告一下那只猫。"说着，举枪向树上开了火。

子弹击落了离金克斯鼻子仅一英寸远的一片叶子。"天哪，"他想，"他真的想打死我！"他想绕到树干后面去，但地方不够大，他绕不过去。当弗林特想要再次举枪时，从远处传来了呼喊声："嗨，嗨，嗨——"沿着路北边牧场上的小坡，一个骑着鹿皮色马的胖牛仔策马而来。

那是弗雷迪，他穿着一件鲜红的衬衫，上面印着黄蓝相间的闪电图案。他挥舞着帽子大叫着，冲着他们奔了过来。但当他骑到将田野和小路分隔的那堵墙时，又把帽子戴上了，他勒住马，停了下来。

"哎呀，伙计们！"他说，"怎么开枪了？"

有几个游客哈哈笑了起来，用手遮着嘴，小声议论起弗雷迪来。作为一只猪宝，弗雷迪当然没什么可笑的，但作为牛仔，他的形象着实滑稽。巴洛威太太开了腔，她向弗雷迪解释了所发生的事情。"我希望你能阻止他，别让他再朝那只猫开枪。"她说道，"猫这么做也是出于他的本性。"

"恐怕是邪恶的本性吧。"弗雷迪说道，他抬起头，这才看见了金克斯，但他假装没认出他来。"实际上，"他接着说，"治安官已组织了一群人满山搜寻这只猫。他是比恩太太的宠物猫，已失踪了差不多一个礼拜。所以，作为这一搜寻队伍中的一员，让我来处置他吧。下来，小猫。可爱的小猫！来呀，我们要在你脖子上系一条漂亮的红丝带，给你一个鱼头，让你晚上美餐一顿。"

金克斯不太喜欢吃鱼，当然更不愿意吃什么剩鱼头。而且如果比恩太太真在他脖子上系一根丝带，他可能会因此感到十分羞愧，而在门廊下站立一个礼拜。他当然认出了弗雷迪，但是他弄不明白他穿着牛仔服骑着马要干什么。目前唯一安全的出路是跟弗雷迪走，因为弗林特先生手里仍旧拿着枪。于是他从树上滑下来，落到了弗雷迪的背上。"如果你再说'漂亮的小猫'之类的话，"他嘟哝着，"我要把我的爪子刺进你肥实的后背里去。你这头蠢猪。"

弗林特先生缓慢地把枪放回到枪套里。"好吧，"他简短地说道，"走吧，伙计们。"

他们一行人又接着向前走去。当经过弗雷迪身边时，他们猛盯着弗雷迪看，有几个人还用手捂住嘴，一边咯咯地笑，一边小声地议论。只有巴洛威太太微笑着冲他点了点头，并用戴着手套的一根手指轻触了一下帽檐向他致意。

"嗯，总算还有那么一个懂礼貌的人。"弗雷迪嘟囔着。

"可能她有点瞎，"金克斯说，"你这身打扮连猫见了都会发笑。事实上，也确我这只猫忍不住笑出来了。"他张开嘴笑了一声，以表明他确实忍不住要笑，然而，他突然停了下来，"哎呀，糟了！"他说道，"我把霍华德给忘了！"

"我在这儿呢，先生。"霍华德答道，把他的鼻子从墙上的裂缝里伸了出去，"其他老鼠都回去了，但你说过我可以和你一起去比恩农场。"

于是金克斯向弗雷迪讲了关于霍华德、塔菲以及他在破旧的谷仓里冒险的故事。

"我不介意他跟我们在一起，"弗雷迪说道，"但这事要由我们那儿的家鼠们说了算。我想他得跟他们一起住。你说呢，奎克？"一直待在弗雷迪那雷电交加的印花衬衫口袋里的奎克，把胳膊肘搭在弗雷迪衬衫口袋边上，皱着眉头看着霍华德。"我想应该可以吧，"他说，"如果他不把家吃败的话。我想没有哪只田鼠像猪那么能吃的——我是说像野菠萝那么能吃的。"[1]

"野菠萝是什么？"金克斯问道。霍华德接过话茬儿说道："我想他的意思是说像企鹅一样。企鹅可是非常贪吃的，尽管在这一带很

---

[1] 在英文中，猪、菠萝和企鹅的拼写分别是 pig、pineapple 和 penguin，三个词均以字母 p 开头。（译注）

少见到他们。"

奎克感激地冲他咧嘴一笑,但弗雷迪说道:"什么企鹅!他起初是说'猪',完了后发现没办法改口,找个其他可以说得通的词来替换。我应该让他走着回去。至于你,霍华德,你最好回你自己的谷仓去吧。"

"啊,我干什么了?"霍华德抗议道。

"这些家伙拿我开玩笑还可以原谅,"弗雷迪说,"因为他们是我的老朋友。但我对你来说是个陌生人,取笑一个陌生人是十分不礼貌的。"

霍华德怔怔地注视了弗雷迪一分钟,然后,他耷拉着耳朵,垂头丧气地沿路慢慢往回走。弗雷迪皱起了眉头。霍华德的表演很到位,没人能比他扮得更加可怜。正因为弗雷迪自己也很会演戏,所以他能够欣赏别人的精湛表演。"哎,来吧,"他咧嘴一笑,"你可以跟我们一起走。"

恶作剧者的下场

[美] 沃尔特·R. 布鲁克斯

弗雷迪有两把花园折叠椅，椅背和椅座是用一整块帆布做成的，所以可以舒服地躺在椅子上并安然入睡。这两把椅子是在拍卖会上买下来的，椅子摇晃得很厉害，如果一个超过五磅的人坐上去，椅子就肯定会塌下来，但把它们拿出来，只是摆在门前的两侧时，猪圈看起来就十分像一个绅士的乡间别墅了。当天晚上，弗雷迪就睡在了那把直背的椅子上，五天前他正是在那把椅子上主持了委员会会议。金克斯躺在一把折叠椅里，奎克和霍华德在另一把折叠椅里。赛在一旁转悠着，不时用牙叼起几口草，发出咯吱咯吱的咀嚼声。

"我忍不住又想起了塔菲，"金克斯说道，"如果弗林特那家伙真敢放了他，他肯定会回到谷仓，重新开始他的诈骗把戏。"

"你难道不担心这点吗，猫儿，"赛说，"如果弗林特这个老家伙放了他，他可能会就地把捕鼠器打开。"

"你是什么意思，赛？"弗雷迪问道。马儿答道："我的意思是松鼠肉馅饼。我了解弗林特，即使他不爱吃松鼠肉，也会顽固地吃掉他。"

他们都看了他一会儿。然后弗雷迪说道:"啊,这样做简直太可恶了,尤其是他已经答应要放松鼠走了。要是我早知道这点,我是不会让他把笼子拿走的。"

"啊?是吗?"金克斯说,"你和谁一起去把他救回来?"

"让我和他去吧,猫儿,"赛说,"你说呢,弗雷迪,我们现就去牧场把他救回来,怎么样?"

但是弗雷迪摇了摇头。"金克斯是对的,赛。"他说道,"我想我也无能为力——尤其是弗林特还带着一支枪。"

"嗯,你的枪套里也有一支枪啊。"金克斯说道。

"那只是吓唬人的。"弗雷迪把枪拔了出来,"这是支水枪。但是,嘿,等等!"他说着跳了起来,"我也有一支枪。你记得吗,金克斯?那是我们从魔术师金戈先生那儿拿来的,还记得吗?"他跑进屋去,不一会儿工夫就拿着一支手枪出来了,他把枪放进枪套里,然后试了两三次拔枪的动作。

"你的枪拔得太慢了,老兄,"赛说,"试试你能打中目标吗?"

弗雷迪从猪圈往后退出去十英尺远,瞄准侧墙上的一个节孔,然后拉动了扳机。随着一个可怕的声响,节孔左侧三英尺处出现了一个小圆洞。

两只老鼠哈哈大笑,金克斯嘲讽地笑起来。"双枪弗雷迪,草原上的恐怖分子!"他说道,"老兄,就你这枪法,我可不愿意和你一起卷入一场枪战,尤其是让你做我的同伙。"

赛只是摇了摇头。"你不应该闭上眼睛,"他说,"再试一次,记住把眼睛睁大。"

"噢！噢！"金吉斯警觉地说道，"要有麻烦了！"只见比恩先生出了后门，正朝他们这边走过来。

金克斯和弗雷迪仍然站在原地，老鼠们则已悄悄地溜走了。比恩先生走过来，伸手要拿那支枪。"我可不许我的动物们私藏枪支。"他说着，举起了手中的枪，瞄着墙上的那个节孔，"那是你打的吗？"当弗雷迪承认是他时，他举枪射击，子弹打中了节孔右侧两英尺的地方。

比恩先生摇摇头。"这枪真没用，"他说，"明明瞄准了节孔，结果却偏右了。"

金克斯朝弗雷迪眨了眨眼。如果真是枪的问题的话，两个子弹孔应该都偏右，但弗雷迪的子弹孔是偏左的。

"哎，弗雷迪，"金克斯说，"那个节孔后面是什么——我是说房子里面是什么？"

"噢，天哪！"猪宝说着飞跑进屋里。比恩先生跟着他进去了。他扔到打字机上的那顶十加仑牌帽子右边被打出了一个洞，而另一颗子弹击中了镶在镜框里的比恩先生和太太的一张放大的合影。这张照片是他们在度蜜月时照的，子弹打碎了镜框上的玻璃，并在比恩先生的头部打出了一个圆圆的黑洞。

比恩先生发出了一声类似打嗝或是咯咯笑的声音。因为胡子的缘故，你根分辨不出那声音是什么意思。"这两枪不错嘛，"他说道，"我们互相打中了对方。我想我该感谢你——你真的让我的长相增辉了。"他把一个手指伸进了帽子上的窟窿里，"我会给你买一顶新帽子。但我想无论是你还是我，口袋里装着枪到处走动也是不安全的。"

他若有所思地看着猪宝,"我想你是想让这支枪和你的牛仔服配套,对吧?我要告诉你的是,如果你能保证只朝没有东西的地方开枪的话,我就允许你留着这支枪。"

弗雷迪欣然同意。他们弄出的乱子已把他吓坏了。要是子弹击中了打字机,或者穿过猪圈打中了他的一个朋友,那该如何是好呀?他们走了出来,比恩先生站了一会儿,俯视着那所房子。"多好的景色啊。"他说道。弗雷迪也这么认为,尽管实际上在任何人看来这不过是一座谷仓的院子,四周有一些建筑物而已。没有哪个陌生人会认为它特别美丽,更说不上什么风格独特了。但因为那是他们自己的家,所以这种感觉当然就不同了。

"是啊,先生,多好的景色啊。"比恩先生再次说道。弗雷迪还没来得及阻止他,他就一下坐到了刚才老鼠们坐过的帆布椅子上,椅子一下子垮了,比恩先生尖叫着,重重地摔到了地上。

比恩太太闻声跑到了后门那儿。"比恩先生!"她喊道,"哎,天哪,稍等一会儿,我马上过去。你想让我给你叫个医生吗?"

"真倒霉!"比恩先生冲她喊着,傻傻地站了起来,"你就不能认为我只是坐在地上歇一会儿,而不是摔倒了吗?"

"你还想让我怎么认为?她说道,"我听见枪响,然后又看见你躺在地上。我以前还从没看见谁像你这样坐着休息的呢。"

比恩先生朝她挥了挥手,于是她转身回屋了。然后比恩先生对弗雷迪说道:"我想我还是走好啦,免得又弄坏其他东西。明天我会给你买一把新椅子。"

他走了以后,老鼠们回来了。经过一番讨论之后,他们决定如果要营救塔菲,一定要抢在他被做成馅饼之前动手。无论作出什么决定,他们都得自己去干,因为其他的动物得再过一天左右才能探险回来。于是他们决定连夜赶到大牧场去。

弗雷迪出来时对子弹惹出的乱子只字不提。他知道如果让金克斯知道了的话,肯定会传出去的。但是他并没有忘记这只猫想冒充恐怖十人组写信来吓唬他。于是,过了一会儿,他说道:"哎,金克斯,我想我还没给你看这个呢。"他拿出了那封信。

"天哪!"猫儿叫道,"老兄,你现在很危险呀,恐怖十人组正在追杀你,我听说过这些家伙,他们非常凶残呀!"

弗雷迪警告地瞪了奎克一眼,因为他似乎憋不住要笑出声来了。奎克当然知道恐怖十人组一开始就是金克斯捏造的。"你说对了,他们很凶残,"弗雷迪说,"但我已跟其中的一个恐怖者谈过了,而且我们已经谈妥了。"

"你说什么?"金克斯问道。他看上去十分不自在。

"他们似乎追错了人,"弗雷迪接着说,"他们说吓着了我,感到很抱歉,而且答应以后不再打扰我。"他阴郁地皱起眉头,"但我肯定很讨厌被当作了那个被追杀的人。"

"是,"金克斯慢慢地说道,"是啊。但是这个——嗯,这个跟你谈话的人是谁呀?他长什么样啊?"

"他们都没有名字,"弗雷迪说道,"他们只是被称为恐怖者一,恐怖者二,以此类推下去。他是恐怖者五,个头较小,差不多全身都是黑的,牙齿很尖。他长着蓝色的牙齿,拿着一把刀,一把锋利的小刀,很像碎冰锥。他长得真吓人——吓得我直发抖。唉,好了,我们不必为他们担忧了。"

金克斯怀疑地打量着他的朋友。有那么两三次他想开口说点什么，但还是打住了。最后，他挤出一丝空洞的微笑，说道："哎。弗雷迪——恐怖十人组！那实在太可笑了。没有哪个团伙叫这么个名字。是有人写这封信来跟你开个玩笑吧？"

"我一开始也是这么想的，"猪宝说道，"直到我和他们当中的一个见了面后，我才相信真有那么回事。老弟，他们真是没什么可笑的。我很庆幸他们追杀的不是我。"

金克斯没再说什么，不过在那天剩下的时间里，他始终显得心事重重。

大约是在晚饭时间，当金克斯去房里取他的牛奶时，弗雷迪去了马棚，来到阁楼上的本大叔的工作坊，他在那儿发现了一块闪亮的铁皮。他用大剪刀把那块铁皮剪成了十个四到五英寸长的带尖的窄条。然后他找到了二十三号兔子，这只兔子有时候给弗雷迪做一些侦探工作或是给他一些指点。

天黑之前，弗雷迪给赛套上马鞍，口袋里装上奎克和霍华德，让金克斯坐在他身后，两人合骑着一匹马出发去弗林特先生的大牧场。他们向上越过牧草地，横穿后面的那条路，抄近道绕过大树林的一个拐角。田野上还很亮，但林子里已暗了下来，看不清东西。他们到了一个地方，一根倒下的树干挡住了他们的路。赛转到一边绕了过去。这时弗雷迪轻轻碰了他一下，他便停了下来。赛竖起耳朵向前伸向地上的圆木。"这里面听起来有点奇怪。"他说道。

"是啊，挺奇怪的。"弗雷迪说。两只老鼠也附和着说："唉，是啊!"

"胡说!"金克斯不耐烦地说道,"有什么奇怪的——我看你们是怕黑吧?"他轻蔑地笑起来。

但他只笑了一秒钟就停了下来,因为有十个小东西跳到了圆木上,每个右边的前爪上都拿着一把闪闪发光的小刀。他们像跳舞一样上上下下地跳着,并用尖细的声音念着一首小诗:

我们就是恐怖十人组!
既不是人也不是动物;
既不是动物也不是人,
我们比鳄鱼更残忍,
比佛罗里达的鳄鱼
更恐怖更可怕。
我们用十把锋利小刀
了结敌人的性命,
插进去后狠狠搅动,
这就是我们用刀的绝活。

如果不是金克斯曾听弗雷迪讲过他和恐怖十人组的一员有过一番谈话的话,他会觉得那声音像是兔子发出的,但这些小东西虽然长着圆圆的头,可显然没有兔子那样的耳朵。

但是他写那封恐怖十人组的信的初衷只是想开个玩笑而已,希望以此向弗雷迪表明他能使生活变得富有刺激。他就是弄不明白,他编造出来的十个小恐怖者怎么能和弗雷迪谈话,而且这些恐怖分子怎么会就这样刀光闪闪、粉墨登场了呢!这就是恶作剧者的下场:他们开别人的玩笑,当别人以其人之道还治其人之身时,他们却永远弄不明白那究竟是怎么回事。

恐怖十人组接着念道:

我们长着蓝牙红眼睛;
行为粗俗,没有礼貌。
我们认为讲礼貌很荒唐,于是
我们又抢又叫,又抓又咬。

"对不起,我想打断一下,"弗雷迪说,"但是你们——我的意思是,你们没把我们当敌人吧,是不是?"

他们停下来,不再上蹿下跳。其中一个说:"所有动物都是我们的敌人。但是我们现在追杀的头号敌人是一只——叫金克斯的猫。你在附近见过他吗?坐在马鞍上你背后的是个什么动物?"

"他干了什么?"弗雷迪问道。

"他写了一封信,竟然签了我们的名字,"一个小东西说道,"这分明是伪造,猪老兄。他伪造、敲诈并假冒成一个恐怖者。啊,你背后的那个是不是呀?"

"肯定就是他!"另一个小东西说道,他挥舞着小刀,"来吧,恐怖者们,抓住他!"他们从圆木上跳了下来,慢慢地向马儿爬去。

金克斯有点承受不住了。他有点怀疑有人在跟他开玩笑,但也不敢傻待着，冒险面对那些闪闪发光的小刀。他尖叫一声，跳下来，飞也似的跑回家去了。

"谢谢，弟兄们，"弗雷迪说道，"十分好笑，是吗，赛！你要把我从马鞍上摔下去了。"

"喂，弗雷迪，"恐怖头子说道，"我们能留着这些仿造的小刀吗？"他凑了过来，即使这么近，我想你也不会认出他是一只兔子的，因为他把耳朵绑起来贴在了头皮上，那就是为什么金克斯没认出他来的一个原因，"我们应该跟查尔斯再开这么一个玩笑，他最近对我们兔子很傲慢无礼。"

"好啊，"弗雷迪慢悠悠地说道，"我想应该可以。只是应做得从容不迫一点。还有，玩笑不能开得太过火，不然会有人受到伤害。"

于是兔子谢过了弗雷迪。然后弗雷迪和赛沿着树林继续往前走，恐怖十人组开始回头往比恩农场走去，他们两两并排边走边唱：

噢，我们确实很可怕，
我们看起来就更可怕！
我们又喊又吼又歌唱，
干的全是违法的勾当。
我们的敌人当心点，
快快往洞穴和地窖里钻，
一旦谁被逮住了，
我们定会掐得他嗷嗷叫。

哎，我们是十人组，恐怖十人组，
我们的声音，让狗熊吓得往洞里躲
大象发抖，狮子哆嗦——
一个个把头藏起来，大声呼喊："我的妈呀！"

他们的歌声渐渐远去了，"这些笨蛋早晚会遇到麻烦的。"奎克说。

"他们可以跑得很快，"弗雷迪说，"别操那么多心了，我们还有自己的麻烦呢。看，透过树林，牧场上那些房舍的灯光已依稀可见了。"

爱情之悲壮

[英]威廉·莎士比亚

第五幕
第一场／第二十九景

亚历山大城外凯撒营地

凯撒、阿格里帕、道拉培拉、梅西纳斯[、盖勒斯、普洛丘里厄斯]及凯撒麾下

诸将上

凯撒　去跟他说，道拉培拉，叫他赶快束手就擒。
　　　告诉他，他已经穷途末路，再一味拖延，
　　　只会成为笑柄。

道拉培拉　凯撒，遵命。

[下]

德尔西特斯执安东尼佩剑上

凯撒　那是作什么用的？你是什么人，竟敢这样

就闯到我面前?

德尔西特斯　我叫德尔西特斯,

是马克·安东尼的手下,当他权力鼎盛时,

他是一个最值得尽力效忠的人;当他巍然挺立、

发号施令的时候,他是我的主人,我甘愿

为他肝脑涂地,帮他铲除敌人。如果

您肯收留我,我也会像效忠于他一样

对凯撒竭尽忠心;如果您不愿意,

我这条命随您处置。

凯撒　你这话是什么意思?

德尔西特斯　我是说——噢,凯撒——安东尼死了。

凯撒　宣布这样一个重大的消息,应发出

如天崩地裂般的巨响。大地受到震动,

直震得雄狮逃窜到市井的街道上,城市里的居民

反倒藏躲进它们的巢穴中。安东尼的死

可不是一个人的没落:半个世界都

随着他的名字倾覆了。

德尔西特斯　他死了,凯撒。

不是被执法的判官处死,

也不是被雇凶刺死,而正是用那只

曾以英勇壮举谱写下荣耀的手,

凭着他的心赋予它的勇气,

刺穿了自己的心胸。这就是他的剑;

                 展示剑

  我从他的伤口拔出了这把剑。瞧,还沾着

  他最高贵的血液呢。

凯撒 瞧瞧你们悲伤的神情,朋友们。

                 指着剑

  天神在指责我,可这样的消息

  会让君王们都热泪盈眶。

阿格里帕 好奇怪,

  天性硬是逼着我们为此不懈追求

  实现的目标而悲叹。

梅西纳斯 污点和美誉在他身上难分高下。

阿格里帕 从不曾有比他更杰出的人引导过人们:

  但是天神们,你们总会赋予我们一些缺点,

  好让我们成为凡人。凯撒也深受感动了。

梅西纳斯 这么大的一面镜子摆在他面前,

  他不会照不到自己。

凯撒 啊,安东尼。

  我把你追逼到了这个地步,可是

  我们身上生了病害,就不得不向它开刀。

  不是我眼看你倒下,就是你看着我没落;

  在这广袤的世界上,我们无法比肩而立。

  但是让我为你哀悼吧,流下

  如心间的热血般由衷的眼泪。

你是我的兄弟,是我的雄图霸业的
竞争者,是我在这个帝国的伙伴,
是战场上的朋友和同僚,
是我自己身上的臂膀,是激发我思绪的心灵;
我们不可调和的命运竟让
两个势均力敌的人走上了这样一条
分裂之路。——听我说,好朋友们——
但是在较适宜的时候,我再告诉你们吧:
看这家伙的神色,好像事情很紧急;
让我们听听他有什么话说。——

一埃及人上

     你是哪儿来的?

埃及人 一个卑微可怜、尚未臣服罗马的埃及人。女王陛下,
  我的女主人,
  被幽禁在她的陵墓里,那是她仅剩的
  容身之所了,她想知道您打算
  如何处置她,她好做准备
  听从您的发落。

凯撒 让她宽心吧。
  我随后就派人去问候她,到时候,
  她就会知道我将给她怎样的尊崇
  和优待,因为凯撒向来不是一个
  冷酷无情的人。

埃及人　那么,愿神明保佑您!

下

凯撒　过来,普洛丘里厄斯。去跟她说,
　　我们并没有要羞辱她的打算:她陷入了
　　悲痛哀伤,好好安慰她,万一她性情刚烈,
　　自寻短见,反倒让我们败在了她的手里。
　　把她活着带回罗马,我们的凯旋游行
　　才会永恒不朽。去吧,尽快回来,
　　把她说的话、你所见的情形
　　都告诉我。

普洛丘里厄斯　凯撒,遵命。

普洛丘里厄斯下

凯撒　盖勒斯,你也跟他一起去。——

[盖勒斯下]

　　道拉培拉呢?
　　让他也给普洛丘里厄斯做个帮手。

众人　道拉培拉!

凯撒　别管他了,我现在想起来了,刚才我
　　打发他去办事了;他应该很快就会
　　办妥了。跟我进营帐吧,我要让
　　你们看看我是多么不情愿被卷入
　　这场战争,我写给他的信的语气
　　一向又是多么心平气和。跟我来,

我得让你们好好看看我说这话的根据。

              众人下

第二场 / 第三十景

亚历山大,克莉奥佩特拉陵墓内

克莉奥佩特拉、查米恩、伊拉丝与玛狄恩上

克莉奥佩特拉 我的孤寂开始给我带来一个更高尚的生命:

  做凯撒有什么了不起;他又不是命运之神,

  不过是命运之神的奴仆,受她的使唤;

  我要干的那件事才算伟大,它会让所有的事情

  戛然而止,将灾祸变故统统拒之门外,

  酣然睡去,再不用尝那满是粪便的

  土地孕育出的食物,那乞丐和凯撒

  同样赖以生存的东西了。

普洛丘里厄斯上

普洛丘里厄斯 凯撒向埃及女王致以问候,

  他请您考虑考虑您想向他

  提些什么要求。

克莉奥佩特拉 你叫什么名字?

普洛丘里厄斯 我叫普洛丘里厄斯。

克莉奥佩特拉 安东尼

曾跟我提起过你，叫我信任你；但是，

既然我已经用不着信任任何人，

也就不怕被人欺骗了。如果你的主人

想把一个女王变成他面前的乞丐，

那你必须告诉他，女王自有女王的尊严，

她要开口乞讨，至少得讨得一个王国；

若他愿意把他征服的埃及送给我的儿子，

那就算把原本属于我的东西赏还给了我。

为了这偌大的恩惠，我定会向他拜跪道谢。

普洛丘里厄斯 放宽心吧：

您是落在了一位大度的君王手里，什么都不用担忧。

您要有什么想法，就尽管向我的主人提出来，

他心怀慈悲，对所有身处困境的人，

都会广施恩泽。让我向他回禀您归顺的诚意，

您就会知道他是一个这样的征服者：

本该人家向他下跪恳求恩典，他却反过来

请求人家好心接受他的帮助。

克莉奥佩特拉 请你转告他，

我是他的命运的奴仆，我

对他赢得的伟大成就心服口服。

我每时每刻都在学习恭顺的良训，

希望能一见他的威容。

普洛丘里厄斯 我会照您的意思转达，亲爱的夫人。

安心吧,因为我知道尽管您现在的处境

是他一手造成的,但他却对您十分同情。——

[盖勒斯及众罗马兵士上]

你们瞧,把她俘获是一件多么容易的事儿:

对众兵士

看住她,等凯撒来了再说。

[盖勒斯及众兵士下]

伊拉丝 尊贵的女王啊!

查米恩 噢,克莉奥佩特拉,您被捉住啦,女王!

克莉奥佩特拉 快,快,听话的手儿!

拔出一匕首

普洛丘里厄斯 住手,尊贵的夫人,住手!

夺下匕首

不要对自己干这种傻事,您这是

得到了解救,而不是受到了陷害。

克莉奥佩特拉 怎么?连狗都能以死来解除痛苦,

我却不能了吗?

普洛丘里厄斯 克莉奥佩特拉,

不要自我毁灭,而辜负了我的主人的一片好心;

让世人都看看他表现得多么高尚豁达,

您要是死了,他的仁义之德可

就要被埋没了。

克莉奥佩特拉 死神哪,你在哪里?

快来呀,来呀!来,来,把一个女王带走吧,
她足以抵得上许多婴儿和乞丐!

普洛丘里厄斯 噢,忍耐点吧,夫人!

克莉奥佩特拉 阁下,我将不吃不喝,阁下:
如果瞎扯闲谈能消磨漫漫长夜,我亦将
不眠不休。让凯撒尽管使出他的招数,
我定要亲手摧毁这血肉之躯。你要知道,阁下,
我不会像一只被斩翅折翼的鸟儿般,
跪在你的主人庭上等候发落。那愚笨迟钝的
屋大维娅也休想用她冰冷的眼神
将我羞辱。难道要让他们把我高高吊起,
游街示众,忍受那百般责难的罗马贱民的
喧嚣怒喝吗?我宁愿葬身埃及的阴沟——我的温柔冢!
我宁愿赤裸着身体,躺在尼罗河的淤泥上,
让水蝇在我身上产卵生蛆,令我恶心哕逆!
我宁愿让祖国那高高的金字塔做我的绞刑架,
用铁索把我吊起!

普洛丘里厄斯 您想得太多了,
纯粹是自己吓唬自己,
凯撒可绝不会这样对待您。

道拉培拉上

道拉培拉 普洛丘里厄斯,
你所做的事,你的主人凯撒已经知道了,

他现在命你回去。至于女王,

我会严加看管。

普洛丘里厄斯　好吧,道拉培拉,

这样最好:对她好一点儿。——

如果您愿意让我为您办这差事,有什么想跟

对克莉奥佩特拉

凯撒说的话,我一定替您转达。

普洛丘里厄斯[、盖勒斯及众兵士]下

克莉奥佩特拉　就跟他说,我只求一死。

道拉培拉　最尊贵的女皇,您听说过我吗?

克莉奥佩特拉　我没什么印象。

道拉培拉　您肯定知道我是谁。

克莉奥佩特拉　阁下,我的所闻所知已不重要。

妇女儿童向你讲述他们梦境的时候,你会发笑;

这难道不是你一贯的癖性吗?

道拉培拉　我不懂您的意思,娘娘。

克莉奥佩特拉　我在梦中见到了一位皇帝安东尼:

噢,真希望我能再美美地睡这么一觉,

我就能再见见那个人!

道拉培拉　只要这能让您高兴——

克莉奥佩特拉　他的脸庞就像那苍穹玉宇,上面

日月高挂,交替运转,普照着

地球上渺小的凡人。

道拉培拉　最至尊无上的人儿啊——

克莉奥佩特拉　他叉开双腿横跨大洋,他高举手臂冠顶大地;

他声出似天籁,用这天体和鸣般的美妙天乐

跟朋友轻声慢语;可当他震怒发威、

震颤大地时,他就像隆隆的雷鸣。

在他那慷慨仁慈的国度里,没有萧瑟的冬天;

只有收获不尽的硕硕金秋。欢愉

让他凌空而起,俯视尘世,有如海豚

纵身一跃,跳出水面。那些国王和王子们

在他的仆从行列里前拥后簇,一个个

王国和岛屿就像不小心从他口袋里

掉出来的银币。

道拉培拉　克莉奥佩特拉!

克莉奥佩特拉　你好好想想,无论在过去还是在将来,有没有

像我梦见的这样一个人?

道拉培拉　好娘娘,绝对没有。

克莉奥佩特拉　你说的简直是连神明都被欺诳的谎言!

但即使果真有这么一个人,

也超出了梦境的畛域。造化很难

与天马行空的幻想一争高下;但造化

能描摹出这样一个安东尼,那真是她的杰作,

一切幻想都将在这杰作面前黯然失色。

道拉培拉　听我说,好娘娘:

您遭遇的不幸与您本人一样有分量，
　　您坚忍的毅力与那沉重的打击一拼高下。
　　如果您心中的悲痛不曾在我心底
　　激荡——但我确实感同身受——活该
　　我百事无成。

克莉奥佩特拉　谢谢你，阁下。
　　你知道凯撒打算怎样处置我吗？

道拉培拉　我很想让您知道，但我真不情愿跟您说实话。

克莉奥佩特拉　不，请你说吧，阁下。

道拉培拉　虽说他也是个可敬之人——

克莉奥佩特拉　那么，他是要牵着我，在他的凯旋仪式上尽显威严了。

道拉培拉　娘娘，他会这么做的，这我可知道。

喇叭奏花腔。普洛丘里厄斯、凯撒、盖勒斯、梅西纳斯及其他扈从上

众人　让开！凯撒驾到！

凯撒　哪位是埃及女王？

道拉培拉　这是皇上，娘娘。

克莉奥佩特拉跪地

凯撒　起来，你不必下跪；
　　请起来吧，起来，埃及女王。

克莉奥佩特拉　陛下，这是天神的意旨。
　　我必须顺服我的主人，

她站起

我的君王。

凯撒 不要过于自责。

你施加给我的伤害,虽然在我身上

留下了疤痕,但我只当这是

你的无心之失。

克莉奥佩特拉 全世界唯一的主人哪,

我虽不能陈列因由为自己洗脱罪名,

但我承认,我跟所有女人一样,

满身都是那些一向都常让我们

蒙受耻辱的弱点。

凯撒 克莉奥佩特拉,你要知道,

对你的过错我会网开一面而不会借势讨伐;

我对你是极仁慈的,如果你肯服从

我的安排,你就会发现自己其实是

因祸得福;叼如果你想走安东尼的老路,

让我背上残暴的污名,那你可就是

白白浪费了我的一片好心,亲手

把你的孩子们都送上了黄泉路,

而只要你肯遂了我的意,他们的命

就有救了。我走了。

克莉奥佩特拉 您可以走遍整个世界:这世界都是您的,我们

不过是您缴获的盾牌,您战胜的标帜,您想挂在哪里

就挂在哪里。您看看这个,我仁慈的主上。

向他呈上一纸

凯撒 凡与你克莉奥佩特拉有关的事,我定会留心听取
你本人的主张。

克莉奥佩特拉 这是一份清单,上面详细记下了我所有的钱财、
金银和珠宝,都已经准确地估了价。当然,那些
不值钱的琐碎东西就没算在内。——塞琉克斯呢?

[塞琉克斯上]

塞琉克斯 在,娘娘。

克莉奥佩特拉 这是我的司库。让他说说吧,我的主上,
我没有私自给自己藏匿一样东西,他若有半句虚言,
就是在拿自己的性命开玩笑。实话实说吧,塞琉克斯。

塞琉克斯 娘娘,
我宁愿封上自己的嘴巴,也不愿说违心话,
拿自己的小命开玩笑。

克莉奥佩特拉 你说!我藏什么了?

塞琉克斯 您藏起来的宝贝可抵得上那清单上呈献的一切。

凯撒 不,不要脸红,克莉奥佩特拉:这事干得漂亮,
我很欣赏你的聪明才智。

克莉奥佩特拉 瞧瞧,凯撒!噢,您瞧瞧,
人一旦有了权势,立刻就有人巴结奉迎!
我的人现在就变成您的人啦;如果我们对调位置,
您的人也会变成我的了。这见利忘义的

塞琉克斯简直要把我气疯了。——噢,狗奴才,

跟那用金钱买来的爱情一样靠不住!怎么,你往后退啊?

塞琉克斯后退

叫你往后退,我跟你保证:我要追你那双眼睛到天涯海角,

就算它们生了翅膀也没用。死奴才,无情无义的混蛋,贱

狗!

噢,不要脸的东西!

凯撒　好女王,看在我的分上,息怒吧。

克莉奥佩特拉　噢,凯撒,这是多么直击人心的羞辱啊,

承蒙您不吝惜帝王之尊,俯就驾临,

亲自来看望我这个受了命运奚落的可怜人,

可谁曾想我自己的仆人还嫌我身上

背负的所有耻辱不够数,又加上了

他的一份嫉恨。好凯撒,就算我给自己

留了一些女人家的小玩意儿,一些小摆设,

送给泛泛之交的一些不值钱的小物件;

就算我藏了一些较贵重的纪念品,

可那是要赠予莉维娅和屋大维娅,

好求她们在您面前替我说说情的:

难不成这些我还得向一个养在家里的奴才

——禀明吗?天神哪!我已经狠狠地摔下去了,

这狗奴才还要叫我入地狱。——请你马上离开这里,

对塞琉克斯

否则，我就要让你看看，我的命运的余烬

仍能燃起灼热的怒火。如果你还是个人，

就应该对我存一点怜悯之心吧。

凯撒　退下，塞琉克斯。

[塞琉克斯下]

克莉奥佩特拉　的确呀，我们在位高权重的时候，要为

他人的过错承受指责；在失势落魄的时候，

却要以自己的名义烘托他人的功德，

真是可怜虫啊。

凯撒　克莉奥佩特拉，

你私藏的宝贝也好，呈贡的小玩意儿也罢，

我都不会列入战利品的清单。这些

还是你的，归你随意处置；你要相信，

我凯撒可不是个商人，绝不会为了一些

商人兜售的东西，跟你讨价还价。所以，高兴点吧：

别让忧思成了你的囚牢。别这样，亲爱的女王，

因为我打算按照你自己的主张

对你作出安排。吃好，睡好：

我对你是满满的关心和同情，

我仍然是你的朋友；好了，再会。

克莉奥佩特拉　我的主人，我的君王啊！

凯撒　别这样，再见吧。

喇叭奏花腔。凯撒及扈从下

克莉奥佩特拉　他花言巧语,姑娘们,他花言巧语!

就为了不让我干那高尚的事。——可是,你听我说,查米恩。

对查米恩耳语

伊拉丝　一切都结束了,好夫人,光明的白昼

一去不复返啦,漫漫的黑夜为我们而降临。

克莉奥佩特拉　快去快回。

我早已吩咐下去,那东西早预备好了。

再去催促一下。

查米恩　娘娘,我这就去。

道拉培拉上

道拉培拉　女王在哪儿?

查米恩　瞧,阁下。

［下］

克莉奥佩特拉　道拉培拉!

道拉培拉　娘娘,我曾发誓要为您效力——

我对您的敬爱之心叫我如听从天神的意旨般

服从您的命令——我告诉您一个消息:凯撒

打算经由叙利亚回国,在三天之内,

您和您的儿女都将被先行遣送。

好好想个万全之策吧。我也算是完成了

您的意旨,践行了我许下的诺言了。

克莉奥佩特拉　道拉培拉,

我永远欠你的人情。

道拉培拉　我很乐意为您效劳。

再会吧，好女王，我得去侍候凯撒了。

　　　　　　　　　　　　　　　　　　　　　　　　下

克莉奥佩特拉　再会，谢谢你。——事到如今，伊拉丝，你意

下如何？

你，一个埃及的木偶，要被拉去在罗马游街示众，

我也不例外。那粗俗无比的贱工奴役，系着

油腻腻的围裙，手拿束棒斧锤，将我们

高高举起，供众人观览。他们吃的是猪狗之食，

喷发出一股股令人作呕的气息，将我们重重包围，

令我们不得不将那恶臭一口口地吞下。

伊拉丝　但愿天神保佑，不会如此！

克莉奥佩特拉　不，咱们劫数难逃啦，伊拉丝。放肆无礼的

肩荷束棒的扈从将像抓娼妓一般把我们

抓去；卑劣可鄙的诗人们将唱着荒腔走板的谣曲

吟讽我们。滑稽可笑的喜剧伶人们

将临时拼凑出一台戏，把我们

埃及王宫的飨宴搬上舞台：

安东尼将以醉汉形象跟跄登场，

克莉奥佩特拉将变身尖嗓子的童孩，

威严的女王将成为卖弄风骚的妓娼。

伊拉丝　噢，仁慈的天神哪！

克莉奥佩特拉　不，咱们劫数难逃啦。

伊拉丝　我永远都不会看到这一幕，因为我相信我的指甲可比我的眼睛更厉害。

克莉奥佩特拉　妙！我们就这样，叫他们像傻瓜一样白忙一场，叫他们这荒谬可笑的如意算盘落个一场空。——

查米恩上

　　　　　　喂，查米恩！
来，姑娘们，把我打扮得像个女王的样子：
去把我最华贵的锦衣拿来。我要再到那
锡德纳斯河去与马克·安东尼相会。——伊拉丝，
你这家伙，去吧。——现在，好查米恩，我们得快点，
等你把这事儿办完，我就准假，让你一直尽情玩到
世界的末日。把我的王冠，把所有东西都拿来。

[伊拉丝下]

幕内喧闹声

哪儿来的声音？

一侍卫上

侍卫　外面有个乡下佬，
一定要面见陛下。
他给您送无花果来了。

克莉奥佩特拉　让他进来。——

侍卫下

一个如此低贱的人

竟可以成就一个高贵之举！他给我送自由来了。

我意已决，我浑身上下不再有

女人的优柔寡断：现在我从头到脚

都如大理石般坚定不屈；现在那变幻无常的月亮

不再是主宰我心绪的星球。

侍卫与乡下佬上

执一篮

侍卫 我把他带来了。

克莉奥佩特拉 你退下吧，把他留在这儿。——

侍卫下

你把那尼罗河的漂亮虫儿带来了吗——

就是那能要你命却不叫你疼的小可爱？

乡下佬 跟您说实话吧，我带是带来了；但为您好，我可不希望您去碰这小东西，要给它咬一口，命就没啦；被它咬了的人很少有能活命的，没有，一个都没有。

克莉奥佩特拉 你记得有什么人被它咬死了吗？

乡下佬 那可多啦，男的女的都有。就在昨天我还听说给咬死了一个呢；是个挺守规矩的女人，但还是干了那不规矩的事儿，一个女人家可不该干那事儿，当然啦，规规矩矩地干倒也没什么。哟，她被那小家伙咬得死过去的情形，那痛苦的模样，可惨着呢；不过，话又说回来了，她倒是给那虫儿平添了好名声。不过，谁要是全听信他们的话，那他们所做的事有一半将不能使他获救。但它可是条怪虫，这倒一点不假。

克莉奥佩特拉 你去吧。再会。

乡下佬 但愿这条虫儿能让您欢喜。

放下篮

克莉奥佩特拉 再会吧。

乡下佬 您可要记着，您瞧，这坏东西天生会干那事儿。

克莉奥佩特拉 好，好，再会。

乡下佬 您可要当心，这虫儿必须得交给个明白人看管，它可不好惹，毒着哩！

克莉奥佩特拉 你不必担心，我会留心的。

乡下佬 那很好，请您听我的，什么吃的都不用给它喂，它根本就不值得您养着。

克莉奥佩特拉 它会吃了我吗？

乡下佬 您不要以为我是个头脑简单的傻瓜，我也知道就连魔鬼都不吃女人；我知道女人是供天神品味的佳肴——只要魔鬼没有将她烹饪。可是，说实话，就是这些婊子养的魔鬼老爱打天神女人的主意，给他们戴绿帽子，天神造下的每十个女人就有五个给魔鬼糟蹋了。

克莉奥佩特拉 好了，你可以走了。再会。

乡下佬 是，得走了：但愿这条虫儿能让您欢喜。

下

[伊拉丝上]

克莉奥佩特拉　给我王袍,替我戴上王冠;我心怀

　　　　　　　　　　　伊拉丝捧来王袍、王冠与珠宝

永生不朽的渴望。现在埃及的葡萄汁液

再不会润泽这片嘴唇。快些,快些,

　　　　　　　　　众侍女为她穿戴

好伊拉丝!快!我仿佛听到了

安东尼的召唤;我看见他起身,

夸赞我的高贵举动。我听见他在嘲笑

凯撒一时的运气,天神先让人

交了好运,日后这幸运会成了

他泼洒愤怒的由头。——我的夫君,我来了!

现在,让我的勇气来证明我不愧是安东尼的妻子吧!

我是火,我是风;我身上的其余元素就随我的肉体

同归于腐朽吧。——你们好了吗?那么来吧,

亲吻我嘴唇上的最后一丝温暖。

再会了,善良的查米恩。伊拉丝,永别了。

　　　　　　　　　　　亲吻她们。伊拉丝倒地而死

我的嘴唇上也沾了蛇的毒汁吗?就这么倒下了吗?

如果你能这么轻柔地就与生命相离,那死神的一击

也就如情人亲密的一捏,有点疼但很惬意。

你就这么躺着不动了吗?如果你就这么轻飘飘地走了,

你是在告诉世人,最后的告别真是多此一举。

查米恩　厚厚的乌云哪,快化作雨滴洒落下来吧,好让我说,

天神也掉下了伤心泪!

克莉奥佩特拉　这显得我多么卑劣可耻:

要是她先遇见我的卷发的安东尼,

他会向她问起我,把第一吻作为酬谢赠予她,

失去了这一吻,我就失去了天堂啊。——来,

对一毒蛇,取蛇置胸前

你这要人命的坏东西,用你的尖牙利齿

把这绞缠不清的生命之结一口咬断了吧;

恶毒的可怜虫儿啊,要你那小性子吧,赶快。

啊,但愿你能开口说话,让我听听

你把那伟大的凯撒称作一头没有谋略的蠢驴!

查米恩　噢,东方的启明星啊!

克莉奥佩特拉　嘘,嘘!

你没看见我怀里的宝贝儿在吮吸我的乳汁,

要让他的乳娘就这么安然睡去吗?

查米恩　啊,心碎了!啊,心碎了!

克莉奥佩特拉　多么香甜啊,像香膏;多么轻盈啊,像微风;

多么温柔啊。——

噢,安东尼!——好啦,我把你也拿出来吧。

取另一毒蛇置手臂上

我还有什么可留恋呢——

死

查米恩　难道还要留在这癫狂的世上吗？好吧，再会吧。——
　　　　死神哪，你现在炫耀吧，一位风华绝代的佳人
　　　　躺在了你的怀里。——毛茸茸的窗子呀，关上吧，
　　　　金光万丈的太阳神福玻斯再也享受不到这样
　　　　高贵的眼神的礼遇了！——您的王冠歪了。
　　　　让我来帮您戴正，然后我就要去玩了——

侍卫脚步噔噔疾上

侍卫甲　女王呢？

查米恩　轻声些，别把她吵醒了。

侍卫甲　凯撒已经派人来——

查米恩　来得太迟啦。——

置一毒蛇于身上

　　　　啊，快来吧，赶快！你已经开始让我有感觉了。

侍卫甲　快过来，嘿！大事不妙：凯撒受骗啦。

侍卫乙　凯撒派来的道拉培拉就在外面：叫他进来。

[一侍卫下]

侍卫甲　这是干的什么事，查米恩？这是你们干的好事呀？

查米恩　是干得好呀！出身帝王世家的一代女王
　　　　死得其所啦。
　　　　啊，将士！

查米恩咽气

道拉培拉上

道拉培拉　这儿出什么事啦?

侍卫乙　都死了。

道拉培拉　凯撒呀,您惧怕的一幕

　　终究还是上演了:您就快来了,

　　来看看这可怕的惊心之举,您想方设法地阻止,

　　可还是让她们如愿了。

凯撒率全体扈从行进上

众人　让开一条路,凯撒驾到!

道拉培拉　啊,主上,您真是未卜先知的预言家:

　　您担心的事,果真发生了。

凯撒　在最后时刻显示出了最大的勇气,

　　她猜中了我的用意,带着王室的尊严,

　　选择了自己的路。她们是怎么死的?

　　没看见她们流血呀。

道拉培拉　最后跟她们在一起的是谁?

侍卫甲　一个愚蠢卑贱的乡下佬,他给她送来了无花果:

　　这就是他的篮子。

凯撒　那么,一定是中毒死的。

侍卫甲　噢,凯撒,

　　这个查米恩刚才还活着呢。她还站着说话呢。

　　我看到她在给她死去的女主人

　　整理头上的王冠。她站在那里,浑身发抖,

突然就倒下了。

凯撒　噢，多么高贵的柔弱！

要是她们服了毒，全身一定会浮肿；

可她看上去像是安然入睡了，

仿佛还要用她那坚不可破的迷魅之网

再俘获一个安东尼。

道拉培拉　看这儿，她的胸前

有一处血印，还有点红肿，

手臂上也一样。

侍卫甲　这儿有毒蛇爬过的痕迹，这些无花果叶子上

还有黏液，就跟尼罗河畔的窟穴里毒蛇

所留下的一个样。

凯撒　极有可能，

她就是这么死去的，因为她的侍医

告诉我，她曾探求过无数安乐死的方法。

抬起她的睡床，把她的侍女们抬出陵墓。

她将被安葬在她的安东尼身旁。

这世上再不会有第二座坟墓

环抱着如此赫赫有名的一对情侣；

如此震撼天地的高贵之举，让亲手

造成这事件的人也不由得痛感悲伤；

他们的故事所激发的世人的哀悼同情

足以抵得上他们的征服者所赢得的无上荣光。
我们的军队将以隆重庄严的仪式参加
这场葬礼,然后再回罗马。来,道拉培拉,
安葬的场面一定要尽显皇家的气派。

全体下
众兵士抬尸体

第三编

直觉与阐释：美学与哲学

导读

这部分收录了我的学术译著中的部分章节和一些译文。第一章节来自马利坦的比较诗学著作《艺术与诗中的创造性直觉》(三联书店"现代西方学术文库"),有关这本书的翻译我在自序中有所提及。在这部书中,有两章附带了"没有评论的原诗文",这些原诗文源自英文、法文,甚至还有的源自西班牙、拉丁文。这些原诗文,如果能够找到名家翻译的,我就尽量录用。但仍然半数以上的诗歌和短文是我首译的。1993年我去北京外国语大学看望许国璋先生时奉上此书,许先生见了非常高兴,他说他早年读过马利坦的书,马氏是一个大学者,也是一个左翼学者。许先生甚至对我说,幸亏你没有来读博士(1997年许先生曾希望招我读博士,我为此几乎准备了一年,后因故未能成行。),否则你就翻译不了这本书了。许先生这么看重这本书,这大大出乎我的预料。在此,我也要感谢时任北京三联书店总经理的沈昌文先生,1991年三联书店因出版台湾蔡志忠漫画集而挣到了一笔钱,他转而用这笔经费出版了《艺术与诗中的创造性自觉》这部学术译著。

第二篇文章译自斯潘诺斯的《复制：文学和文化中的后现代机遇》一书的第5章，是20世纪80年代我和刘有元应北京大学王岳川的邀请翻译的一篇长文，在那段期间我们陆续翻译了一些哲学和文论方面的文章，一则做学术翻译，二则提升文学理论的修养。

第三篇译文来自美国著名学者里奇拉克的《发现自由意志与个人责任》（贵州人民出版社"现代社会与人"名著译丛）。本来我应该独自翻译此书的，由于我调入长沙铁道学院工作，教学科研任务繁重，没有时间保障来做翻译，故邀请北外研究生同学许泽民来完成本书后面章节的翻译。就在此书出版之前的1993年，里氏携妻子来华访问，我在长沙铁道学院接待了他，安排他讲学。期间，带他们去参观了长沙岳麓书院，还驱车去了韶山。里奇拉克教授十分崇拜毛泽东，在谈论自由意志时，会强调个人对社会的责任，强调要考虑社会制约的种种因素。从那以后我们开始了一辈子的友谊，在很长一段时期我们都会有信件或明信片的往来问候。1995年我去美国耶鲁大学访学,里奇拉克已经转至芝加哥的诺约拉大学做人文科学讲座教授。他邀请我前去讲学,演讲厅面对着浩瀚的密歇根湖,湖面上碧波荡漾,白帆点点,风景优美。那是我第一次在国外大学做学术演讲,所以我做的准备非常充分,讲座效果自然不错,里奇拉克教授夫妇为此感到高兴。我刚回到耶鲁,就收到了他邮寄过来的感谢信。

对于学术类的著作,我强调译文的结构清晰、逻辑分明、术语准确、语言晓易。我看到那些文理不顺、佶屈聱牙的翻译就感到阵阵头疼。句序的调整、词语的阐释,在学术类翻译中都是避免不了的。我希望读者在我的译文中能够感受到这一点。

创造性直觉和诗性认识

[法]雅克·马利坦

在灵魂诸力量的唯一本源上

前一章，我一般性地谈到精神的无意识或前意识在我们身上的存在，特别是谈到精神的无意识与自动的无意识或弗洛伊德式的无意识实质性的不同，尽管它与后者有着重要的关联和联系。我也指出过，正是在这种半透明的精神之夜中，诗和诗性灵感获得了它们最初的源泉。我还谈到过托马斯·阿奎那的观点，即观念的产生依赖于智性的结构和前意识的智性活动。

我要再一次从托马斯·阿奎那那儿借用一些哲学观点来展开我们关于创造性直觉和诗性直觉的讨论。这些观点旨在说明灵魂的力量自灵魂中产生的形式，由于灵魂的力量，生命——生物的、感觉的、智性的生命——的各种运动才得以进行。一旦人的灵魂存在，与之生之俱来的灵魂的力量也必然存在。当然，论及其存在的程序，滋养的力量首先出现（萌芽阶段它们单独活动）；然后是感觉的力量；最后是智性的力量。但是，在灵魂的活动中，存在着一个顺序——只与其本质有关，而不涉及时间——灵魂诸力量依着次序从灵魂的本源中流泻出来，抑或萌发于其中。这里，圣·托马斯在考虑到这种本质的优先次序时指出，愈完善的力量愈加萌发于其他力量之前，他接着说（我对这一点极有兴趣），在这个本体的行列中，一种力量或才能通过另一种力量的媒介或中介而出现在灵魂的本质中。这另一种力量已先行萌发，因为那些更为完善的力量是其他力量的原则或存在的依据（raison d'être），它们既作为它们的目的，又作为它们能动的"准则"，或作为它们存在的有效的源泉。智力不为感觉而存在，然而，正如他所说的，感觉是"智力的某种不完善的参与"，为智力而存在。于是，在本质起源的次序中，感觉仿佛是从智性中脱胎而来，继智性而存在。换言之，它通过智性的参与方从灵魂的本质中得到发展。

结果，我们应说想象是通过智性从灵魂的本质中流泻出来，而外部的知觉也是通过想象产生于灵魂的本质之中。外部知觉存在于人之中，它为想象服务，并通过想象为智力服务。

我乐于使用图表。我希望我下面列出的这个标志着精神诸力量产生顺序的图表能帮助我说明这个次序问题。尽管从抽象绘画的角度看它是不理想的。

图表顶上方的一点代表灵魂的本质。第一个圆锥——我们姑且这样称呼它——象征着智性或理性首先从灵魂中萌生。第二个圆锥是在第一个圆锥的基础上出现,代表想象。它通过智性而从灵魂中萌生。第三个圆锥又来自第二个,代表外部感觉,它通过想象而从灵魂中萌生。

第一个圆圈代表处于清晰的成型状态中的概念和观念的世界,姑且说,理性的概念化外形:一个概念的、逻辑的和推论的理性活动的世界。

第二个圆圈代表处于一个清晰而又明确的组合状态中的意象世界,姑且说,想象的组合外形。这是想象获得成功的世界。想象因外部感觉的实际活动面被激动,并聚集在这一活动之中,由它维持着统一。换言之,想象卷入感性认识的过程,它在清醒状态的人的现行活动中,用于实用的目的。

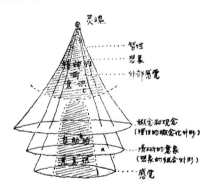

第三个圆圈代表外部感觉所提供的直觉性材料(它本身几乎是无意识的,但当它借助于记忆、想象和其他的"内部感觉"从而得到解释和构成时,它就变成了感性认识)。

现在,三个圆锥都不是空虚的了:每一个圆锥都应设想为充满着它所象征的力量的生命和活动性。智性和理性的生命力和活动性不应仅仅在理性的概念化外形的圆圈内被考虑。它们是一种巨大的推动力,这种推动力萌发于灵魂的深处,而终止于这个圆圈的外部。

想象的生命和活动性不仅仅应在想象的组合的外形的圆圈内被考虑。它们是在灵魂深处上下运动的一种巨大的推动力,终止于这个圆圈的外部。

至于外部感觉的生命和活动性,毫无疑问,发生在感觉所提供的直觉性材料的水平上——在那儿,心灵与外部世界发生联系,但是,它向灵魂的深处发射出迷人的光芒;外部感觉的生命和活动性从外部世界接受的一切东西,感知所攫获的一切事物,那令人惬意的、富丽堂皇的埃及所拥有的一切珍宝,开始进入并径直奔向灵魂的中心区域。

最后,我们可以用虚线来确定我说的精神的无意识或前意识的区域,另一条缀点的虚线则用以标明动物的或自动的无意识。所以,它说明了这样的事实:概念和观念,以及意象和知觉可能被包容在这两个朦胧的区域中。关于那些意象,我们可以从三种不同的状态中来考虑它们。它们可能属于意识的领域[姑且说,例如处于类似于(a)的那个位置],或者属于自动的无意识(b)的领域,抑或属于精神的前意识(c)的领域。这是进行深入讨论而应记住的一个要点。

关于图表就赘述到此。对我们来说,这么一个事实极为重要:在精神的无意识之中,隐藏着灵魂全部力量的根源;在精神的无意识之中,存在着智性和想象,以及欲望、爱和情感的力量共同参与其中的根本性活动,灵魂诸力量相互包蕴,感觉的领域存在于想象的领域之中，而想象的领域又存在于智性领域之中。灵魂诸力量并且都蕴含于智性的领域内，被启发性智性之光所激动、所驱动，它们蓬勃踊跃。按照目的的次序和本质的要求，前两个领域在一种引力的作用下，为朝着智性领域更大的利益而运动，而且它们不会因动物的或自动的无意识而与智性绝交。在智性领域中，想象和感觉过着它们自己的原始生活，然后，它们在人中被复活而达到真正人的状态，在这种状态中，它们以某种方式参与智力，而且可以说，它们的活动渗透着智力。

但是，在精神的无意识中，智性的生命没有被理性认识手段的准备和完成，以及被概念和观念的形成过程所完全占有，我们在前一章末尾对它作过分析，它终止在理性的概念化外形之上。对智性来说，还存在着另外一种生命，这种生命利用了其他资源和另一种活力贮备。它是自由的，我指的是它摆脱了抽象概念和观念的形成，摆脱了理性认识活动和逻辑思维原则，摆脱了调节性的人类行为和指导性的生活，摆脱了被科学和推论的理性所认识和所承认的客观现实的规律。但是，这种自由似乎并不是漫无边际的，至少在某些有特权或命运多舛的人身上是这样。而且智性的这种自由的生命也是可认识的，丰饶的，它遵循伸展和丰饶的内在规律，这种内在规律使得它朝向精神的创造性表现；它是被创造性直觉所定型、所激活。我认为，正是在处在灵魂诸力量的单一本源上的这种包含有想象的自由生命的智性的自由生命中，以及在精神的无意识中，诗获得了自己的源泉。

于是，如柏拉图所指出的，诗的自由类似儿童的自由、游戏的自由和梦的自由。但实际上，诗的自由不是柏拉图所说三种自由中的任何一种。它是创造性精神的自由。

由于诗源于这种灵魂的诸力量皆处在活跃之中的本源生命中，因而诗意味着一种对于整体或完整的基本要求。诗不是智性单独的产物，也不是想象单独的产物，不，诗不仅仅是它们的产物，它出自人的整体即感觉、想象、智性、爱欲、欲望、本能、活力和精神的大汇和。于是，加在诗人身上的第一个职责是他应答应被带回到那个靠近灵魂中心地带的隐蔽处，在这个隐蔽处，"诗所要求的"这种整体存在于创造性之源的状态中。

诗性直觉

这样，当论及诗歌时，我们必须承认，在智性的精神的无意识之中，在灵魂诸力量的唯一本源里，除了存在着借助于概念和抽象观念而趋向认识的发展过程外，还存在着某种先于概念的或非概念的然而又处在智性的确凿的驱动状态中的东西。所以，这种东西不是通向概念的方式（比如我在前一章中谈到的那种"给人以深刻印象的形式"），而是另一种胚芽。这种胚芽并不朝向应形成的概念，因为它已是一种智性的形式或完全确定了的动作，尽管它被幽闭在精神的无意识的黑夜之中。换言之，这样一种东西是动作上的、但又是非概念化的认识。

那么，我们现在要思索的问题便涉及那种被包含在诗性活动中的认识。

很明显，我们正在这里讨论的这种认识不是那种人的经验和文化的一切领域中的先前的(理论上的)认识，即被艺术和诗引为先决条件的认识。这种认识向艺术和诗提供的只是外部材料，这类外部材料应被投入创造性的善火之中并被这种善火所改造。

我们正在讨论的认识是一种内在认识，它既内在于诗中又是与诗同体的；它具有它自己的本质。

我认为，我们现在要讨论的第一个目标是我在前面已提出过的精神的自由的创造性这一概念。在手艺人，精神的创造性似乎被限定或束缚在一个特定的目的上，即对于一种特定需要的满足。在诗人，它则是自由的，因为它只倾向于在美中产生，而美是超然的，它包含无数可能的实现和可能的选择，在这一点上，诗人像是一个神。对我们来说，为了发现诗的最初的本质，没有什么比去研究第一个诗人更有意义。

上帝的创造性的观念出自这一事实：它是创造性的，从不自事物中接受什么，因为事物尚未存在。这个观念绝不是由它自己的创造对象所形成，它只是，而且纯粹是，形成性的和形成着的。那被表现或表现在创造性的事物中的东西不是别的，正是创造者自身，其超然的本质，通过扩散的、传播的或分配的方式被不可思议地表现出来。上帝的智性不是由别的什么东西，而是由它自身的本质所决定或规定的。上帝正是通过认识智力活动即它的本质和它的存在中的自我，才认识它的作品。它的作品存在于时间中，并在时间中开始，但它在时间中却永恒地处在创造的自由行动中。

诗有着极为类似的情况。诗同样从事于精神的自由的创造性。因此这意味着智性行动不是由事物而是由它自身的本质所构成，它是形成性的和形成着的。那么很清楚，诗人是一位可怜的神。他并不认识自己，他的创造性洞察力可悲地依靠外部世界，依靠人们创造出来的不计其数的形式和美，依靠已被历代人所使用的、他从现成的语言中所得到的符号代码。然而，尽管如此，诗人还是因为让所有这些外部成分屈从于他自己的目的，因为在创作中表现他自己的本质而受到责难。

由此，我们可以看出诗人的主观性对于诗是何等的重要。不过，我不是指那些多愁善感的读者能从中发现他们自己廉价的奢望的那种轻浮感情的无止境的流泻，历代诗人正是通过这种感情把献给情人和负心人的歌曲疯狂地硬塞给我们。我指的是最深的本体意义上的主观性，也就是说，人的实质的整体，一个朝向自身的世界。灵魂的精神性使得主观性可能通过它自己内在的行动包蕴自身。而处在所有主体的中心的主观性仅仅是通过把握作为主体的自我便能认识客体。正如神的创造以上帝拥有它自己的本质认识作为先决条件那样，作为诗性创造最初要求的是诗人把对自己主观的把握当作先决条件。诗人的目的并不是认识自我，他不是一位教派领袖。自然神秘主义特定的目的是通过空灵获得自我存在的直觉性经验，并获得纯粹而完全的现实中的宇宙的灵魂的存在的直觉性经验。诗的目的不在这里。诗人的基本的需要是创造；但诗人若不跨越认识自己主观性这一门槛，他是无法进行创造的，尽管这种认识似乎是模糊的。因为诗首先意味着一种本质上是创造性的智性活动。诗赋予事物以形体，而不是被事物所形成。如果诗人创造的不是存在和本质,那么作品创作中的这样一种智性行动又能表达和显示什么呢?从而绘画作品,或雕刻作品,或音乐作品,或诗歌作品,它们愈靠近诗的源泉,它们便愈能以这样或那样的方式揭示出其作者的主观性。

但是,人的实质对人自己却是模糊的。除了在从灵魂中出现、或多或少被沉思的意识明显地获得的稍纵即逝的现象流动复杂性中,人不认识自己的灵魂。不过,现象的复杂性,只是使得这个谜更加神秘,使得人对于他的自我的认识显得更加无知。人也不认识自己的主观性。即使他认识,它也是无形的。他只是隐约地感觉到它像是一个宁谧的、封闭式的夜。我认为,麦尔维尔对这一点深有体会。他说:"除非是在闭目冥思之时,否则,没有谁能正确地感觉到自己的本体——仿佛黑暗确实就是我们的本质所特有的要素。"作为主观性的主观性是非概念化的:是一个不可知的深渊。那么,它又是如何展示给诗人的呢?

诗人不能凭自己的本质来认识自己。因为人仅从他对事物世界的认识的反映中感觉到自己。如果他不以这个世界来充实自己,那他就会变得空虚。诗人只是在这种情况下认识自己的:事物在他心中产生反响,并在他唯一醒悟的时刻和他一道从沉睡中涌现出来。换言之,诗的第一要求是诗人对他自己主观性的隐约认识。这一要求是与另一要求——对于外在世界和内在世界客观实在的把握——不可分割的。诗人这种对于客观实在的把握,不是通过概念和概念化的认识,而是通过一种隐约的认识。而这种隐约的认识,就是我称之为通过情感契合而达到的认识。

　　这就是诗人的困境之所在。如果他听到了事物中断断续续跳出的那些秘语和奥秘话，如果他领悟到处于现实存在的核心中的实在、通信和密码化的文字，如果他自人间和天国的万物中捕获到比我们哲学的梦想要多的事物，那么，他不是靠平常意义上的认识一词认识这一切的，而是通过把所有这一切纳入他隐约的幽深处而认识这一切。他对于事物的所有识别和预言，所根据的是思辨认识的规律，他所识别和预言的事物，不是与他自己无关的其他的某种事物，相反，而是与他的情绪不可分割的事物。事实上，这些事物是与他自身融为一体的。

　　上帝的直觉，创造性直觉，是一种在认识中通过契合或通过(产生自精神的无意识中的)同一性对他自己的自我的和事物的隐约把握。这种契合或统一性出自精神的无意识之中，它们只在工作中结果实。这样，我在前面几页里提到的那个包蕴在智性的自由生命的精神之幽夜中的胚芽一开始就朝向一种展现——不是超现实主义者相信的那种超人(Übermensh)的或全能之人的展现，而是一种谦卑的展现。事实上，这种胚芽包蕴在必然发生的直觉的小片透明的云雾中；而这种必然发生的直觉既是关于诗人自我的，又是关于上帝创造的世界中的实在的某种特定的闪现。虽然实在的特定闪现以它难忘的个性迸发出，但其产生出的含义和共鸣力却是无限的——

　　　　从一粒细砂看尘世，
　　　　从一朵小野花看苍天。

这就是我对本书第一章结尾部分中的那个影响到我们的思考而我只作了叙述性或导论性探究的问题的哲学分析式回答，当时，我们谈到，尽管东方艺术只关注于事物，然而它却与事物（一定程度上说，它在展现事物上的确是成功的）一道隐约地展现了艺术家的创造的主观性；而另一方面，尽管西方艺术愈发专注于艺术家的自我，可它却与这个自我（一定程度上说，它在展现自我上是成功的）一道隐约地展现了事物的表面实在和奥秘的含义。从而我们可以得出结论：在创造性行动的本源中，一定存在一个十分特殊的智性发展过程，一种无逻辑理性上的对等物的经验和认识，通过这一认识，事物和自我一道被隐约地把握。

　　现在，由于利用自我意识——它是由反省的提高在现代诗和艺术中发展起来的自我意识，它使得诗人赞同皮埃尔·勒韦迪的意见："作品的价值是与诗人同他自身命运的剧烈冲突成比例的。"——我们从而开始从哲学方面去理解讨论中的这个内省过程如何发生和为什么发生。直接探究前概念生命中的智性的内部功能，使得我们认识到诗性直觉和诗性认识既是对人的精神性基本的表现之一，又是沉浸在想象和情感中的精神的创造性的最初要求。

诗性认识的本质

　　我刚才使用过"通过同一的认识"这一表达法。它涉及托马斯·阿奎那所做出的那种基本的区别。他解释说，在对属于道德的善（比如刚毅）的事物的评价上，存在着两种不同的方式。一方面，我们在精神上可能掌握道德科学即对于善的概念的和理性的认识，这种认识在我们中产生一种与所涉及的真的纯知性的一致，这样，如果有人向我们询问刚毅是什么时，我们仅仅通过查阅包含在我们的概念中的只能用智力了解的客体，便可作出正确的回答。一位道德哲学家可能不是个善人，但他可能对有关善的一切事物都了如指掌。

另一方面，我们可能通过我们自己的意志和欲望的力量掌握讨论中的这种善，并使之在我们身上具体化，从而在我们的生命中与它一致或同一。于是，如果有人询问我们讨论中的刚毅是什么，也用不着通过科学，而只要通过倾向性，通过查看我们的为人，通过我们自己的生命的爱好和特性，便可作出正确的回答。一个善人在道德哲学上很可能是一窍不通的，但他通过同一却可能对关于善的一切亦有所知（可能知道得更深）。

在这种通过契合或倾向性，同一性或同质性的认识中，智性不是单独地起作用，而是与情感的倾向和意志的意向一道起作用，并被后者当作指导和定形。这不是一种理性的认识，即通过概念的、逻辑的、推论的理智的运用的认识。尽管这种认识是模糊的，或许不能阐明自身的，但它却是一种实实在在的认识。

圣托马斯用这种方式来解释被神学获得的神的实在的认识和神秘经验所提供的神的实在认识这二者之间的区别。他说，因为精神的人是通过倾向或同一性来认识神的事物的；不但由于他已经认识了它们，而且还由于他受它们的磨难，诚如狄俄尼索斯（Pseudo-

Dionysius）所指出的。

经由同一性的认识在人的生活中起着巨大的作用。尽管现代诗业已把它抛入忘川之中，但古代的学者们却对它极感兴趣，依靠它建立了他们所有的上帝赋予沉思的学说。我认为，我们必须在道德实用认识和自然或超自然的神秘经验这样一些领域，以及在诗和艺术的领域，恢复这种认识，承认它的基本作用和重要性。在我看来，诗性认识是一种经由倾向和同一性的特定的认识——让我们说，一种经由表达情感的同一性的认识。这种表达情感的同一性本质上与精神的创造性有关，它倾向于在作品中表达自身。所以，在这样一种认识中，是被创造出来的客体，如韵文、绘画和交响乐等，在作为它们自身的世界的自身的存在中，起了寻常通过产生自思想中的概念和判断来进行认识的那种认识的作用。

因此，这就产生这样一个结果：诗性认识只有在作品中才能得到充分的表达。诗性认识以一种无意识或潜意识的方式自诗人的思想中产生，然后，以一种几乎感觉不到然而是强制性的和不可违背的方式出现在意识中，并通过一种既是情感性的又是智性的影响，或通过一种无法预测的经验的见识，这种见识只提示自己的存在，不过并不表达它。

我认为，这种特殊的经由同一性的认识依靠情感产生。这就是为何在最初的一瞥中我们相信，而且诗人自己通常也相信，诗人他就像《白鲸》中的主人公亚哈："这就是精神食粮，如果亚哈有时间思索的话，但是，亚哈却从未思索过；他只是感觉，感觉，还是感觉；想到冒险，那足以使一个濒临死亡的人感到够味！这种权力和特权只有上帝才有。"然而，人们的这种想法却错了。诗人也在思索。在作为智性的真正的而又本质的接受力上，诗性认识从智性中产生，尽管它借助感觉，感觉，感觉这一必不可少的媒介。在这里我要强调一下，我正在阐述的这一学说绝不是纯情感的或感伤主义者的诗歌学说。首先，我正在讲一种确凿的认识，这种确凿的认识不为情感所能认识；但在这种认识中，智性像在其他任何认识中那样能了解它。其次，我正在谈及的情感绝不是我在第一章中提到的那种"兽性的或纯主观性的情感"，那种情感对艺术来说只是外部的。它既不是由诗人表达或描述的情感，一种在作品的制作中当作"一种物质"而为题材和素材服务的情感，也不是使诗向读者"传送骨气"的诗人的一阵激动。它是一种作为形式的情感，这种情感与创造性直觉融于一体，它赋予诗以形式，它像意念一样是意向性的，或者，它所包含的意义远较其自身为多。〔我是在托马斯主义的意义上使用"意向性的"这个词的。这个词后来被布伦塔勒和胡塞尔引进当代哲学之中，意指纯倾向性的存在；通过它，一样事——比如已知的客体——以一种非物质的或超主观的方式呈现在"手段"——比如一种观念——之中。就其决定认识的行动而言，它不过是一种非物质的倾向或朝向客体的意向（intention）。〕

那么，在成为智性的起决定性作用的、现实因为它才被把握的手段或媒介之物时，情感是怎样上升到智性的高度而且似乎还有取代概念之势呢？

同所有涉及把经由同一性认识的普遍概念运用到这种认识在其

中发挥作用的不同特定领域中去的类似问题一样，这是一个难题。我认为，在所有这些情况中，说灵魂"受事物的磨难，不如说它认识到它们"，通过共鸣在主观性中体验它们。而就神秘主义的认识而言，我们得在为圣托马斯·约翰所发展的一种伟大的见解——爱向客观把握的意向性手段的领域前进（amor trarsit in conditionem objecti）——中，找出某种得相似地运用的特定的方式。在这儿我要说，在诗性认识中，情感把灵魂所体验到的实在——从通过一颗细砂反映整个世界——带入主观性的深处和智性的精神的无意识的深处，因为在诗人，与其他人（尤其是那些被纠缠在文明生活的琐事中的人）相反，可以说，灵魂对自身仍是更有用的，它保存精神性的储备，这种储备并未被它的朝向外部的活动和它的诸力量的辛劳所并吞。这种深厚的未开垦过的精神的储备，当未被开垦时，像是灵魂的沉睡；而当它成为精神性的之时，由于精神对于自身和对于在它自身中的一切事物的实际上的复归，则处在实际性的清醒状态和充满活力的紧张状态中。灵魂入睡了，但她的心却是清醒的；就让她酣睡吧……

让我们设想，就是在这样一个暗暗警觉的睡眼的浓度中，就是在这样一种精神性的紧张的浓度中，情感介入进来了（不论它是怎样的一种情感，重要的是它是在何处被得到的）。一方面，它扩展到整个灵魂之中，浸透着灵魂的生命，于是通过这种方式，事物中的某些特定的方面与受到影响的灵魂成为同一的。另一方面，流入生命源泉中心的情感在智力的活力中被得到。我指的是在主观性中，在压力下被启发性智性的四射光芒所沐浴，实际上朝向珍藏在灵魂中的、关于经验和记忆的所有收获，朝向所有关于流动的意象、回忆、联想、感觉和潜在欲望的世界的智力。情感此刻被激动了。正如我所说过的，这就足使情感以某种方式趋向或倾向整个灵魂，以便在精神的未确定的活力中和丰饶中被获得，在这里，它被启发性智性之光所透照：因此，在它仍然是情感的同时，又被转变为——就事物中的各个方面而言，这些方面是与情感所浸透的灵魂同一的或相似的——一种经由同一性的智力评价的工具，而且在这种经由实在与主观性之间的相似的认识过程中，对前意识活动中的智力起着非概念的内在的决定作用。正是由于这么一个事实，情感被转化为客观意向性状态；它被精神化了，成为意象性的，就是说，它在一种非物质化的状态中传达自身以外的种种事物。情感成为智性的一个起决定作用的手段或传达思想感情的工具。通过这种工具，这样一些事物被把握并被隐约地认识：使这种感情对灵魂产生深刻印象的事物和被包含在事物中或与它们相连的较深沉的不可见之事物、与灵魂有不可表达的一致或连接从而打动灵魂的事物，以及在灵魂中回响的事物。

诗性直觉——它本质上是一种智性的闪现——正是通过这样一种精神化的情感而在精神的无意识中诞生。正如我们刚才所说的，诗性直觉在某种意义上是那些灵魂的一种特权。在灵魂中，梦幻活动和内省而自然的、未为人的生活的商业所利用的精神性的疆界特别大。在另一种意义上，由于它出自人的思想的最自然的智能，所以我们必须承认，所有人都潜在地拥有这种诗性直觉；在那些不曾意识到自己拥有它的人们中，许多人事实上是在自身内压抑了或扼杀了它。因而，他们产生了对于诗人本能的不满。

诗性直觉本身产生于灵魂自然的和极为自发的运动中。灵魂通过同事物交流而探索作为具有意义和激情的自身。有时候，在成熟的年代，精神在饱尝了经验和体验之后便返回朝向自身，它尽兴地体验酣睡的乐趣，而诗性经验则在这种体验中被唤醒——而且它也以另一种方式，以辛辣的新鲜味存在于儿童和原始人之中。诗性认识对于人的精神犹如鸟之于栖巢那样地自然；而且正是世界和精神一道返回灵魂的神秘巢穴。因为诗性直觉的内容既包括世界的事物的实在，又包含诗人的主观性，这二者都通过一种意向性的或精神化的情感而被隐约地传达。通过一种不认识自身的认识，灵魂在世界的经验中被认识，而世界又在灵魂的体验中被认识。因为这种认识不是为认识而认识，而是为创造而认识。它朝向它所倾向的创造性。

兰波说："我是另一个"（Je est un autre）。在诗性直觉中，客观实在和主观性，物质世界和灵魂的全部，不可分割地同时存在。在那一时刻，意义和感觉被带回到心中，活力被带回到精神中，激情被带回到直觉中。通过智性生机勃勃的（虽是非概念化的）驱动，灵魂的所有力量也在它们的本源中被驱动。

本章后面的《未加评论的原诗文》有一些词句看来对我眼下的目的具有意义。我想，通过阅读收集在第二部分中的那些材料，我们可能比借助于任何哲学的论辩更好地弄明白诗人的主观性是怎样在他诗中被展现的（不过是与事物一道）；通过阅读收集在第三部分中的原诗文，我们可看到另一个即世界的事物和智性的事物，以及它们的含意是怎样也在诗中被展现的，而且进而看到，在这种独特的和双重的展现中，一切事物是怎样源出于一个最初的创造性直觉的。

而这种创造性直觉则是在明显的情感的影响下，自诗人的灵魂中生出的。

与所有那些具有精神深度并传达它们自身信息的真正艺术品——绘画、雕刻、建筑，或音乐——作直接的直觉性的接触，便会向我们提供同样的证据。

作为认识性的诗性直觉

为了阐明包含在诗性直觉概念中的主要方面或含义，我想再谈几点意见。

在我看来，在这一点上，得作出的第一个区分与这么一个事实有关：诗性直觉，它既是创造性的又是认识性的，或者可特别地视为创造性的，从而同作品的产生有关；或者被视为认识性的，从而同被它所把握的东西有关。

那么，让我们把最初的诗性直觉看作是认识性的，正如我们所见到的，这种诗性直觉既是对事物的实在的认识，又是对诗人的主观性的认识。那么，是否可以把我刚刚提到的"事物的实在"描述得更加具体些呢？换言之，诗性直觉的客体是什么？不过这儿的"客体"一词是含混的，因为事物在概念中被客观化了。既然在诗性直觉中没有概念也就没有客观化，那么，让我们问问：被诗性直觉所把握的事物是什么？

我们前面关于诗性认识的思索已经包含了这个答案：诗性直觉并

不是朝向本质,因为通过一个概念,即一个一般性的观念,本质已与具体的实在相分离,并被推理所审查;对思辨认识而言,认识是客体,而不是被诗性直觉所把握的事物。诗性直觉朝向当作与被特定的情感所打动的灵魂的同一的具体存在;就是说,每一次都朝向某种独特的存在,朝向具体而个别的实在的某种复合物,这种复合物是在实在的突然的自我主张的狂热性中,在它及时通过的完全的个体中被捕获的。这是爱之于在一刹那发出的动作,它存在瞬间,就将永远地消逝,唯有在天使们的记忆中,它才能得以珍藏,并超越时间。诗性直觉顺便把它捕获,以微弱的努力及时记录下来。但诗性直觉并未停留在这种特定的存在中;它超越它,无止境地超越它。正因为诗性直觉没有概念化的客体,因此,它便倾向于并扩展到无限,以及倾向所有的实在,即卷入任何一种单一存在物之中的永恒的实在。它不是卷入包含在单一存在物的同一性中及其与其他事物的存在关系中的关于存在的奥秘特性,就是卷入遍布于整个世界中的、关于存在的其他诸存在的所有其他方面或结果。这种永恒的存在自身有手段发现自己同这种单一的存在物的某种理想的关系,并把这种关系传达给思想。由于这一事实,那单一的存在物通过与在精神中被唤醒的主观性所达到的契合而被把握,并在这个主观性中产生反响。

我认为,这就是被诗性直觉所把握的事物:回响在诗人的主观性中的单一存在,包括在这一存在中产生反响的、通过这单一存在以符号形式表现出来的所有其他的实在。

这样,亚里士多德说诗比历史更富于哲理性,这话确实不假。不过,这不是就认识的方式或样式而言,因为这种方式完全是关于存在的,被把握的事物是当作非概念化的事物而被把握的。但就被把握的事物而言,它不是它的存在的事实中的偶然之物,而是对于存在的丰富性无限开放中的事物,而且作为存在的符号。因为诗性直觉使被自己所搜获的事物成为精致生动的事物,并让它居于无穷的见识之中。事物一旦被诗性认识所捕获,便意味深长。

事情还不仅仅在于事物是什么。它们之所以永不停息地超越自身,给出比自身所有的含义要丰富的含义,是因为它们的各个方面都为第一因的驱动之流所渗透。它们之所以比自身优或劣,是因为它们太丰裕,是因为虚无吸引了出自虚无的虚无。就这样,事物以众多的方式,通过无数次的行为与接触,同情与分裂面相互交流。我认为这种存在中的精神之流中的相互交流源于存在,可以说它在事物中是创造性之源的奥秘,也许最终是诗人在他自己的自我的幽夜中获得、体验并把握住的东西,或当作未认识的认识。

现在谈到诗性直觉的另一种认识功能。所谓诗性直觉,指的是当作隐约地展现诗人的主观性的诗性直觉,对这个问题,我无须赘述。很明显,诗性直觉中充满了诗人的主观性和被把握的事物,因为,被把握的事物和诗人的主观性是在同一种模糊的经验中被认识的,因为被把握的事物之被把握只是通过它在主观性中的感情回响和它与主观性的契合。而且,如我们已见到的,正是为了在作品中表达出自精神的创造性的诗人的主观性,对于事物的把握与主观性的彻底觉醒一道发生。这样,在我看来,我们可以说,获得诗性直觉的最重要的因素是对于世界的事物的经验,因为对人的灵魂来说,它在认识自身以前认识事物是很自然的；不过最主要的经验是关于自我的经验——因为正是在主观性的彻底觉醒中，在智性的自由生命的半透明的幽夜中获得的情感才被造成意向性的和直觉性的，或经由认识性的认识的决定性手段。

最后，就作品而论，它在不可分割的契合中也将是——就像它白诗性直觉中产生那样——既展现诗人的主观性，又展现诗性认识迫使他感知的实在。

无论是一幅画，抑或一首诗，这样的一件作品总是一个形成了的客体——诗性直觉独独是在作品中才达到客观化。作品必须时时保持它作为一个客体的一致性和价值。但同时它又是一种符号：既是一种在事物中所感知到的奥秘的和在广大的世界中被捕获到的某种关于自然或历险的无法反对的真的直接符号，又是一种诗人主观世界的、被隐约地展现出的诗人本体的自我的反向符号。正像被诗性直觉所把握的事物充满了意义那样，以及正像存在充满了象征那样，从而作品中也将充满含义，而且将充满比它自身要丰富的含义。一笔之下，作品就能把人的面部表情中的天地万物传达给心灵。

一张面孔
应该表明人间万物。

在无穷的相似的反映中，作品将与它的自我一道呈现在我们眼前，以及那不断涌现出的某种时而这样，时而那样的事物。贝亚特丽齐在作为但丁所眷念的女性的同时,通过一种诗的夸张以及通过符号的力量,也是启发但丁的亮光。索菲·冯·屈恩在作为诺瓦利斯已故的未婚妻的同时,又是以魅力吸引他的上帝的呼唤。

就这样,诗便捕获了事物的神秘意义和主观性隐约地展现的、更为神秘的无所不包的意义:为的是把这两类意义送入一种即将形成的物质中。这两种意义——在事物中感知的意义和为创造性主观性所认可的、更深沉更有生命力的统一的意义——结合成一种独特而完整的复合意义,作品于是通过这种复合意义而存在,而这种复合意义就是我们在上一章中所说的作品的诗性意义。

关于画家中的诗性直觉,是否可以作出一些具体的讨论,以说明它和诗人中的诗性直觉的区别呢?我要说,在他们二者之中,诗性直觉具有同样的基本特征,不过,也带有在我看来具有本质性意义的进一步的不同。其原因在于这么一个事实:诗人所面对的实在是智力的真正的客体,精确地说,是实在的绝对的普遍性中的存在的海洋;反之,画家所面对的实在是有形的物质世界,是肉体的存在的世界,通过这一世界,独独实在的无限中的存在的海洋完成了对他的显示。画家的世界是存在居于眼睛之前的世界,而存在则是智性的世界。

因此,为了描述画家的诗性直觉,我们必须首先记住画家是自然的俘虏,他受她的约束,不可能回避她——正如毕加索自己所说,"我们不能与自然对抗"。所有的其他画家亦有同感。但是,正如我在前面的议论中所指出的(我想继续谈它们,赋予它们完全的哲学意义),画家并不把自然看成是独立的自在之物,以便复制或模仿它的外部形状。画家把自然看作是一个创造性的神秘物,他试图模仿这个神秘之物的奥秘活动和内在的作用方式,他还通过他的双眼,借助诗性直觉使之作为客体即行将问世的作品的胚芽或翅果而进入他自身的创造的主观性的幽渊。就建设性的或可行性的色彩和线条而言,画家的智性在事物和他自身的自我的幽夜中所捕获的只是有形的肉体存在的无穷深奥的一个方面罢了;就这个方面或这种成分指的是形成作品——作品自身是出现了存在之前的眼睛的一个客体,而存在则是智性的一个客体——而言,则是有形物质世界或肉体存在世界的神秘之物的一个方面或一种成分。

但是,如果不同时超越有形的肉体存在世界,从而不可思议地达到存在的世界和存在的无限,那么,我们所提的这个发展过程是不能发生的。因为在诗性直觉中,主观性是洞察客观世界的工具。因为画家在有形事物中所寻觅的事物,必须具备这同一种内在的深奥和用之不竭的储备,为的是当作他自身的自我的可能的展现。当画家把握作为实在的有形的肉体存在的某个方面时,他也把它当作一个符号来把握,通过这个符号,同样的奥秘含义、一致性、共鸣和诗人在存在的世界中和人类世界中隐约地捕获到的思想感情的交流都在一种无法确定的流动性中带回给他。不过,画家是更隐约地捕获它们的,他用的只是回想和联想的方式,作为一条"生殖原则",或一个发挥作用的翅果,画家的诗性直觉向他自身传达了有形物质无穷无尽的内在方面的一些方面,同一理由,传达了使存在的不可见世界借以显示出的更加无尽无穷的含义的一些含义——所有这些都是通过经由同一性认识的方式而被捕获的,在这种认识方式中,动作与世间事物的精神交流，可根据任何方向产生。所有这些，只有通过将这些事物再铸造成一个新的有形的构造物，才能得以表达。

于是，就这样一幅名副其实的画，它虽在严格意义上仍是一幅画，却达到了——尤其是"解放"已在现代完成之后——一种形而上学式的浩瀚和一种特别与诗相类似的智性化程度。这是依靠创造性直觉对于有形物质世界切实可行的奥秘的隐约把握，以及对于存在的世界的意味性的或暗示性的内在实在的隐约把握而达到的。

现代绘画像现代诗歌一样，仰慕高纯度的理智性，热衷于事物对于直觉理性的影响——达到把这种影响看作真正的诗性认识的程度。但同时，现代绘画（像现代诗一样）有步入歧途之虞，它铤而走险，沉溺于感觉论中或纯趣味指导的和肤浅的对于想象的释放中，它的这种沉溺达到把诗性认识的非逻辑性或概念理性的解放误为与理性自身和智性自身的彻底决裂和解放的程度，结果失去了所有精神性的或情感性的引力，忽略了高更所言及的那些"思想神秘的诸核心"。现代绘画的这种矛盾心理在我看来异常地引人注目，而这对哲学家来说，则异常地富于启发性。

此外，我想补充说明这样一点意见应不会令人感到意外——正因为我刚才试图指出的那些具体的条件——画家关于自身特有的那种诗性直觉的表达要比诗人逊色得多。他们用他们的油画，而不是用他们的词语来表达自身。就内省而言，通常他们用的是谦卑的词汇。事实上，他们从谦卑的词汇中选取十分朴素的（有时更动人）词语来传达他们无法表达的深刻含义。正如塞尚指出的，他们就用这种方式谈论他们的"有限的感受"，谈论他们的"印象"，他们的"感觉",他们的"内心激动",他们的"梦幻"——对于他们来说,"梦幻"这个词大约与我们在哲学意义上所说的诗性直觉一词十分接近。

然而,一些更有意义的证据并不缺乏,更不必说中国画家的伟大证明了。正是在画家或雕刻家那充满丰富意义力的言论中,我们才必须理解他们的话,当他告诉我们,"他看到的一切事物都具有无穷无尽的完美和价值",(汉斯·凡·马赫斯);或他已提出"尽可能地……使有形之物的逻辑服务于无形之物"(奥迪隆·雷东);或者,"艺术家……不是瞎子;也就是说,他的眼睛已经移植到他的心中,把自然的心底看穿"(罗丁);或者,为了表达所有自然的丰富皆藏匿于其间的"大形式","你必须爱这些大形式,在赞同中成为它的一部分"(约翰·马兰);或者是凡·高的言论,他写道,"我不是老想着去准确地再现我所见之物,而是随心所欲地利用油彩来强烈地表达我自身","我希望以象征过光荣的、我们总是力图通过实际的光彩和色彩的激动来表现的那种永恒之物来描画男人和女人";抑或普桑的论说,他说:"尽管绘画再现主体,然而,它不是别的,只不过是精神的事物的一种意象罢了",而且,在作品的组成成分中,有些成分它们是"属于画家自身的而且是不可能学到的。那就是维吉尔的金树枝,如果没有命运的引导,没夸人能发现它,也没有人能采到它"。

另一方面,如果我所提出的意见不错的话,那么,我们可能认识到,画家和诗人之间发展起来的友谊,以及其努力和学说的一致——这种情况自德国浪漫派运动以来和波德莱尔及德拉克洛瓦时代以来尤为明显——当然是件幸事。不过,这也可能对双方都不利。在各种各样的社团中,画家和诗人们交流思想,沟通要求,相互仰慕，相互存忌，以一种无法估价的方式刺激和扩大创造性本能。但是，这些社团同样可以使画家，或诗人忽视他自己在对其具体作品的处理上的最有特色的东西。受画家启发的诗人可能在诗中看到一种纯意象的组合，而受诗人启发的画家则可能试图摆脱塞尚的作品是那么执着而坚定地追求的那种对有形的肉体存在的世界的专注，从而忘记了绘画特有的诗性直觉的最初要求。因此，在寻求直接达到存在的世界的绝对的普遍性上，他们将不遗余力地脱离绘画——这只会滑向表现主义文学的某种变体；要不就因为失望和气馁而求助于任何一种新的学院风气，而这类学院风气是以假冒的自由装点门面和以空洞的信仰作炫耀的。

作为创造性的诗性直觉

我最后的论述将涉及可在诗性直觉中加以区别的两个方面的第二个方面，即作为创造性的诗性直觉。

从一开始，诗性直觉就朝向工作。一旦它存在，在它彻底唤醒诗人的本体，使之达到实在的共鸣的奥秘的程度那一刻起，它就是智性的非概念生命的幽深中的一种创造冲动。这种冲动可能仍是潜在的，但由于诗性直觉是诗人寻常的精神状态，所以诗人不断地向达类隐匿的冲动发展。

你可理解那些高声歌唱的

>商品说明书、目录本和广告,
>那就是今天早上的那首诗……

不过,并非所有的诗人都能向这一行动发展。而且,诗性直觉可能被长期珍藏在灵魂中,它潜伏着(不过永远不会被忘却),直到那么一天,它从沉睡中苏醒,不得不进行创造。但即使在那时,也不需要任何附加的条件,而只是一个付诸实施的问题。包含在诗性直觉中的一切都已存在在那儿,一切都被赋予:所有的生命,所有的悟性,所有正处于行动中的创造性力量,就像赋予黑暗以智性方向的能力;在某种意义上(集中地——无论意外的机会在发展中起到何种作用)行将产生的作品的完形已在发展中呈现出,不管这一完形现在作为来自灵魂的前意识生命的礼物而实实在在地出现在第一首诗的第一行中,还是实实在在地凝聚在一部小说或一出戏剧的精神胚芽中。

就业已完成的作品而言,在我看来,大概可以说,那类构成成分的美为完整的作品,大体上与当作客观化的自我进入行动或主题中的诗性直觉有关;而那类构成成分的美为光彩的作品,则大体上与处在自然而原始状态中的诗性直觉有关。所以,即使在一首支离破碎的诗中,诗性直觉也可能会带着绚丽的光彩。这么一些残缺的片段,由于可为存在的光线所透射,从而足以可能揭示出诗歌的真正木质。因为没有什么比在诗的怒涛上搏击更为可贵。这已被独特的诗行提供出来——

>希望的光芒就像牲口棚里的一段麦秆……

啊，你这钢铸的知识一跃却相当于
敏捷的云雀早出晚归的来回里程……

基督蒙难时鲜血的气味
使一切柏拉图式的容忍荡然无存。

如果一个徘谐（Haikai）具有这种透彻性的话，我更喜欢它，而不喜欢一架以种种观念震聋我的耳朵的庞大而喧闹的机器。然而事实仍在于：从一开始诗性直觉实际上就整个地包蕴了富于诗意的事物，要求整个地穿越它。当诗性直觉未能做到这一点，而只是以片段的方式出现时，那是因为诗人的艺术出卖了它。

这样，一个进一步的问题必须得到检验。如果我们转向实用艺术，我们会注意到，诗性知识或直觉情感在这类艺术中不是得以完成的作品的精神胚芽。诗性直觉可以在它们中起作用——其时，将会在它们中萌生出对美的关心；但诗性直觉不是它们的创造性的起决定作用的集中点。这个起决定作用的集中点就是经院哲学家们所说的"创造性观念"（idea factive），而且，经院哲学家们审慎地告诫我们：手艺人的创造性观念绝不是一个概念，因为它既不是认知性的，也不是描叙性的，而只是生殖性的；它并不倾向于使我们的思想与事物相符，而倾向于使事物与我们的思想相符。经院哲学家们甚至从未像我们自笛卡尔时代以来所做的那样，在"概念"意义上使用"观念"这个词。这样，如果我们要继续谈论手艺人的创造性观念，除非我们意识到这么一个事实：当观念一词用来表示那个创造性观念和那些我们通常称作概念的事物时，它只是具有类推的含义。手艺人的创造性观念是一种智性形式，或一种精神的发源地，在其复合的统一中，隐约地包含着一个事物，这个事物将被带到——也许是第一次——现实的存在中。这种属于艺术的功效并包蕴于艺术的功效之中的创造性观念，是这种功效的实施中最初的起决定作用的集中点。

由于最不幸的偶然性出现在这种相同的表达上，创造性观念被从实用的艺术领域转移到美的艺术领域，更恰当地说，转移到那些依赖柏拉图的"音乐"或依赖诗歌的艺术领域。结果，最糟的混乱发生了。艺术理论家们错误地把这个"观念"当作一个概念，异想天开地认为所谓的创造性观念是艺术家自己的头脑为他自己准备的一个理想的模式，作品则可以设想为这个模式的一个抄本或写照。这样做一定会使艺术成为模仿的墓地。作品是一种创造物，而不是一个抄本。这样一种把这种观念当作模式而存在的事物，除非在一些浸透着假柏拉图主义的美学家的思想中，或在一些把神学概念误解作神的概念的哲学家的思想中，是决不存在的。

同时，"创造性观念"这种只在作为手艺人的创造性观念时才有意义的表达方式，还被用于指代诗性直觉自身的创造性方面，指代在情感中产生的、在智性的前意识生命的最初源泉中产生的诗性直觉。可怜的爱克曼曾问他所钦佩的歌德，他致力于表现在《浮士德》中的，是怎样一种观念。歌德回答说："仿佛以为我自己懂得这是什么而且说得出来！从天上下来，通过世界，下到地狱，这当然不是空的,但这不是观念,而是动作情节的过程。……"

那不是观念,因为观念不存在,只存在决不是观念的诗性直觉。事实上——这是我将要在下一章中再行强调的一个要点——诗性直觉超越艺术的善。诗性直觉以一种优越的状态和突出的方式——如果是位学者,一定会说 formative-eminenter 包蕴和蕴含在它自身之中,一切都存在于——更无限地存在于(因为诗性直觉既是认识性的,又是创造性的)——手艺人的创造性观念中。诗性直觉进入现实作用的实施中就足够了;由于同一原因,它将会进入艺术的功效领域和动力之中,并将利用艺术的不够充足的手段。

对于每一个真正的诗人来说,情形确实如此。不过,不是所有的艺术家和诗人都是真正的诗人。我的意思是,在作用实施的最初时刻,另一个发展过程可能发生。其时,诗性直觉变成手艺人的观念,失去了它自己固有的超然性,仿佛掉进了机器的喧嚣声中和手艺人的创造性观念孕育着的、对于制造的纯智性的关心之中,在诗性直觉变成手艺人的创造性观念这一程度上,它抛弃了它的许多本质,尤其是被诗性认识和直觉情感所促成的、对于把握物的优越统一中固有的创造性力量。在我看来,当一个人急于显示自己的活力,急于创造出某种伟大的东西时,就出现这种现象;或者,由于他身上诗性直觉的微弱,于是他就超越诗性直觉,并力图用自己的方式来补充它,而不是听命于它——那些诗性直觉完全缺少的人,就更不用提了。这样,在书店、音乐会或是艺术展览会上,我们见到了许多不足挂齿的劣作;在众多的戏剧中,仅有情节而无行动;在不计其数的小说中，人物要么是剥夺了自由的可怜虫，他们只是执行钟表神的既定方案，要么是那些逍遥法外的流浪汉，他们一次又一次逃避无能之神的不中用的算计。我认为，只有异常有力的诗性直觉才能使小说家和他创造的角色之间的关系成为它必定成为的——一种意象，我指的是上帝超然的创造性永恒与既自由地行动又被上帝的目标所牢牢提抱的自由人之间的关系。

我相信，我刚才提出并说明其区别的意见，它们像所有本质的区别那样是很难在特殊的情况中运用的，但文学和艺术批评总是基本上意识到这种区别：一方面，是音乐（Mousikè）之子即诗人们和创造者们（他们也可能是完美的手艺人），另一方面，是技艺（Technè）之于即文人们或专业人员（他们也可能是拙劣的手艺人）。

我们可进一步看到：由于艺术功效本身因运用和训练而得以改善，从而作为艺术功效的一部分的手艺人的创造性观念也得以改善。

另一方面，诗性直觉既不能通过运用和训练学到手，也不能通过运用和训练来改善，因为它取决于灵魂的某种天生的自由和想象力，取决于智性天生的力量。它本身不能被改善，它只要求服从它。但是，诗人可以通过排除障碍物和喧闹声来更好地为它做准备或得到它。诗人可以捍卫和保卫它，从而加快他的诗性直觉力量自发的进展和净化自身。诗人对它可以进行自我教育，但决不可背叛它（这是一所纪律严明的学校）和使一切事物都作它的后援（这是一所学费昂贵的学校）。

至于诗性直觉作用的实施，它还能通过某种谦卑而得以改善，我不是就人而言,而是就这种直觉自身而言——而且它也能通过与实行的方式和手段有关的智力的工作和艺术的功效的工作而得以改善。正因为诗性直觉关心的是自己的作用的实施,所以它在艺术发展的过程中使自己臻于完善。我并不认为诗性直觉开始时是灵感作用下的某种无形式的或不完善的东西,比如克洛代尔就过于苛刻地这么说(因为他只是想到那当作概念而被把握的、出现在意识领域中的事物);我的意思是:尽管诗性直觉一开始即是充实和完整的,它却在开初便包含了大量的效能。在创造过程中,这种包含在诗性直觉中的效能,正是依靠专注于形式的完美的智力的不懈的劳动,才得以发挥自己的作用,实现了自我。接着,艺术的技巧和智性颖悟发挥作用,它们对所有无意义的、虚假的和肤浅的成分,进行了一番选择、判断和淘汰的工作,从而迫使——恰恰因为艺术技巧和智性颖悟总是听命于创造性情感并求助于它——新的片段的诗性直觉的闪现在工作的每一步中释放出来。没有"智力"这种不懈的劳动,诗性直觉通常一定不能展露它的全部功效。

不过,且让我们回到诗人中的诗性直觉的内在质量本身上来,回到这种内在质量程度高低的问题上来。在这方面,最重要的事情是内在经验及这种内在经验的日益向主观性的幽深处渗入。因为诗性直觉萌发于这些幽深处,在这里,智性、想象和灵魂的所有力量在协调中体验了意向性情感带给它们的某种存在的实在,而在这一体验中,首先包含了某种敏锐的感受性。犹如神秘主义者能体验神的事物那样,在这里,诗人也应能体验这个世界的事物,而且他的体验是这样深沉,以致他能把它们和他自身倾诉出来。当诗人完全置身于精神交流的活动之中时,那是因为其时他更强烈地感到有一只无情的、而且比他自身更有力的手在左右自己,不过这一刻很快就一去而不返了。诗性直觉的创造性力量的程度是与这么一种倾心的服从的深浅程度成比例的。

这里我想重复一下我在另一篇文章中说过的一番话:"在根据其规律应该不断地得到成长的创造性精神的生命的次序中,主观性的中心应该不断地得到深掘是十分必要的。这种创造性精神就是在主观性的中心中,在体验世界和灵魂的诸事物之中被彻底认识的。遵循着这种内省的思路,我们可能被引导到自问:除非一种宗教的经验(也许这样称谓更恰当些)在这种或那种形式下去帮助诗人的灵魂超越其表面水平,否则,精神性中的这种超越某一深度的进展还能继续么?当一个人不管付出任何代价,仍然继续大胆地否认创造性精神的成长,而他却又没有使这样一种被整个存在所要求的经验成为可能时,这一行为不正是尼采悲剧的奥秘么?不管怎样,我现在想记住的是,创造在灵魂的精神结构内采取不同水平的形式——由于这一事实,每一个人都承认自己是什么。一个诗人越是成熟,渗入他灵魂中的创造性直觉的密度就越高。现在,他在他昔日被感动得引吭高歌之处无所可为,他只得更深地往下挖掘。有人会说体验和幻想的冲击一次又一次地揭坏了隐匿在他本体之后的活生生的感受的分隔物。诗人受到了折磨,受到了质问,他被弄得心力交瘁。如果他回到自身时发现了这一个被蹂躏得不能涉足的天国时,他会伤心至极的;他除了沉入他自己的地狱,别无他法,不过,若是在末路的尽头诗人转而沉默不语,都不是我提到过的那种成长已寿终正寝,也不是昔日的那首歌——它离创造性的未创造的精神性即所有创造性生命的原型不远——没有如既往那样要求得更深地产生在诗人之中。而是由于心灵的最后分隔物已经获得，由于人的本质已经耗尽。"

这段主要涉及诗性直觉的文字之所以被写出来，同音乐和亚瑟·洛里（Arthur Lourié）有关。在我的印象里，亚瑟·洛里为我们提供了当代音乐中的一个最卓越的例子，这个例子是关于我所说过的创造性灵感中的深奥的。这位作曲家切实为哲学家的思索奉献了宝贵的经验。同任何一位用人类语言进行创作的作家相比，洛里甚少受人的观念世界的束缚和人的价值的束缚；同画家或雕刻家相比，他甚少受事物的形式和意象的束缚；同建筑师相比，他甚少受被创造的事物的使用条件的束缚。正是在这位作曲家身上，诗的种种形而上学的要求在清晰的风格中被证实。然而当洛里缺乏诗的这些要求时，存在于他身上的缺陷便极为明显。所以，除了歌剧作家本人，还有谁会以如此彻底的失望来导演一场尼采的歌剧呢。

创造性自我和以自我为中心的自我

所有上述关于诗性认识的讨论都有助于我们去理解诗性活动基本的超然。它们也迫使我们去认识必须作出的创造性自我（Self）和以自我为中心的自我（Ego）之间的决定性区分。

这一区分与作为自然人（Person）的人和作为个人（individual）的人之间的那种形而上学的区分有着某种联系。物质（亚里士多德称之为 Materia Prima）是个性最初的本源。物质既渴望存在（作为一种无自身决定的纯潜能），又使存在收缩（它在给定的条件下限制它自己的能力或接受力）。在我们每一个人之中，个性（individuality），它作为一种把我们自己排斥在其他人之外的事物，大概可以描述为自我的收缩。它总是威胁，总是渴望了解自身。另一方面，由于精神在存在中抑制自身和在存在中过剩，所以人格（Personality）乃扎根于精神之中。人格是向人传送整个结构并在协调中约束人的精神的灵魂实体，它证实存在中的慷慨或豁达属于它的精神原则。个性意味着对于自身的内在性，它同时又需要认识和爱的交流。由于这一事实，我们中每一个人都是个自然人，具有精神的内在性；在认识和爱的需求上，我们中的每一个都要求同另一个人或其他人交流；并要求有一种为自己所爱的人献身的人的最崇高的行为。那铭刻在白色大理石上的崭新的、永恒的名字，它有一天会赋予与我们，而"无人知晓，除非得到这个名字的人外"则展现我们的人格，写在我们护照上的、被认识我们的人所识的名字，它只是我们的个性的指代之一。"你即使不姓蒙太古，"朱丽叶说，"仍然是这样一个你，……罗密欧，抛弃你的名字吧，我愿把我的整个心灵，补偿你一个身外空名。"

　　精神交流行动中的艺术家的创造性自我是作为自然人的人，而不是作为物质的个性，抑或作为以自我为中心的自我。

　　莱昂内尔·德·丰塞卡（Lionel de Fonseka）说，"粗俗者总是说我。"让我们再补充一句，粗俗者也说一个，这指的是同一样东西。因为，粗俗者的我不是别的，正是以自我为中心的自我，一种中立的关于本质和现象的主体，一种行为物质的主体。这种主体就像利己主义者的我一样，表示出物质的暗度和贪婪的特征。

诗也总是言我，但却是用一种全然不同的方式。"我心中涌现出一个美丽的字眼，"大卫（David）曾唱道，"赋予我活力吧，我会牢记您的训条。"诗歌的我是实体的关于生命的和爱的主观性的深奥，它是创造性自我，一种作为行动的主体，表示出精神的作用特有的透明度和达观性。在这一点上，诗歌的我类似圣人的我，它虽然具有极其不同的目的，但却同样是一个具有献身精神的主体。

于是，诗性活动本身由于本质的需要而是超然性的。它使人的自我蕴含于它最深邃的幽隐处，但绝不是为了自我的缘故。对于诗性活动中的艺术家的自我的约束，对于艺术家的自我在作品中的展现，以及对于艺术家在事物中隐约把握的某种待定含义的展现，皆是为了作品的缘故。创造性自我既不断地展现自身，又不断地牺牲自身，因为它是赋予性的；它本身在那种迷狂即创造中被逐出，它之死亡为的是在作品中复活（何等谦卑，何等无防备）。

诗性行动这种本质的超然性意味着利己主义是诗性活动的天敌。

作为一个人，艺术家可以只忙于对创造的渴求。他可以像波德莱尔那样宣称："我对人类毫不在意"，他也可以像普鲁斯特那样，仅仅埋头于创作作品，也可以像歌德那样，成为一个彻头彻尾的利己主义者；但由于他是个艺术家，所以他在创作过程中并不是个利己主义者，他超然于他的自我。

但是，作为一个人，艺术家可以渴望包蕴于灵魂的宽厚和慷慨的活动中的创造，灵魂的激情和抱负不是利己主义者的那些玩意儿，而这样的内在的坦荡和豁达是艺术的功效的正常的和同一的倾向。

人的欲望中的偏狭和贪婪使得这种内在的坦荡和豁达栖风宿雨，狼狈不堪。雪莱曾经写过，与诗性灵感自然相连的"精神状态""与每一种基本的欲望处于交战状态"。雪莱这样写时，毕竟是对的。

我认为，正是受诗歌活动中诗人最基本的超然性的影响，正是受诗人向往创造的自然倾向的影响，既往的诗人和艺术家向我们表现出来的他们内在创造性体验的种种迹象才是这样地贫乏。他们是以一种最循规蹈矩而又十分肤浅的辞令，以各种最陈腐的言辞——处女诗、缪斯、天国的女庇护人、天才、诗性才能、神的活力，过些时候又是想象的女神——来谈论这种经验，至少他们中最伟大的人在活着时是相信这种经验的，不过他们的有意识的智性却未努力去把握它。他们对内省的自我意识不感兴趣。大体上说，内省的时代即觉醒的时代开始时是为阿维拉的圣·特雷莎和克罗斯的圣·约翰时期的神秘主义服务的，后来则发展到为诗服务。在浪漫主义时期，当内省的时代开始服务于诗时，它使得在近几个世纪中缓慢发展的"自我的展现"得以完成。

由于自我的展现发生在真正的诗的领域，因而是一件幸事。当自我的展现从诗的领域，从精神交流之火中的创造性自我的领域转移到人的物质个性的领域和沉溺于私利和权欲的以自我为中心的领域时，它就成了灾祸。从此，人的利己主义进入了诗性活动的领域，它以诗性活动为养料。利己主义以一种非自然的形态待在那儿，无止境地发展起来。另一方而，诗性活动本身的伤痛却不知不觉地加剧，甚至对于最伟大的诗人也是如此。下一章讨论的一些要点将会让我们看到这一点。

我们刚才谈到的转变事实上是与诗的不可比拟的发展同时发生的——诗的这种发展归功于对创造性自我的明确展现。这是人类历史上常见的一种情况。然而，诗性活动最本质的超然性是如此根深蒂固，以致人的自我对艺术世界的这种入侵仍不可能使诗人变成一个创造性的高利贷者（这一词语在措辞上是矛盾的）；它得——我将还会谈到这一点——使他变成一个英雄，一个教士，一个救世主。这时诗人不再献身于他的作品，而是献身于这个世界，献身于他的荣耀。

后现代文学及其机遇[1]

[美] W. V. 斯潘诺斯

现代主义文学和后现代文学之间的差异是根本性的,尽管这些差异有大有小参差不齐,但它们却不均衡地处在文学论说的连续之中。要充分地叙述这些差异,就必定需要远比一篇论文所允许的文字要多的篇幅。不过,这些差异的根本之点可以通过集中在我所认为的这一连续的最重要方面,如阐释学、诗学、本体论、作者和社会政治学中体现出来。

一 关于阐释学

现代主义的文学解释理论,或从现代主义诗歌根本的形式主义冲动中产生的解释理论,像形而上学的沉思那样强调实在这一概念。正如上面那段将从约瑟夫·富兰克的"空间逻辑"中所暗示出的解释

---

[1] 本文选译自斯潘诺斯(W. V. Spanos):《复制:文学和文化中的后现代机遇》一书第5章,路易安那州立大学出版社,1987年版。

原则那样，现代主义的文学解释理论认为，最终的未变更的绝对意义（它的存在）生来即存在于文学艺术品之中。它是这样一种意义：虽然它不能被意译（这是一个削弱其构思基础的承认），然而它却超越世俗历史，从而它在观念上是可复原和可表现的。而后现代阐释学，或以差异的（恰与同化的相对立）理解为基础的阐释学（我在这儿不仅仅指海德格尔和伽达默的本体论现象学，法兰克福新马克思主义的"批判理论"、德里达的文本解构，拉康的修正精神分析学，杰姆逊、赛德和伦特基亚的文化批评，西克斯乌斯、克里斯蒂娃和伊里加雷的女权主义，福科的谱系学，而且也指后现代作家的种种反文学的策略），则坚决认为任何文本的"中心"都不是圣词（the word）的表现，而是寻常词语（the words）的缺如，从而随时听命于表现的解释总是无限度的、进行中的、暂时性的，以及极度历史性的。

事实上，将基础置于艺术品自律原则之上的现代主义解释理论和实践（"细读式的"或"内在的"阅读）是以读者的"客观性"为先决条件的。从而读者的作用，是从结尾去追忆文本的差异。为了突出词源，完全需要去追忆有聚合作用的创造者之词，这种创造者之词在写作时，也就是说，在降临或扩散之时，传播为词语，传播为瞬间过程。换言之，阅读的结束就是通过时间的中止——客观而具体化的距离——去恢复圣词即创造者之词的重要的业已消逝的本体。例如，在约瑟夫·富兰克看来，《尤利西斯》"只能被复读。欲理解书的每一部分，全部知识是必要的；但除非读者是个都柏林人，他才能在该书被读完以后获得这样的知识，当所有供查询之人都与他们特有的身份相符并被当作一个整体而被把握时。"[1]

而另一方面，从基于阐释学——它意蕴于并部分地受启发于后现代想象的破坏性文学——的后现代观点来看，认定读者可能是不关心的或客观的这一现代主义的假定则是天真而靠不住的，因为读者像本体论传统中的形而上学家那样，是以一种档案意识来接触文本的，可以说，意识（和修辞）是通过关于推论形成物的认识规则而被"写下"的。这样，现代主义解释立场所谓的客观性如同人道主义直线的或经验主义的意识那样，是通过对它所邂逅的文本施加它价值系统的影响的"满足规则"而被知悉的。现在已经很清楚，T. E. 休姆所说的对于"赫赫有名的"人文主义者的"不关心的"探究无论如何反常，它却在根本方式上适合他自己的"反人文主义的"计划，并适合"抽象的"现代主义者们所赞颂的"客观的"阐释学：

> 自文艺复兴以来的哲学家应显示世界为何有别于我所知悉的面貌；而当哲学家不惮烦地去证明这一点时，我们应去发现，他有意或无意展示的最终的画面，将在这样或那样的程度上令他自己满意。

---

[1] 富兰克：《现代文学中的空间形式》，第234—235页。着重号系我所加。同列维—斯特劳斯关于"理解过程"的结构主义缩写式回复的比较不应忽略。同亚历山大·波普"批评文选"中的审美距离和缩写的意见的比较也不应忽略（"我知道有，那些更为自由的美／它们不羁的思想，甚至在它们中间，也仿佛错了。／一些吓人的或歪曲的形象出现了，／单单地看，或靠近去看，／它们只是同它们的启迪和地位相称,／适当的距离同形式和优雅的一致。"——第一部分，第 2 章，第 169—174 页；那些在莱布尼茨的本体论提法背后的东西替"人论"的世界创造者辩护："要正确地理解，上帝并未传播恶，／部分的恶却是普遍的善。"——第四部分，第 2 章，第 112—113 页）。

正是这些最终的画面使得人们认为：自文艺复兴以来所有哲学家的哲学体系都大同小异，如出一辙，尽管这些画面在实际上是有差异的，然而奇怪的是，它们对大体相同的理由而言却都是能使之满意的。这些描述人与世界的关系的最终的画面全都与构成现代哲学的统一的大体相同的无意识标准或规则一致。……

应该指出，这些满足规则全都是无意识的。哲学家们共同接受了这样一个一定是对于人的满意的命运的观点，他们是从文艺复兴中接受这一观点的。他们一无例外地在不同世界的关系的某些概念中获得满足。在这方面，这些结论从未被质疑过。人们对这些结论的真实性可能有过怀疑，但却从未对其满足产生过疑问，这应该受到质疑。这就是我批评满足的意义之所在。[1]

换句话说，现代主义的解释立场是一种有利害关系的"不关心"，这种不关心所导致的阅读，是一种假定为自然的并由文化题写的正式期望（结构主义者和读者反应批评家将这种期望称作"文学反应能力"）所确定的阅读。这种最终通过监督着的圣词的认定的批评，避免了自由的批评游戏。而这种一目了然的批评的功能，是把训诫并改造词语、文本、行为当作它名义上的文化传递。现代主义阐释学的这种"回顾性的"解释的强迫性不仅见之于像维吉尔的《伊尼德》、但丁的《神曲》、多恩的《正典》、马韦尔的《花园》、蒲柏的《夺发记》、济慈的《希腊古瓮》、迪金森的《因为我不能为死而却步》、兰

---

[1] T.E. 休姆：《人文主义与宗教态度》，载他的《沉思集》，第 15—17 页。

色姆的《为约翰·怀特荷德之女而鸣》等这类经典式文本的正典之中——这类正典的出版达到了现代主义的"满足规则"的目的：对于"结尾"或"内涵"的训诫性解释，或者说，对于新批评家所说的"均衡"（与相反的张力"反讽"相对抗）的训诫性解释，而且也见之于如下一些大体上离题的、无结构的或解构的文本的"发现"之中，像欧里庇得斯的《奥瑞斯忒斯》、佩特罗尼乌斯的《萨蒂利孔》、塞万提斯的《堂吉诃德》、莎士比亚的所谓"问题剧"、斯泰恩的《项狄传》、T. S. 艾略特的《荒原》[1]和塞缪尔·贝克特的《瓦特》，以便驯化这样一些正式结尾的文本的破坏性能力，使之归入以词语理解为中心的"西方的"文学传统的规则之内。

尽管这种审慎的阐释方法是十分公开的，然而，它在对于文本的强制性排除中却不能去迎合传统，或者如 M. H. 艾布拉姆斯所指出的，它不能从它的公共机构看管人那儿"赢得……想象的赞同"。这些文本是如此彻底地无限度，如此彻底地放浪形骸，如此彻底地不经济，如此彻底地和完全地抗拒通过档案而使文学艺术永存的正规的满足规则，从而它们不可能通过传统主义者和现代主义者的阐释眼光的一目了然的回顾性凝视而被纳入空间形式的"好看的"起跳线——训练法理——之中：

> 诗人必须……使得我们的想象力信服他所描述的人类经验的各个方面，而为了做到这一点，他不能回避他对于我们共同的经验、共

---

[1] 见拙文《重说〈荒原〉：现象学的解构》，《边界》第 7 卷第 2 期（1979 年春季号），第 225—285 页。

同的感觉和共同的道德意识的信念和偏爱的责任……在这一根本方面，失败的艺术家的损失是通过有才能的手艺人的作品而被证实的，在这类作品中，本旨缺乏人性，以致不能确保我们的持续兴趣，或者，这类作品所要求于我们的赞同观点是如地无教养，或如此地反常，或如此地乖张，从而它们激起反信念来约束慷慨的"是"。使得我们姑且认可名著。¹

像通过将疯子排除在文明社会之外同时又将其计算在内那样，在这一意义上，疯子不健全而又破坏性的错误状态成了一种替积极的明智的效益下定义的消极工具，这些离经叛道的文本是通过排除在西方名著之外而被当作畸形计入在内的，譬如像新批评家所说的"伪形式的谬误"。比如，这种流传的损失是掌握在亨利·詹姆斯的一目了然的法理的掌握之中的十九世纪俄国小说家的反常而十分慷慨的文本的灾难：

一幅无结构的绘画蔑视了对于美的宝贵机会，而且除非画师知

---

1 M. H. 艾布拉姆斯，"信念和对于不信的中止"。载 M. H. 艾布拉姆斯（编）《文学和信念》，英语研究所文集，1957（纽约，1958），第28—29页。事实上，艾布拉姆斯的方法阐释学把上面提及的第二种方式当作形式是过于审慎的：通过"忽略"过分的或离经叛道的文本的破坏性特征而驯化。例如，作为它自身建议的一个题目，这就是艾布拉姆斯的《自然的超自然主义：浪漫主义文学中的传统与革新》（纽约，1971）一书的根本策略。它像布莱克、马克思、尼采、史蒂文斯等作家的文本——这些文本提出了人文主义的满足规则问题以及人文主义的现代主义的同素异形体问题——是被当作因动来读的，即"从参考书的超自然主义结构到自然主义结构而不顾及它们的转移"，在理性的基础上保存传统的中心价值（第13页）。

悉健康和安全原则，否则绘画丝毫也不能成图。为绝对预先构想的艺术而工作这样一种风气已经盛行。这在背地里也许有生命，正像托尔斯泰的《战争与和平》不可置疑地（拥有）生命那样；但是什么促成如此大而宽松的怪物，连同这些怪物的奇怪而偶然的、任意而艺术的手段的要素呢？我们已听到强调说……这样的东西是"对艺术的超越"，但我们最不能理解的是那可能意味着什么。……存在着生命，而生命如同浪费也是献祭的生命那样去阻止"计算"（counting）。我陶醉在深沉的呼吸方法之中。[1]

也由于詹姆斯的爱挑剔的门徒帕西·卢波克才使得我们再次想到，《战争与和平》之"未能使读者一饱眼福"，乃因"它没有中心"：

> 当他写作时，他既不专注于他的主题，也不专注于他的条理；他四处搜寻他的素材之山。一会儿在这儿进攻，一会儿又在那儿逼进，他在思想上从未决定过他所收集的素材的目的是什么。因此他的各种方案未能完成，他没有通过所有这些方案把他所掌握的丰富生活的素材加以充分利用。大量的生活素材都被随时浪费掉了，转而毫无价值。其结果不只是对浪费了的材料产生了消极作用，而且浪费掉的生活素材又不时地在分摊，削弱其全部分所创造出的图景的效果。[2]

1　亨利·詹姆斯：《〈悲惨的缪斯〉序》（纽约，1922），第10页。
2　卢波克：《小说的技巧》，第38、58页。

我们不应忘记，这种通过排除而达到的"内涵"，也是处在新批评家的掌握之中的瓦尔特·惠特曼的《草叶集》和处在甚至最宽容的新批评家的掌握之中的赫曼·麦尔维尔的小说的命运。例如，R.P.布莱克默为自己隔膜的形式主义见解迷住了双眼，谴责麦尔维尔的小说为蓄意迷路的艺术，它们不存在"小说的技巧"的规则，存在的只是"妄想"：

> 小说的戏剧形式就是使小说结成一体，使之发展，给它一个中心并建立方向。……控制感也许是理解的最高形式；它是无须乎专心的理解。

> 那么，在这里我们要问的问题是，麦尔维尔是怎样着手控制他的两部小说《白鲸》和《皮埃尔》的？普通的、确实真实的……回答必定是：随意地。……并非他只是留心那些真正使他感兴趣的事，因为哪些重要哪些不重要，他并不在意；不过显而易见，就什么需要处理，什么应予留心而论，他没有确实的规则。他的规则就是妄想，在这种妄想中，其他一些继起的必要性还未能加以确定。[1]

在否认潮流为专心的艺术之后，布莱克默拒绝"推荐麦尔维尔的作品"，这样就把《白鲸》和《皮埃尔》贬到旅游消遣作品的地位，它们通过它们"劝导性艺术"的例证性失败来告诉我们什么是好小说。

---

[1] R.P.布莱克默，"赫曼·麦尔维尔的技巧：一种推断的陈述"，载他的《狮子与蜜蜂窝》(*The Lion and the Honeycomb*)：热望中的评论与批评》（纽约，1955年），第132页。

当你思考他的感伤情调的重要性时，令你吃惊的是，他绝不假冒理解方式，甚至他最钦佩的感伤情调方式。他对于当作一种形式的小说没有增加什么，他的作品也没有任何地方表现出他对他所使用的小说的正规手法有什么显著的精通。他不像大多数小说家那样，能给他的后继者留下什么。……并非他不可比拟，而是他的作品并不存在正式创立起来的仿效变更或订正的东西。在这一理由上说麦尔维尔是个玩物和独一无二之人是十分容易的……；不过要是我们说麦尔维尔影响的缺乏至少部分地产生自劝导性艺术中的一系列技术性不足——产生自写作同他的正规方法成分之间的一种无效关系——一定更有用。我们中没有谁会尾随麦尔维尔之后推销他那一套玩意儿。[1]

并不是这种命运受到了前现代主义作家大量的文本的限制。关于被克林思·布鲁克斯在《现代诗与传统》(1939)中排斥在威廉·卡洛斯·威廉斯的传统之外，被门罗·K.斯皮尔斯在《狄俄尼索斯与城市》中排斥在查尔斯·奥尔森和"黑山诗人"之外，被哈罗德·布鲁姆在《误

---

[1] R. P. 布莱克默：《狮子与蜜蜂窝：热望中的评论与批评》，第125页。布莱克默错误地预料麦尔维尔的"错误艺术"对于后现代小说和诗歌——例如，对于库弗、品钦、奥尔森——的巨大影响也并非偶然。

读之图》中排斥在托马斯·品钦之外的典范例证¹,它们一直是并继续是那些审慎地向空间形式的正规规则提出挑战的后现代诗人和小说家的命运。

从后现代阐释学相同的观点看,这些劝导性排斥——事实上包括在内——并不单单由内在于这样倔强的文本中的"含义"的有趣窜改构成,而且也由其分裂性力量的贬值和失效构成。正如查尔斯·奥尔森从现代主义规则出发,在对格罗弗·史密斯的新批评关于克兰、庞德和威廉斯的排斥性批评中所指出的,这种二元的控制过程,都是利用"整个当代美国的推力,以找到承续推力的二者择一论说"的"文化殖民主义"公认的动因:

> 而且他把它归结为:"所有形式……都必须在理性的论说中构成。"这是已经形成的尺度。由于它,威廉斯失去了他的珍珠,一颗重400克的现代最好的珍珠。哈哈。

简言之,这样你至少要发表反对史密斯的文章,这样有些读者将明白他并未弄清楚——他止在把古老的论说强加给一群现正为新

---

1 克林思·布鲁克斯:《现代诗与传统》(查泊尔希尔,1939),对威廉斯(以及与他有关的反传统)的地位,布鲁克斯在其于1965年出版的牛津版《现代诗与传统》的"回顾性导言"中仅对自己的意见作了很少的修订。事实上,他丝毫也未提到奥尔森、克里利和其他"黑山"诗人。而其实这些诗人的"投射诗"已受到现代主义诗学权威的损害。门罗·K.斯皮尔斯《狄俄尼索斯与城市:二十世纪诗歌中的现代主义》(纽约,1970),第234、263页;哈罗德·布鲁姆《误读之图》(纽约,1975),第31页。也参见保罗·博韦,"克林思·布鲁克斯与现代讽刺:吉尔凯高尔式批评",《边界》第4卷第2期(1976年春季号),第727—769页,修订稿载《破坏性诗学:海德格尔与现代美国诗歌》(纽约,1980),第93—130页。

时代而工作的人们。这样在他们中发现了错误，而这些错误的的确确是他们的美德。史密斯关于思想的形容词——"混乱的""不承担责任的""崩溃的""任意的""不连贯的"——都是乏味的空话。[1]

而且最有效的，是这些标准的歪曲和驯化都被以客观性的名义而认可。它们立足于不经检验的——无形的——然而却是权威性的基础之上，强迫以词语为中心的假定铭刻在现代读者的意识之中。像T.S.艾略特的"非个人化"诗人或帕西·卢波克的超验的（詹姆斯式）作者，其"著作所具有的风格，使得他自身部分在叙述中达到最不突出的程度；他，作者，难以想象地更谨慎地在那儿进行描写，"[2] "客观的读者运用阐释学，不亚于中世纪圣经注释学家的以神为中心的阐释学，处在"别的中心"，超出自由的批评游戏的范围。换言之，现代主义客观阐述的方法学是以封闭在对话体冲突之外的观念学为基础的。

而另一方面，后现代阐释学和海德格尔则承认，在理解文学中不存在无前提的文学文本，这种对超然的质问，同时也是对主题的质问，它不单单对海德格尔来说是重要的，而且对伽达默尔、利科尔、德里达、阿多尔诺、福科、拉康和其他人来说也是重要的。当然，这些思想家中的每一个人从这一基础所产生出的各种不同的阐

---

[1] 查尔斯·奥尔森，"论诗人与诗"，载他的《人的宇宙》，第64—65页。这篇文章被格罗弗·史密斯发表在《新墨西哥季刊》第23期（1953年秋季号）第317—329页，见舍曼·保罗：《奥尔森的推力：起源、黑山派》（巴吞鲁日，1978）。

[2] 卢波克：《小说的技巧》，第154页。

释结果构成了后现代意识的种种差异,对这种种差异是不应忽略的。然而,我对这一结合的关注,与其说是区别后现代主义阐释理论之间的不同,不如说在某种程度上以后现代阐释学共同使用的词语来称呼传统。这样,在实行海德格尔的现象阐释学时,我并不想声称它构成后现代闻释理论和实践的同一,而是说海德格尔比任何其他现代思想家——无论是克尔凯戈尔、尼采、索绪尔,还是弗洛伊德——更重实践,他对于理解与阐释问题的熟虑要是不能成为可能,那么,他对这些问题的熟虑就会因他对胡塞尔的超验自我即特许的主体的质问而被激怒,我对这些不同的而又更激进地反传统的阐释学,通通称之为后现代的反记忆(the postmodern countermemory)。

正如海德格尔在《存在与时间》中开始清除胡塞尔的唯心主义现象学所指出的,阐释的循环取决于排除无先决条件的下理解,"作为一种探求,探寻必须以被探寻的是什么作为前提。这样存在的含义必须是通过某种方式已经为我们所得到的东西";再者:"任何得为理解作出贡献的阐释,必须是已被理解了的应予阐释的东西。"[1] 换言之,阐释学并不发现任何全新的东西。它迪过阐释者除去结构而拿掉覆盖,通过它作为存在的特性。存在作为一个整体在发展中已经在世间"实有",但它在传统的阐释工具坏了或被弄破了之前,以及在破裂发生在物质的表面之前,却是无法知悉的。这里,我们在发展中实有而无须乎意识到它的"当作结构"(当作某物的某物)——通过文化而被铭记——开始明确;"无论何时某物之被当作某物而被阐

---

[1] 海德格尔:《存在与时间》,第25、第194页。

释,这一阐释的被找到根本上取决于前实有、前审察和前概念。阐释绝不是〔不管这些阐释对不对客观性承担义务,包括胡塞尔在内〕对呈现在我们面前的某事的无先决条件的理解。"[1] 伽达默尔在《真理与方法》中也企图修正偏见,认为自从所谓的启蒙时代以来,这一偏见不单单对公正的贬值有利,而且还充塞着带贬义的含义:"这就是要点,在这一要点上,它要达到历史阐释学的企图不得不开始它的批评。对所有偏见的克服,这一对启蒙运动全球性的要求,将证明它自己是一种偏见,而这一偏见的排除会对适当地理解我们的有限打开一条道路,这一道路的开辟不仅支配着我们的人性,而且也支配着我们的历史意识。"[2]

就像现代主义空间的(或回顾性的)解释所倾向的那样,这种对于偏见的正名并未结束在侵蚀或取消差异的残迹之中。因为根据海德格尔的意见,解释者的任务就是从超验的形而上学中心进入"原始而十足的""阐释的循环",[3] 不像其理论上的偏见和公正的实践均处在自由游戏的范围之外的现代主义读者——当作不认可但却被限制在一目了然的"客观意识"的观念学之中而被铭记——后现代读者则把其种种偏见(或中心)置于风险之上,充分地意识到这一事实:这些偏见具有文化的继承性,具有档案中的先决条件。这样他通过他称之为、并被人们称之为过去的文本来考虑对话的自由游戏(交互回

---

[1] 海德格尔:《存在与时间》,第 191—192 页。
[2] H-G. 伽达默尔:《真理与方法》,英译者和编者为加勒特·帕登和约翰·卡明,纽约,1975 年版,第 244 页。
[3] 海德格尔:《存在与时间》,第 363 页。

答)的"绝对预期的"关系。尽管海德格尔在下列引文中将对"重复"（Wiederholen）的熟虑归因于对存在的存在分析，然而它像伽达默尔的对话阐释学所建议的例子那样，同样适用于文学解释：

这样，自身恢复并得以传下来的坚定成为一种已经来到我们面前的关于存在的可能性的"重复"。重复是明确地传下来的——换句话说，回到已经存在在那儿的存在的可能性。曾经是存在的可能性的可靠重复……在存在中是以期待的坚决为基础的；因为在坚定上它是我们首先作出的选择，这种选择使得我们在忠于能被重复的足迹的斗争中获得自由。但当我们通过重复而传递某种业已存在的可能性时，那个已经存在在那儿的此在并未被再一次实现而揭开。这种对于可能的重复既不能把事实带回到重复的"过去"，也不可能把"目前"拖回到那已被"越过的"过去。……不如说重复使得交互回答达到已经存在在那儿的存在的可能性。不过，当这样的回答在坚定中被弄成这种可能性时，它就被弄为洞察的瞬间（Augenblick）；而照这样，在这同时，正是这种对"今天"的否定产生出"过去"。重复既不沉溺于过去，也不指望进展。[1]

---

[1]《存在与时间》，第 437 页，并参见第 355 页。也参见海德格尔：《形而上学导论》，拉尔夫·曼海姆英译本（纽黑文，1959 年版），第 32 页和第 160 页。"洞察的瞬间"（Augenblick）并不能同本体论传统中的"领悟"等同，文学中的"洞察的瞬间"，通过乔伊斯的专用，被新批评家奉若神明。相反，海德格尔的术语事实上构成了一种范围广泛的领悟性回顾洞察的解构，在这一意义上，"眼睛的一瞥"所看见的不是反区别而几乎是暂时入迷的状态。见《存在与时间》，第 376 页。

这样，从后现代阐释观点读到的文本的"含义"构成了同传统中的文本一种相互破坏性的前进的历史对话。在这种对话中，阐释者现时的见识同文本过去的见识在阅读的参与过程中或有趣过程中时刻都被破坏、改变和融合。这种"重复"或"见识的融合"，用伽达默尔的话说，[1]在它发生的那一时刻，必定被破坏，因为永久的一致疏远并隐匿了文本的存在。换言之，重复的行动发现了相同的差异。而正是这种拖延存在的差异使得文本造成差异，使得过去的义本永远在现在出新。

正如德里达在他的《关于语法学》中证明他的阅读原则时所指出的，文化结构上的文本同读者之间这种对话关系也是他的解构方案的出发点，尽管从最小处说他本人，特别是他的美国追随者（包括其注释者）已经完成了必做的确认文本的历史的或社会政治的网络（"系统"）工作——迄今为止"只是受到保护的"结构——然而读者通过追加原则将进行解构：

这样，（关于"追加"一词）这一问题不仅是卢梭的写作，而且也是我们的阅读。我们应通过严肃地考虑包孕在（争夺物）内或这种意外事情中的存在而开始：作家用语言和用逻辑来写作。这种逻辑的体系、法则是特有的，而被定义的这种论说的生命不能绝对地控制。在多少达到这一点上，他使用它们只是让他自己受体系的控制。而阅读必须总是着眼于未被作者觉察到的某种他对他所使用的那种语言

---

[1] 伽达默尔：《真理与方法》，第273—274页、第350页。

形式已掌握了的同未被掌握的之间的关系。这种关系并不是某种有关影和光的、柔弱或力量的量的分配，而是批评性阅读应产生的意味性结构。……

显然，通过被遗忘和谦恭的双重注解，这种意味性结构是不可能产生有意识的、自愿的和意向性的关系。这一关系是作者在他同他所隶属的历史的交换中通过语言而构成的。这一告退当代的瞬间在批评性阅读中无疑应有它的地位。认识并尊重它的所有古典而迫切的需要并不容易，这要拥有所有的传统的批评工具。如果缺乏这种认识和尊严，批评活动一定得冒向一切方面发展的危险，它自己会承认几乎什么也没有说。不过这种必不可少的栏杆对阅读来说永远只是保护性的。而绝不会是开放性的。[1]

在照这样强调重复的瞬间含义时，我绝不是说不幸地处在海德格尔和伽达默手中的后现代机遇的阐释学受本体论对话的限制或理解本体论对话的限制。关于这一点，待会儿就将更为明显。在这里，就重复阐释学最完满的表现谈谈它对文本的称呼就够了，它不只是按照文本瞬间及空间的存在称呼它们，而且还按照其语义学的、美学的、心理学的、文化的、社会政治的历史存在称呼它们，尽管不够均衡——所有这一切都是同等重要而不能割裂开来的。更准确地说，正如我已经做的，要是海德格尔日常的"前结构"〔公共阐释的"闲聊"（Gerede）〕或伽达默尔的"偏见"是激进的，也指福科的"松

---

[1] 雅克·德里达:《关于语法学》，加扬特里·斯皮瓦克英译本（巴尔的摩，1975），第158页。

散结构规则"——即档案知识,或给阿尔都塞和马歇雷这样的新马克思主义者以人道主义可疑性的"观念学",那么,重复的或视界融合的阐释学就成了一种其双重作用发生在历史的或物质的世界中的多价的破坏性的或投影性的——批评性的或创造性的——事物。这样,尽管哈贝马斯的劝导性保留关于伽达默本体论的或非方法论的方向朝向理解[1],但这样一种重复阐释学却可能,它的确心照不宣地已做到,适合"批评理论",而无须乎如"批评理论"的法兰克福的拥护者们所做的那样,倒退到黑格尔的逻辑中心主义。

二 关于诗学

关于西方诗学,正如我所说的,从希腊人、特别是从罗马人到现代主义者都认为,形式在本体论上先于暂存性即圣词先于寻常词语(德里达将之称作"一般书写形式"或"首位文字")[2]。而这种特许的档案式预想的基础当然是其同形而上学二元逻辑的分析关系,这种分析关系如同"形而上学"(metä—tä—physikä)的知觉过程那样,把显示全貌的洞察力认定为本体论的重点,从而认定存在先于存在者,永恒先于时间,一先于诸多,同一先于差异,形而上学把形式

---

[1] 见杰克·门德尔松:《哈贝马斯同伽达默尔之争》,《德国新批评》,第18卷(1979年秋季号),第44—73页。哈贝马斯原来的意见发表在《逻辑社会科学》(法兰克福,1970)上。

[2] 德里达:《关于语法学》,第44页。

的概念摆在对于绝对起源(或者,用德里达的话说,关于存在的哲学)的假定上。文学理论和文学实践中的形式,如同形而上学中的形式那样,日益明显地被考虑和被表达为一种目的(中心),这一形式的功能就是追忆时光或使比喻时光的那些部分传播为"固定的""稳定的""永恒的"和"无限的"循环的整体。用结构主义者的更为西方传统所更熟悉的文学术语来说,形式是使人类的历史经验一般化的想象的动力。当档案性的西方文学史被按照形而上学的存在同诗学形式间的相似而被理解时,现已大量地隐藏在稳定形式规则的措施背后和诗学内分解力的贬值背后的动因——它使得余象从渴望跑向道德谴责——就明确了:文学艺术之所以能得以存在就在于它使差异缩小,把不确定物以及瞬间存在的危险自然化,或者,用海德格尔运用于形而上学上的话来说,把存在在世界上的恐惧(焦虑)(它是以无"为根基的")转变为庄严思想的观察力的易掌握的客体,[1] 正如我所指出过的,这就是为何文本似乎想要根据关于精制的土地或精制的瓮的严格管理的几何学来构成人类经验——从而去阐释,去让有关那种经验的胡说八道自圆其说——已经获得文学批评的最高赞颂,无论这种批评是传统的抑或现代的,现实主义的抑或象征主义的。对以前的修辞学所作的检查清楚地显示,这就是为何亚里斯多德拣出索福克勒斯的《俄狄浦斯王》为最高诗作形式的根本榜样;为何柯勒律治给《俄狄浦斯王》《炼金术士》和《汤姆·琼斯》的情节以典范地位;为何帕西·卢波克把福楼拜和詹姆斯的中心突出且明快的小说推

---

[1] 见海德格尔:《存在与时间》,第 231、393—395 页,以及《什么是形而上学》,第 335—337 页。

崇为节俭而正规的规则,"在这一规则中的主题稳固而清晰,至少不存在要冲破限制它的界线的含混阴影",以对抗托尔斯泰、萨克雷和其他十九世纪作家的那些既无中心又很虚假的小说的非惩罚性的形式上的浪费。[1]

所有这一切最有说服力,也许——既然审美规则庄严的经济上或精神上的社会政治含义被明显地加以表达——这也就是为何T. S. 艾略特反对以更含混的或更宽容的冲动来活跃他的诗作,他对荷马的为过去和目前西方传统文学称作例证性经典,"准则""标准""尺度"的《奥德修斯记》加以贬抑(它的违背常理的事件,它的局部性,以及它的不成熟),而赞颂维吉尔的《伊尼德》(它的多层次的"命定的"结局,它的"完整",以及它的"成熟"):

> 谈到希腊和罗马所有的伟大诗人,我认为我们应因我们经典的标准而最感激维吉尔。……他的悟性,他的独特的悟性,应归功于在我们的罗马帝国史和拉丁语言史上的独特地位;一种也许可被说成是顺应它的命运的地位。这种命运感出自《伊尼德》中的意识。埃涅阿斯〔如正维吉尔史诗所描述的〕自始至终自身是一个"命运中的人"。一个既不是冒险家也不是阴谋家、既不是流浪者也不是投机分子的人,一个为履行他的命运但却不被诌或忤诳随心所欲的天意,当然也不靠刺激趋向荣耀,而是通过使他的意志向隐藏在要阻挠或支配他的神灵背后的较高权力屈从而达目的的人。……他是罗马的

---

[1] 《小说的技巧》,第59—60页。

象征；而且，既然埃涅阿斯通向罗马，从而古罗马就通向欧洲。这样，维吉尔获得了独特经典的中心地位，他处在欧洲文明的中心，处于其他诗人不可能享有或侵占的地位。罗马帝国和拉丁语不是别的帝国和语言，而是同我们自身的独特命运有关的帝国和语言；处在这种帝国和这种语言中的、走向意识和表达的诗人是一个有独特命运的诗人。[1]

这样，所有并不与庄严标准一致的文学——无论是《奥德修斯记》，还是更一般的详尽的英国语言文学——都是受不只是被当作文学现象而且被当作文化和社会政治现象的地方性的（非中心的）判断支配的：

> 如果维吉尔那时是罗马意识和她的语言的最高表述者，那么对我们来说，他必定有意义，这一意义是完全不能用文学鉴赏和批评的术语来表达的。不错，就依附文学问题而言，或就依附用来处理生活的文学术语而言，可能允许我们较之以往的陈述更多地使用暗示。维吉尔在文学术语上对于我们的价值，是给我们提供准则。……在没有我所说的这种标准的情况下——一种我们不能清晰地保存在我们面前的标准，而我们只单单依赖我们的文学，那么，我们就会首先为了错误的理由而去赞颂天才作品——就像我们向布莱克强求他的哲学，以及向霍普金斯强求他的风格那样；从这一点出发我们会产生

---

[1] T. S. 艾略特：《什么是经典？》，载他的《论诗与诗人》（伦敦，1957），第67—68页。

更大的错误,把二流作品与一流作品等同起来。总之,没有对于经典尺度——这我们应更多地归功于维吉尔——的持续运用,我们就会变得褊狭。[1]

而另一方面,从后现代观点或后结构主义观点看,瞬间过程——这我不是指用精密计时表测定的时间——在本体论上是先于形式的,或者,如查尔斯·奥尔森重述罗伯特·克里利的话所指出的,"形式绝不仅仅是内容的延伸"。[2] 不像现代主义形式的"古典的"——无限成型的——尺度,这种尺度以"不可分的"和"固有的"主体的名义把传播"内容"的动力简约为几何学,后现代形式则如罗伯特·克里利已观察到的那样采用"(人的)自身现象性的尺度":

在这一意义上,目前我更感兴趣的,除开我想写的东西外,是那些被赋予我去写的东西。我并不清楚在写作前我要说的是什么。对我自己来说,发音就是认识词语中所给予的体验是什么这一经验能力。……

我对这样的尺度的行动深深地感兴趣,我觉得它比一个学究式的尺度含有更多的意义。这可能不再是同抑扬格和相似的词语有关的对于诗的格律的意义的讨论。……我也不认为尺度由此含有把所有现象与人类鉴赏的级别联系起来的人道主义企图。……

---

[1] T. S. 艾略特:《什么是经典?》,第 68—69 页。
[2] 查尔斯·奥尔森:《投射诗》,载他的《文集》,罗伯特·克里利编并撰导言(纽约,1966),第 16 页。

我不想对我自己的思想提供证据——那种貌似有理的同一概念——我宁可向在这样的动力中行动得以体现我是什么而提供证据。我想像查尔斯·奥尔森所说的那样归入世界。那么，尺度就是我的誓约。使用我的东西就是我所使用的东西，在这里，复杂的尺度即是目的。我不能用赤裸的手去砍倒树，这一行动是树和手的尺度。在这方面，我觉得诗在同意象和韵律关系的微妙上对这样的事实提供了十分不同的记录。所有这些事实都是等同如一的。[1]

克里利交替地重复华莱士·史蒂文斯的话说，后现代形式的尺度是"关于其机遇的尺度"。[2]这不是以眷念失去的中心或起源为基础的复原性尺度，一种柏拉图式的回顾性尺度。它不是关于维吉尔的

---

[1] 罗伯特·克里利:《尺度的意义》，载他的《"那是真正的诗么"论文集》，唐纳德·艾伦编，加利福尼亚州博利纳斯，1979年版，第15页。

[2] 克里利通过私下谈话向我讲明这一说法，不过这两个词自始至终显著地在他关于诗歌特性的反思中回响。当然，它们实际上也在他所有的诗作中得到体现。尽管这一命题使人想起史蒂文斯《纽黑文寻常的夜晚》中的诗句（"诗是诗的机遇的啼哭"），然而，就奥尔森而论，它的直接源头是艾尔弗雷德·诺思·怀特里德和艾略特论威廉·卡洛斯·威廉斯的《斐德森》的《创造的文字》（纽约，1965年版，第65页）。这些文字在内容和方法这两方面完全构筑了标准的——"古典的"——尺度，例如，艾略特在他的诗论中赞颂维吉尔说："没有创造，什么都不能很好地占有空间，/除非思想变更，除非/现在被度量。根据/它们有关的位置/路线将不会变更，必要性/将不准许入册；除非存在/新思想不可能是新/路线，旧思想将继续/自身复述，通过在心中重新浮现/致命伤；没有创造/什么事情也不能蒙受淡褐色眼睛的女巫/用灌木围住。接骨木不能生长在/四周被围的山岗/而只在陈腐沼泽的水道上消磨时光，耗子/小脚印处在倒悬下/簇生的草丛将不会/出现；没有创新，诗行/决不会再达到它古代的/区域，在词语，迎合人意的词语，/寄宿在诗行中，此刻化为齑粉之时"（第65页）。

《伊尼德》的回顾性的——以及庄严的——"古典标准"。T. S. 艾略特对新的"局部的"或偶然的和错误的尺度两者都加以赞扬，他认为后者反映了一种恐吓性的"不是关于空间而是关于时间的……新的(本体论的、文化的和社会政治的)乡土气，对于这种新的乡土气来说，历史只是为其转折服务的并被抹去了的人类谋略的记录，而世界只是生存的所在地，一块死者在其中不能存在的所在地"[1]。它也不是叶芝的《永生的技巧》的回顾仪式的尺度——一只"锻金且镀金"的永恒的鸟——从十分否定的和全都被围绕的远方来吟唱"什么是过去，什么在逝去，或什么将到来"，以便使"打瞌睡的皇帝保持清醒状态"。正如"机遇"一词的反响词源所提醒我们的，宁可把它说成是"使大海苦恼的勋章"，或存在于世间的"无所不在"的"灭亡了的"或"无中心的"和"分散的"尺度。当现代主义者说——

> 这不存在老人的国度。年轻人
> 依偎在彼此的手臂上，树上的鸟儿们
> ——那些垂死的一代——处在它们的歌吟中，
> 大麻哈濒临死亡，充满鲐鱼的大海，
> 鱼、肉，或鸡，在整个漫长的夏季褒奖
> 所有那些它产生、出世和死亡的东西。
> 所有沉醉于这种肉欲音乐之中者无视不成熟理智的标记，

---

[1] 艾略特:《什么是经典?》，第69页。

后现代诗人简单地答道——

> 我不能
> 后退
> 或前进
> 我羁绊
> 在时间中,

于是:

> 这儿即是
> 那儿存在的
> 地方[1]

因为我们忆起,机遇(occasion)这个词直接起源于拉丁词日落(occasus)一词,而且像在伟大的逝世(de casibus virorumillustrium)中那样,最终源于 cadere ("逝世""死亡"的夺格形式)。也不应忘记,西方(Occident)这个词出自 occidere,一个与 cadere 和 occasu 有关的词。当然,这个词指的是死亡或太阳的西沉(表示西方概念的德语词

---

[1] 威廉·巴特勒·叶芝;《驶向拜占庭》,载《集注本》,彼得·奥尔特和拉塞尔·K. 阿尔斯波编(纽约,1965 年版),第 407 页;罗伯特·克里利:《尺度》,载他的《言论集》(纽约,1969 年版),第 45 页;克里利:《这儿》,载他的《三十件大事》(洛杉矶,1974 年版),第 31 页。

Abendland，比起英语中的从拉丁语演化来的 Occident 一词来，使人更直接地想到它同西方一词的早期概念即日落和存在的必死性的密切关系。

这样，成为诗的机遇的尺度的诗的形式，就不是能用来衡量离开正东方向的种种差异——"地方色彩""细致特色""小说"——的精确而严格客观的"几何学"。这种几何学被暂时性广为传播为命定的、可预言的、等时的直尺。用更熟悉的术语说，诗的形式并不是一种熟练的调节公制，它在事实上不必为了"超然"的缘故，不必为了存在于这一世界内部和外部的超自然的或驯化的超自然的观念或词语的利益而去征服、奴役并驯化异己而不顺从尘世。宁可说，诗的形式是关于引力地带的易出差错的尺度：有限的、无定的，以及多元论的尺度——机遇或随意的调子——它在此在的推倒性的（偶然碰到的）致命性中具有其"根源"，并承认当作事例（cadere 所有的派生词）的"消逝"，这就是说，此时此地已经永远死亡、枯萎和崩溃，在这样做时，总是业已允许物质生活世界与神秘世界间的破坏性竞争继续下去：自身重复。总之，它不是关于被埋葬的死亡的正面能力的标准，而是关于死亡中的生活的反面能力的尺度。正如海德格尔从荷尔德林的讨论中谈自己对人类诗意地栖居的沉思时所指出的，它是有限的关于人的尺度——关于"沉思这一世界"的无本原的或非中心的，从而无定向且显露的尺度：

> 写诗就是接受尺度，这在严格意义上加以理解就是：人首先接受衡量其存在的广度的尺度，人当作终有一死的人而存在。人之被

称作终有一死的人在于：他可能会死亡。可能死亡则意味着，当作死亡的死亡是可能的。只有当人正在死亡时——这的确是持续进行的，他才待在这个世界上，他才居留着。然而，人的居留取决于诗。荷尔德林把"诗"的特点理解为尺度的采用，而关于人的存在的尺度的采用就是通过这种采用而完成的。

一种适用于普通思想、特别是适用于所有科学思想的奇妙尺度，它当然不是可触摸到的棍棒，但在实际上却是易于把握的。被提供到我们手中的不是粗暴的把握，但却是通过手势而被用来指导适合于这种采用的尺度。这种通过采用而被完成的过程是没有时间去抓住标准的而宁愿以一种专注感去完成它，一种积聚性的理解，其所留下的就是留神倾听。[1]

为对我所建议的后现代诗的形式是一种规定"死亡的"尺度——"包括进入时间、进入无常、进入有限的死亡……是'定向性的'，不是朝东的；而是朝西的，不是向上的，……而是向下的"——的非中心形式作出反应，罗伯特·克里利用一种类似于海德格尔的方法（若是更根本的方法就更好）指出：

它产生了兴趣的中心，可以说，我与邓肯或我敬重的其他诗人同行所具有的那种感觉——那种赋予写诗以当作反对寻觅各种可能的主题或题材的存在感，在那儿的存在感——或奥尔森的当作未被

---

[1] M. 海德格尔：《人类诗意地栖居》，载他的《诗、语言、思》，艾伯特·霍夫施塔特英译本（纽约，1971年版），第221—222页。

缓和的生命感。换句话说就是，我突然想到马拉丁的《死亡的投掷》。我想到"事例"这个词，例如："这就是事例"——除了事例，全部含义都不能求助于任同其他东西。这样，在它的词语中或改革的词语中有可能存在变化，但对于它是什么来说，却存在替换物。……"现在"是一个可用来分辨过去以及未来的一个词。只是当现在到来之时，它才是它。而对于我来说，它自然一定是决定性时刻。我一定要像塞缪尔·贝克特那样时时去领悟：那一瞬间是如此明显的脆弱。而且在其表现形式上是如此经常地向各个方向移动，让我们有意识地说，我们经常有比如"要是我知道"（或你知道）那种状态的事情就好了的感觉。[1]

换句话说，后现代机遇形式的尺度是关于外向性的区别性尺度，不是关于建立时间词之间的王朝关系的生育性家长词，而是关于当代人的孤儿身份的传播词。不是一而是众多，不是集中而是分散，不是同一，而是本体论的差异。这种尺度在永远顺从存在上和在结果的达到上使兴趣、欲望被激活，或使二者之一被激活，这一照管——意即事物造成差异——使得此在在同神秘事物漫无止境的对话"冲突"中被当作文化结构上的存在。"公开"通过认可必死性而开始，这样公开——它像我们的事例那样在差异方面出奇地不安宁——这一差别性尺度最终便是步入歧途的、非东向反倒西向的尺度，如果我们把相反的种族优越感的涵义抹掉的话。它不是，至少

---

[1] 斯潘诺斯：《同罗伯特·克里利的谈话》，《边界》第 6 卷第 2 期，第 7 卷第 3 期（1978 年春秋号），第 20 页和第 22 页。

不像在叶芝、休姆和温德姆·刘易斯的理论中那样,以及不像许多其他现代理论家在对于静态的意象派——"那种时间"的"语像"(在病态的时间中)——的无出息的回顾性追寻中怀旧地转向"东方"那样,一种倒退性的"拜占庭"尺度。例如小说,它是一种向前的"美国式"尺度,一种像赫曼·麦尔维尔的尺度那样的从"西方"或离开逻各斯的"西方"而出现的尺度,这一尺度的启发性调解在对于活跃的、动态的、最终对于"这一〔死亡〕时光"的无法表达的令人敬畏的美的寻求中朝向暗淡的地平线。当然,这是关于例如华莱士·斯蒂文斯、威廉·卡洛斯、路易斯·朱科夫斯基这样的不同的美国诗人的尺度,是关于 A. R. 安蒙斯和罗伯特·克里利的尺度,而首先是关于查尔斯·奥尔森的尺度:

啊,我的美好行程中的女士
在她的手臂上,躺在她左臂上的
不是少年,而是一段精雕细琢的木头,
　　一张虚伪的脸膛;
　　　　一只大啤酒杯
一根精巧的桅杆,当作向前的
　　　　第一斜桅[1]

不过我认为,在某种终极意义上说,它也是例如勒内·沙尔、保

1　查尔斯·奥尔森:《我,格洛斯特的马克西莫斯,致你》,载他的《马克西莫斯诗篇》,第 2 页。

罗·切兰、扬尼斯·里佐斯和巴兹尔·邦廷这样一些欧洲诗人的尺度：

呼吸温暖的琴弓。而曲调使得它

与演奏者呼吸均匀时，琴弓使调谱调清晰

多梅尼科·斯卡拉蒂怎样把众多的音符减为寥寥几节：

绝没有用难以辨认的回音或密集的调子

绝没有用自夸的言辞或引起人们注意的喂：星辰和湖泊

附和他，矮林鼓声出自他的拍子，

雪峰高悬在月光和曙光中

旭日在被认可的大地上升起。[1]

在抛弃人体化的逻各斯的权威上——妇女和儿童将再用图表说明(再集合)破碎的世界(巴拿几亚人在拜占庭肖像学中产生的标题之一是指路的她)——在赞同 A. R. 安蒙斯称之为"无远见的中心"[2]这一违背常理的事情上，后现代文学艺术首先被描绘为发现和冒险的冲动。像后现代阐述意识那样，后现代文本将其形式的偏见改变为自由的游戏。在这一点上，麦尔维尔独出一格。这从他对查尔斯·奥尔森的影响中可以看出。后者在拒绝了传统话语——"陆居者"的一种科学的、阐释的和文学的话语——的基督教《圣经》的权威中，

---

1 巴兹尔·邦廷：《布里格夫莱特斯》，载他的《诗选》(伦敦，1970)，第6页。
2 A. R. 安蒙斯：《中心》，载他的《诗选》，第52页。在《科森斯港》中，安蒙斯把这种无根基称作"活动的、易变的中心"(《诗选》，第45页)。

宣告了美国后现代写作的机遇性方案。《白鲸》的理论和实践都赞成在那儿的"知识"："所以，我认为，对一个胆小而又未远行过的人来说，仅仅立在假肢的麻木细小的鲸骨上沉思，从而去正确理解这条出奇的白鲸，无疑是愚蠢而徒劳的；只有在他的愤怒的锚钩的漩涡中，只有在宽广无垠的大海能得到详察的条件下，才能真正地发现活生生的白鲸。"[1] 不过十分矛盾的是，埃兹拉·庞德在他的有趣但十分冗长的诗作《诗章》中却提供了关于这一错误的、古怪的或异常的创造性的（或非创造性的）过程的重要比喻，尽管也存在漏洞。他这样吟道："佩里帕鲁姆〔这里的显示全貌的和经验的对比应提到〕，不是地图上见到的大地／而是舟子们航行的大海。"[2] 于是，尽管后现代的创造性想象力对记载形式施展了破坏的暴力，但它却是一种精神状态，不是凌驾于存在之上的权力愈志，需是消极的能力，或者，用海德格尔的话来，"听任"，抑或更好的，"任其是"。在承认时间总随意地传播和听从差异的戏弄的情况下，后现代想象力从显示全貌的和"全面的"总结的高度下降到其机遇的水平领域，从而面对存在达到了依从的态势。所以，比如 A. R. 女蒙斯在《科森小港》的旅程中明确表达了他的消极的能力的"错误的"诗论：

我自己承认意义的涡流

让步于意义的方向

---

[1] 赫曼·麦尔维尔：《白嫁》，哈里森·海福德和赫谢尔·帕克主编本（纽约，1937年版），第378页并见第228页。
[2] 埃兹拉·庞德：《诗章第59》，载其《诗章》（纽约，1970年版），第324页。

奔泻

有如溪流流经我工作的地方

   你能发现

在我的话中

   动作的转向

    有如小港犬牙交错

    有如运动的沙丘，

簇群的青草，记忆的白沙的小路

遍布于反思的大脑的一切游荡之中；

但是一切超出于我：它是这些事件的

  总体

我不会描绘，这总帐目我不能保存，

   运算

超出数目。

在自然中有一些鲜明的线条：这是樱草花开的

地方

   或多或少地被疏散；

月桂果散乱的秩序：在一行行

沙丘之中

参差不齐的芦苇沼泽地，

尽管不需要孤立，而青草，樱草花，

  欧耆草，所有……

大片大片的芦苇。

我没有得出结论,也没有创造界限,
关进关出,从外向内分离
　　　　我没有
　　　　　画线条:
　　　如

重现沙的活动
改变沙丘的形状,它将不是同样的
　　　　形状
在明天,

所以我情愿独行,接受
即将来到的
思想,不划分开始或结束,
　　　　　　不建造
隔墙:……[1]

---

[1] 安蒙斯:《科森小港》,载他的《诗选》,第43—44页。

三 关于本体论

如果后现代形式"绝不只是一种内容的扩展",那么,后现代本体论基本的"实在"(reality)就绝不会是一种传递的、超感官的、永恒的和绝对的逻各斯,如同它从西方文学的传统一直到现代主义那样。无论这种逻各斯是理想的或实证的,主观的或客观的,象征的或现实的,有机的或机械的,空间的或时间的,它都使得存在的差异虚构化和层次化——像基尔克伽德一样,我把它称作现实(the actual)——代表了一种确定的外部真理。[1] 很明显,"现实主义的"小说——《汤姆·琼斯》《名利场》《有产业的人》《欧也妮·葛朗台》《小酒店》《美国的悲剧》《梅西知道什么》等明显地以模仿或描写外部世界而存在的小说——实际上是以话语含义为中心的再表现。尽管它

---

[1] 同时参见苏珊·斯特勒:《实在主义:品钦对拿波科夫的启示》,载《当代文字》第 26 期(1983 年春季号),第 30—50 页。这篇具有启发意义的文章,作为正在撰写中的书的一部分,斯特勒把"新科学"同黑格尔、福科、利奥塔德(Lyotard)以及其他人的哲学思想联系起来,努力描写当代美国小说的后现代性。他区分了十九世纪的"现实主义"(realism)和后现代小说的"实在主义"(actualism)。前者可以从牛顿物理学的因果关系中投到其根源,而后者则可在爱因斯坦之后的新物理学中找到其根源。我使用的术语"实在"来自于基尔克伽德;斯特勒的术语则取自沃纳·海森伯格的语录;"你如何能给予'实在'和'现实'以精确的形式呢?如果它们表达自然的规律,那是物质运动中与生俱来的中心规则,那么你必须称其为'实在的'。因为它们行动,才产生了真正的效果。而你就不能把它们称作'现实的',因为它们不可能被描述为某些像事物一样的东西。"沃纳·海森伯格:《物理学和超越物理学》,阿诺尔德·J.波梅兰英译本(纽约,1974 年版),第 14 页。

求助于乏味的观察,可仍不失为一类劝导性小说。其中,明察秋毫的作者将细节——由瞬间狂喜所致的喋喋不休——强塞进绝无过失的叙述(语法)之中。这种叙述实际上是一种循环。正如一些后现代文本,像罗布·格里耶的《橡皮》、博格的《福金·帕斯的花园》、品钦的《第49号罗德的哭泣》以及埃柯斯的《玫瑰之名》所启示的,这些小说解构了经典的侦探小说抑或其同时代的异形同质小说,解构了一种全球性阴谋小说——这类小说,在严格确定的结构表现主题上,把现实主义推向末途——现实主义小说日益明显地假定有一个完美构成的牛顿式宇宙。这样一种牛顿式的(形而上学式的)物理学给予观察着的作者(和读者)以一种实证主义的监督"目光",有了这种目光,作者在面对不同的存在中的所有相互联系的神秘事物时就能处之泰然。这样,思想上的差距就可以得到理解和缩短;这样,存在的"错误行为"的一个最终的解决办法——即时间——可以通过显然是非连续性和非相关的事实或线索(它模糊了理性的方式)来发现。[1] T. E. 休姆在谈到柏格森对牛顿式科学的批评时把这种"无所不包的哲学"称作 种空间化的延续。

我们可以通过设想在一个十分平滑的不存在任何摩擦的台桌上

---

[1] 见杰弗里·梅尔曼:《革命和再革命》第一章《马克思、雨果和巴尔扎克》(贝克利,1977),第126—147页;利奥·伯萨利:《发音符号》第七章《权力的主题》(1977年秋),第2—21页;D. A. 米勒:《小说和警察》,《第八尊铜像,约翰·霍普金斯的文章结构研究》(巴尔的摩,1981),第126—147页;马克·塞尔泽尔《卡莎玛丽亚公主,现实主义和监守的幻想》,载埃里克·山奎斯主编的《美国现实主义新文集》(巴尔的摩,1982)第95—118页,略作变动后重刊于塞尔泽的《亨利·詹姆斯:权力的艺术》(伊莎卡,1984),第25—58页。

运动着的滚球来得到这样一幅画面。此时想要发现和感觉到自由的存在是不可能的。实际上丝毫不存在变化。人们可以在将来任何时候都能准确无误地预见所有滚球的位置，因为它们已具有一些不变数量的在固定规律下运行的要素。……就我们有限的知识而言，我们相对地承认机遇。但我们认为这一事实是一个不可思议的事实，即世界上存在一种绝对机遇的要素。我们坚持这样来思考问题：假如我们可以知道所有那些支配事物的规律，那么我们便可预见将来。如果我想象我在时间中的运动就如行走在一条乡间小路上那样，那么，我会立即承认，由于我的视线为周围树篱所围而不能看到延伸在我面前的路。不过我可以坚信我跟前的路始终存在，而且朝着一个限定的方向；我还坚信，如果我有绝对的认识——如果我可以如鸟一样地鸟瞰——我就一定能见到这条路。[1]

不过，有一点未得到人们的充分认识。这一点就是象征主义或现代主义的小说。它们虽有不同，但都表现出了一种对现实的以词语理解为中心的意向。这些人不仅包括约瑟夫·富兰克以及他的追随者(包括结构主义者，如热拉尔·热内)，而且还包括这么一些形形色色的后现代文化的理论家们，如雅克·德里达，尤尔根·哈贝马斯；[2] 那些象征主义或现代主义的小说则有福楼拜的《包法利夫人》或者维吉尼亚·伍尔芙的《到灯塔去》。抑或迪乌拉·巴纳斯的《夜林》，或温

---

[1] 休姆：《多棱哲学》，第 191—193 页。
[2] 尤尔根·哈贝马斯：《现代性对抗后现代性》，载自《德国新批评》第 22 章 (1981 年冬季版)，第 3—14 页。

德姆·刘易斯的《水手》,甚至詹姆斯·乔伊斯的《尤利西斯》。这种由"推论构成的种种规则"所制作的小说同这种种规则所构成的现实主义叙述的小说处在二元的对立之中,然而最终它们是一回事。从富兰克回避柏格森的批评以及休姆关于实证科学的"空间逻辑"可以说明——这一点未得到充分的认识——所谓的现代诗歌和小说的空间形式在基本意义上是与线型表现方法的现实主义小说所作的努力相似的,这在实际文本的实践中如果不是这样,至少在推论的意图上是如此。正如乔伊斯所指出的:"从历史的噩梦中苏醒过来"。尽管这二类小说表面上存在着区别,而且这些区别还是巨大的,但在其底层,存在着相同的时间的死亡,存在着相同的对超现实的认可。这些可以在巴尔扎克的《欧也妮·葛朗台》或温德姆·刘易斯的《水手》中窥见一斑。用威廉·沃林杰的话说,这一点是由对抽象概念的要求而告诉了它,于是它从形式和风格上都蓄意把由它的反现实主义的倡导者所提倡的主体派艺术的理论和实践表现到"语像"中来:

死亡是区分生命和艺术之物,这是需要把握的要点。艺术可以通过思想的永恒性的表现来辨别。艺术是一种连续,而不是个别的动作,而生命是一个人的思想……这是从我们称之为艺术的内涵方面来考虑的。一座塑像是一件艺术品,它是僵死的东西,仅是一块石头或一块木头,它的线条和比例才是其灵魂。所有有生命的、瞬间即逝而又变化不定的东西,常常属于拙劣的艺术。死亡是艺术第一位的状况。河马坚韧的皮革、乌龟的壳、羽毛和机械,都可以归集于这一类,而生命之赤裸的颤栗和内在的轻柔的流动——同意识和运动的弹性一块——则应列入与之对立的另一类。死亡是艺术第一位的状况，而从人和情感方面考虑，艺术第二位的状况则是灵魂的缺如。就雕塑来说，其线条和团块是其灵魂，不能想象存在作为其内部无休止的易激动的自我：它没有内在的表现；

好的雕塑艺术没有内在灵魂，这一点非常重要。[1]

这就是说，现实主义小说和象征主义小说，都不把时间当作现实来理解的。而是当作迷失方向的出现来理解的。所以，它们力图把自己所表现出来的区别——常用的短语是"片段的想象"——强加于一个连贯的、自我反思的和可观察的整体之中。两者都假设一个艺术家的同一可以在某种程度上表现宇宙，或者可以补偿（比如刘易斯就这样认为）其非连续性，这是从超感官的本体论角度或是从"别的某一中心"来做到的。在这种小说形式中，无论是"现实主义的"，还是"象征主义的"，这种以词语为中心的"真实"——这一存在——非但成为一种使读者从历史的或现存的世界中解脱（或使读者超脱）的手段，而且还成为一种判断其规范的尺度的规律化的工具，以掌握这一世界的固定性和不可确定的偶然性。正如艾里斯·默多克（Iris Murdoch）很久以前就在她的任职文章《再论崇高和美》中谈到的：

现代派担忧的是什么是历史？什么是真正的存在？什么是真正的变化？不管它是偶然的、混乱的、无拘束的或无限孤独的。它永

---

[1] 温德姆·刘易斯：《水手》（美国哈蒙斯渥思，1982），第312页。在温德姆·刘易斯：《时间和西方人》（波斯顿，1957）中也处处可见。

远仍需要被解释：所期望的是自身意义完全包含于自身之内的无时间限制的而且是非推论的整体。人们可以把象征说成是一个个体的类似物，但它不是一个真正的个体。它具有一个个体的独特性和独立性，然而，真正的个体是无拘束的和不可被完全否认的。象征可以被直觉地意识为自我包蕴的：它在必然性的形式下．排除其偶然性，赋予个体概念以实际意义。柏拉图轻视艺术，因为它模仿那些个别的和不真实的东西；象征主义者所追求的正是一种能使柏拉图满意的艺术。[1]

另一方面，对后现代主义的文学意识来说，真实既不是计时性的(牛顿式的)时间，也不是空间性的(康德式的)时间，即一种排除偶然性的必然性的时间。真实基本上是偶然性的短暂的不以人为中心的领地。它是存在中的时间的开或闭的过程，在产生差异时，它激发并保持对现象世界的关注和兴趣。它不是意味着上帝的或显示全貌的观点即真理抑或大智大觉之类的，而是，用黑格尔的话说，存在于世界之中的显著的或非显著的(横向的)"错乱"，它总是激发"需求"或与之同一的东西，激发对引申的存在的无限的神秘的顺从或关切(sorge)：

常被判断为失误和知识的谬误，甚至被哲学的训条也看作是错误的东西，仅仅只是犯错误的一种形式，不过是最表面的一种而已。

---

[1] 艾里斯·默多克;《再论崇高与美》,《耶鲁评论》,(1959年12月)，第260页。

人类历史上任何一个时期的错误都必须向前发展，因为错误的过程基本上是与存在的开放性相连接。通过使人误入歧途，错误便不断地掌握人类，人虽误入歧途，但错误却同时有助于这样一种可能性，即一种人可以从他的外部存在（ex-sistence）中得出的通过体验错乱的本身，而不是为了某种有限的误解存在的神秘，从而避免自己误入歧途的可能性。

因为人的内部存在（in-sistence）和外部存在（ex-sistence）在错误中发展，又因为错误作为一种误入歧途，总以这种或那种方式受到压抑，所以在这一神秘的压抑基础之上的错误是难以克服的。尤其是作为某种被遗忘的东西，在他存在的外部存在之中，人更加屈从于神秘的统治和错误的压抑。他处于一个又一个的受约束的必需条件之中。真实的完整的本质，包括其最适当的非本质，通过这种永久的循回的变化，使存在变成需要。存在变成了需要，从人的存在，也仅仅是人的存在之中，出现了必要性的泄露。结果，存在的可靠性变成了不可避免的事物。

这样一种存在的泄露同时地和内在地作为整体的存在的隐匿。在泄露和隐匿的同在性之中，错误占统治地位，错误和那隐匿着的隐匿属于真的最基本的本质。[1]

简单地说，落入歧途的或后现代意识的引申而变化着的本体论，不仅从形而上学的泄露所抛弃的忘川之中找回了存在这一问题，而

---

[1] 海德格尔:《基本著作集》，第136—137页。

且更重要的是. 它产生的微小的部分，如我已暗示的，这些微小的部分，包括历史部分的结合产生了差异。比如，这正是查尔斯·奥尔森理解为一种诗性尺度的"极限的"东西，是它自己在特殊场合的衡量标准："我把关心送到你所在之处"，他对《四面八方》杂志的那位毫无热忱的传统型编辑这样说。这位编辑不可避免地服从标准情感的冲动，尽管他出现了，可他"并不在那儿"，并不在格洛斯特。[1]然而，传统诗人对记载的和卓越的篇章的依赖使得他同那些心不在焉地统治着不同的"真"的征服者相联系，后现代主义诗人对"在那儿"的证据的依赖性产生了"旧的对于关注的检验标准"：

假若我还有什么兴趣
那只因我对自己仍感兴趣
对阳光下的戮杀感兴趣。

我要拿你的问题问你
你会发现蜂蜜么？狂想在哪里？
我正在砖块中寻觅。[2]

艾里斯·默多克的例子也同样说明了这一消极能力的标准通告了后现代主义小说家的小说：

---

[1] 查尔斯·奥尔森:《通讯集之五》, 第 22 页。
[2] 查尔斯·奥尔森:《文选》, 第 173 页。

自由是熟悉的，理解的和敬仰的事物，这就如我们自己一样。在这一意义上的善被看作是认识，它把我们同上帝相连。康德派的学者们从善之中排除了认识，这是错误的；黑格尔派的学者们把善认作是一种自我认识，从而排除了其他因素，这同样是错误的。作为善的认识和想象是非常仁慈的，这种仁慈需要小说家们让自己的性格与之符合，尊重他们自己的自由，从自己行动的最有意义的方面去研究自己。小说家们正是在这种最有意义的方面去理解其他的现实。艺术家们确实类似这种善，从某种特殊意义上说，他是一个善人：其所爱者决不是他本人，通过他而让其他事情得以表现，我可以肯定，那同时就是"消极能力"的意义之所在。[1]

当然，后现代主义的文学艺术分布在真的各个地方，与那种以逻各斯为中心的和再表现的传统的文学（包括现代主义的想象的文学）不同，后者没有意识到它存在这一事实：这一崭新的、高度自我意识的文学存在是为了把读者指定给他自己和他的世界。然而，传统文学的技能证实了，读者档案中的冲动在"真"的名义下忘记了现实。而后现代主义文学却摧毁了现实——暴露了它文化构成上的根源——以激发对偶然性、对存在于世界中和对错误的认识。这即是他的实际所在：差异（differance）。如我已指出的，米歇尔·福科在对谱系学所下的尼采式定义中谈到的真实在某种有效尺度上也适用于

---

[1] 默多克：《再论崇高与美》，第 270 页。这一基本上关于存在的论述指出了后现代主义批评的起决定作用的对话的主要动机之———关于二元对立的少数民族术语这一要求被允许为自己辩护，比如为自治和不承认领土权辩护。

充塞在典型的后现代文学文本中的本体论；

谱系学并不以及时返归以存蓄一种不间断的连续性而自命，而这种连续性是在超乎对被忘却的事物的消散之上而发挥作用的。……相反，遵循一条世袭的复杂的途径就是去维护它们合理的消散中的种种事件（events），也就是去鉴别偶然事件，去鉴别瞬间的偏差——或是相反，来一个完全的颠倒——去鉴别错误，即误差鉴定，以及去鉴别种种错误的估价，这些错误的估价造成了那些事物的继续存在并对我们有价值，要认识到真实或存在不是处在我们知道什么或我们是什么的底层，而是存在于事件的外部。[1]

简而言之，后现代文学艺术是为了事物作为它们本能的面目的真而存在的；它是一种宣泄的不能忘却的机敏行为，一种复原性的再现艺术这种复原性的再现艺术既是叙述性的，又是空间性的、封闭型的，既是隐匿的，又是遗忘的。正是在这一意义上，这种艺术可能被称作海德格尔所说的"忘却"的艺术。

既然这种忘却的艺术所寻找的是一种存在的基本上的暂时性——一种非表现性，一种现实主义当前的真和现代主义不在意的真的存在，所以它又可以被称作利奥塔德（Lyotard）所说的"崇高的艺术"。

---

[1] 福科：《尼采，谱系学及历史》，第 146 页。

那么，这里存在着差异：现代美学既是一种有关崇高的美学，又是一种怀旧的美学。它允许把不可表现的事物仅仅当作一种未得到的内容来提出；而其形式却因其可辨认的一致性而继续向读者或观察者提供以安慰和愉悦的题材。然而，这些情感并不构成真正崇高的情感，而是处在愉悦的一种内在的结合之中，其愉悦是理性（Reason）应排除所有表现的愉悦，其悲痛是想象或情感不应与观念等同的痛苦。

后现代主义一定是这样：把不可表现的以它自己可表现的形式表现出来；它自行否认好的形式的快慰，一种一致的兴趣使得对不可得到之物的共同分享和眷恋成为可能；它寻找一种新的表现方式。不是为了从中得到愉悦，而是为了表露一种更为强烈但却不可表现的感觉。后现代主义的艺术家和作家处在哲学家的位置：他所写的文本，他所创作的作品，一般是不会被业已成定规的教条制辖的。这些作品不能根据一种限定的判断准则来衡量，这样做只要将一些熟悉的条文应用于文本或作品之中即可。这些规章条文是艺术作品本身所寻求的。从而艺术家和作家是在没有陈规定矩的情形下进行创作，以得出那些将来要得出的公式条规。所以作品和文本具有事件的诸属性；同样地，这些属性总是姗姗迟来于作者之前。要么，在同一事情的水平上，它们的存在表现于作品之中，它们的实现，总是太快地到来。后现代必须根据不久的将来的悖论（Paradox）而进行理解。[1]

---

[1] 让-弗兰索瓦·利奥塔德：《什么是后现代主义？》，雷吉斯·杜朗英译，载利奥塔德文集《后现代状态：关于知识的报告》，杰弗·本林顿和布赖恩·马苏米英译本（明尼阿波利斯，1984），第81页。

按照崇高来理解后现代主义的真不是要把这么一种艺术限制在关于"美"的美学批评之中,而是正如我将要说到的,要把它置于同时包括一种社会政治权力的批评之中。因为为"美"而存在的崇高的美学,部分地是非正统的,在作为理解的艺术的概念知识方面,是一种同质异形。

所谓美的艺术可以理解为对于不可表现的事物的惬意表现(空间化),而所谓理解的"艺术"则可以理解为惬意地把不可表现的事物转化为可捕获的(而且有用的)诸部分(具体化)。它们两者都是凌驾于存在之上的权力意志的艺术。

四 关于作者

处于这一崇高的美之境界中的艺术家从而不是——帕西·卢波克和新批评派认为艺术家具有恰当的和被赋予的基督教《圣经》的权力,这一传统观点在史蒂芬·德达卢斯的福楼拜式断言中达到了极点——隐匿的和不可思议的显示全貌的神。艺术家不是绝对意义上的"创世者",具有非凡的想象,能想象一种统一的同时存在的艺术世界;在这一世界里,哪怕是像燕雀之死这类看似偶然和表面的事件,也可得到充分的阐释。艺术家不明言小宇宙,他本人从世人的瞩目中隐退。他从无比消极的距离之中,从一种理性的肯定之中,漠不关心地修剪他的指甲。后现代作者是个人生的旅行者,一个明白他或她自己的文化组成的角色的男人或女人，而且总是这样去扮演自己的角色。于是正如我在区分后现代主义的本体论和错误时所言及的，这样一位作家的创造性（或破坏性）行为带有开拓和寻探不定性的烙印。

在西方的传统中，尤其是自天才这一概念，在启蒙运动时期产生以来，文学艺术家不断地被称颂为那些超出普通群众之上的特殊角色。犹如福科关于把读者通常的理解看成是推论功能的恰当的自我所意味的，[1] 后现代主义的话语（此处包括文学作品）委身于作者的权威的非困惑（神秘）之中。它强调作者作为世界中的一个存在，一位历史代理人，被家族所刻画，处在一个开拓（旧的，比如已组成的和经过调整的）世界的充满了危险的过程之中。传统的文学艺术家被看作是一个向世人训诫的完人。这自从亚里士多德的超精神（megalopsycho）以来，已有必要的变动，他最终表示一个超人，或以罗马的说法（taxoriomy）是一位先知——比如维吉尔或弥尔顿，抑或艾略特——他直觉地领悟到世人作为存在之物的永恒的真理，于是能够重写一个民族的历史并规定他们的归宿。如菲力浦·锡德尼对诗歌起源所作的具有历史意义的论断所阐述清楚的那样，传统的文学艺术家是一位有特权的作家，他的声音是神谕的，他的视角是窥见全貌的，一个超出自由游戏的历史王国之上的洞察秋毫（see-er）者：

不过既然我们的科学的大部分作者都曾是罗马人。那么在他们

---

[1] 米歇尔·福科：《什么是作者？》，载他的著作《语言，反记忆和实践》，第113—138页。

之前的希腊人给我们留下的有权威性的东西便微乎其微。这可从他们给这至今仍受轻视的技术的命名中反映出来。在罗马人之中，诗人被称为先知（vates），这在很大程度上与预言家、先知先觉相似。vates 的组合词 vacticinium 和 vaticinari 也可证明这一点。优秀人民赠予这令人心智狂喜的认识以一个如此神圣的名字，这是十分超凡的。而且，他们对这一名字如此地崇敬，从而在任何文章里偶然有这样的发现，他们就会认为这是他们即将面临的幸运的伟大先兆。[1]

我想，我在这一点上可能走得太远。与作者本体的原则相反，后现代主义作者完成了福科的诫命，即"主题（和它的替代物）的创造性的角色必须被剥夺，它应被当作一种复杂而多变的话语功能来加以分析"。[2] 因为，把主题转变到其对立面——仅仅作为一种话语功能——那就可能会规定一种聚合的决定论，与"自体"（properself）的决定论一样，它于后现代作者无用。不过，已经清楚了的是，后现代作者已经意识到作为享有特权的主体的作者或目击者（无论是创造者或是预言家）同占统治地位的文化的优越的经济之间的复杂性，于是他们对作者的权威性提出了质疑。所以，无论他或她是什么样的"天才"，在后现代主义文学艺术家的眼中，都是一个历史性的人物，都同他那个时代的人们对话，并充分意识到，同其他学科如哲学、历史的作家一样，无论谁，不管他站在什么特定的立场上说些什么，他都

---

[1] 菲力浦·锡德尼：《为诗一辩》，福罗斯特·G. 罗宾逊编（印第安那波利斯，1970），第 10 页。
[2] 福科：《什么是作者？》，第 116 页。

得烙上文化的印记,都要受其历史条件所决定、所制约。换言之,话语最终是建立在一种经常和随时都准备消失的表现之中,所以它总是暂时的、不可靠的、中断的和分散的,总需要阐释,总要求助于系统分析和解构。

在赞同写作具有自由游戏的作用,并认为是一般作者必须履行的责任之时,雅克·德里达明确地把言语(话语)解释为以理性的中心的表现逻辑的一种特权。这一点,可能会遭到一些解构批评家们的反对。但他们对德里达的权威的批判的言论是一种哲学观点,是自柏拉图到罗素直至后来的索绪尔等语言哲学家都进行辩论的话语的抽象。尽管德里达是在一般写作的情况下对言语和文字进行了假定,然而人们听到的声音却是神的声音,这声音传达了神谕(the Word),而不是某种约定俗成的对话的声音。这样一种声音能将神谕分解为单个的语词,它发出不确定的和短暂的语言,无论它是怎样持有"偏见",无论它在文化渊源上是如何地形成,这一语言在现实的世界里,也就是说,最后在难以表达的世界里,由各个历史时期的人们所使用。尽管德里达意识到这些词在词源上的密切联系,但他在对以逻各斯为中心的分析中,对声音的作用比对真理的作用给予了非常的强调。[1] 我以为这是不幸的。因为一切都显而易见(正如德里达本人把以理性的中心的传统的文学文本归结为通常语言的结构

---

[1] 关于雅克·德里达在本体神学传统批判方面的享有特权的形而上学见解,最清晰的批评可参见"力量和含义",载其《书写与差异》,第26页以下。不幸的是,德里达的美国追随者们对他的以逻各斯为中心传统的批评的重要方面注意不够。

的模仿），写作实际上比西方历史上的言语在一个更为系统的——同时也是更为实际的——方式中更加致力于对差异的同化和控制。可以说，后现代文学的敌人，不是这样一种声音，而是一种权威性的声音，或者还可以说，是作者的一种受到形而上学传统所惠护的具有神人同形的目光，从此，柏拉图在感官的层次中给予它和它的真理以本体论的重要性。如果在后现代的多元中心（muthólogos）看来，polis 是眼睛，那么它们却不是柏拉图或本瑟姆的庇护者的窥见全貌的眼睛；它们是世界上的凡人关注性的平凡的和普通的眼睛。

原因的种类与科学的兴起

[美] J. F. 里奇拉克

　　自由就是没有拘束，有多种抉择，不受固定的行为进程的限制。当我们谈及政治自由时，行为中的自由抉择这一思想就集中体现在自由、独立和权利这类词语里。当然，政治上自由的个人仍必须服从规定其自由的法律上的约束。作为自由公民，我们受国法约束而不去侵犯他的自由。虽然在本书里我们并不讨论政治自由问题，但政治自由和心理自由这两个概念之间是有相似之处的。在这两种情形下，自由绝不是指要么绝对(100%)自由，要么是另外别的什么东西。自由总有一个"或多或少"的问题。在讨论自由时，我们实际上关心的是加在我们行为之上的限制的类型及范围。限制越多，自由就越少。

　　这样，我们就直接遇到了被称为决定论的问题，因为既然一种行为被决定了，那么它就已经给可能具有的抉择加上了限制。不讨论决定论，就不可能讨论自由，反之亦然。可是，如果不首先考虑一个更为基本的问题，即任何事物存在的种种原因，就不可能正确理解决定论。这是因为所说的决定总是取决于正在受到限制的任何东西都要说成首先有其"存在"，正是事物或事件的原因告诉我们这些事物或事件是什么样的，或使我们认为它们是什么样的。因此，在第二章里，我们首先回顾一下原因的各种含义，然后再表明在现代科学兴起的过程中因果关系的运用是怎样变化的。为了给第三章深入探讨决定论的问题作好准备，这种历史回顾是必要的。

四种原因

如果我们问一般人"原因"这个词是什么意思，我们很可能得到一些例子，说明事件是怎样发生的，某物是怎样组成的，或完成任何一件事情的方法之类的东西。目前人们认为原因是事件的原动力，所以运动这个观点是因果关系概念的中心：原因确实推动事物的发展，否则就不成其为真正的原因。但是，当亚里士多德（约公元前350年）首先提出认识应按事物或事件假定的产生方式进行表达时，原因这个概念并非如此局限。亚里士多德所用的是希腊词 aitiá，有责任的意思。所以，按照他的用法，我们就要替为什么某物存在或某事件发生归结出责任。从今天的用法来看，用这种方式来谈原因是很古怪而奇特的。我们不会说秋风对树叶从树上刮下来负有"责任"。下面我们将具体谈谈为什么多少世纪以来"原因"一词含义逐渐缩小，后仅限指事件随时间的运动。

亚里士多德的认识论把那些曾经尝试说明世界本质的几个前辈的思想综合了起来，组织整理成他所谓事物的四个原因（在特定的背景中可加上第五个）。这四个概念合起来构成了一个模式或一个范例，可以用来解释现世上（及现世以外！）的任何事物。所以这些原因起着高度抽象的指涉框架的作用。用这些框架，思想家实际上可以给经验中的任何事物建立起系统的观念。作为一个统括一切、在许多不同事件中求取相似性的超级理论，这一描述体系在思想史上是空前绝后的。亚里士多德所说的是哪四个原因呢？

第一，质料因。早期的哲学家泰勒斯和阿那克西曼德曾用它来说明宇宙的本质。他们试图给事物赖以构成的实物（substance）命名（分别命名为"水"和"无垠"）。在描写一把椅子时，我们可以说我们认识一把椅子，是因为像大多数椅子一样，它是木制的、铁制的或大理石制的，而棉花和冰激淋制的椅子却不多。我们今天听到的最抽象的质料因概念莫过于物质（matter）。这一概念以非描述的方式表示具有有形性质的"某物"存在，用以与"虚无"相对。认为实物界存在的理论与哲学观点（唯实论）常被称为唯物主义，就是因为这一假定的有形界（palpable）与无形界（impalpable）的对立。

椅子存在的另一个原因在于这么一个事实：它是由人或机器制作或组装而成。我们在前面已提到过的这种原动因素被亚里士多德称之为椅子的动力因。这是他自早期哲学家们关于事件的变化是虚幻的（巴门尼德）还是实际发生的（赫拉克利特）辩论以后的首开先河。在亚里士多德看来，早期事件给后来事件带来种种变化似乎是可信的，正如在衰老的过程中时间本身似乎对我们的肌体结构造成严重破坏一样。很多世纪后，当休谟争辩说我们不能"看见"原因，而只是按习惯假定一个因果关系时，如一只台球靠拢另一只后停下，而另一只开始滚动,他所说的只是动力因。到这一个历史时期(约1750年),原因与动力因在现代就完全等同起来了。

椅子还有其特殊的模式,它们符合我们对椅子的日常外观的设计构想。椅子的外观似椅子,而不是像脚踏三轮车或苹果树。这一用法是从赫拉克利特和德谟克利特提出的宇宙中存在定式秩序的早期观念中引出来的。亚里士多德称之为形式因。在分析怎样着手认识事物时,这些哲学家认识到,不管事物由什么东西做成,不管它们怎样被组装成形,辨认它们并把它们与别的经验事物联系起来的主要因素是它们自身的模式或形状。亚里士多德甚至根据形式因果关系在这种具体可知性中的作用把他所谓的原生与次生实物区分开来。我们常说的物质这个概念就是他所说的原生实物。它可以作为一种潜能进入很多事物的形成过程。可是,一旦给这一潜能加上一个可辨别的形状,次生实物就形成了,如马和羚羊就是这样的例子。这两种动物都有肌肉和骨骼,但它们的外形和典型的(定式的)步态却把它们最清楚地区别开来了。

如此例所示,亚里士多德认为,在描写任何事物的本质时,限制我们可能使用的原因的数量是不可取的。有些实物可能没有固定形状,如一团泥土。我们甚至能够想到微风拂面那样的无形运动(动力因)。但泥土可以成型而煅烧成塑像或餐具;微风可以加强而形成人们容易辨认的旋风。科学家的任务就是用事物尽可能多的原因来阐明自己对它们的认识。在解释中他触及原因越多,其内容也就越丰富。

亚里士多德的第四个原因源于古希腊哲学家如苏格拉底和柏拉

图（亚里士多德的导师）经常使用的目的解释法。在他们看来，世界的某些方面似乎明确地指向某一目的或目标，即表明自己的目的。亚里士多德称之为目的因，并把它定义为事物为之而存在、发生或即将发生的"那个"。此处不定指的"那个"可以替换为事物为何存在或事件为何发生的理由（目的、意向）。制造一把椅子的理由可以是为了一个人的舒适，这个人以我们常见的各种方式来使用它。当然，我们不必说椅子"本身"有一个目的。一个人获取木料（质料因），把木料做成（动力因）与其形体相称（形式因）的椅子，为的是他可以生活得更舒适一些（目的因）。可以说正是这个人在这一行为过程中先有目的或意图，然后最终促成椅子存在这一事实。

我们正是在这里发现，作为科学家的亚里士多德建立理论的方法却被当今大多数自然科学家认为欠妥，因为他的目的因说未能给我们对今天所谓的无生物界的描述增加任务内容。例如，在对植物界所作的物理解说中，亚里士多德认为树叶存在的目的是了给树上的果实提供遮荫，他并因此而得出结论："大自然是原因，是一个为某种目的而运作的原因。"倘若要把这种理论归类，我们就会把它称之为自然目的论。但是，由于现代科学家不再接受目的性描述，所以这种理论被看作是前科学的或甚至是原始的拟人化理论而被摒弃。

拟人化是指用类似人的词语来建立理论（拟人化即 anthropomorphize 一词中的 anthrop 是从希腊语转化而来，意思是人类）。把邪恶或善良的意图分派给群星或一道瀑布那样的自然产物的原始神话就是拟人化的例子。当然，亚里士多德是很难被称为"原始的"思想家的。他只不过想以某种方式讨论世界，但由于某些历史的原因，我们认为这种方式在现在的科学背景中不再合适而已。亚里士多德不是什么科学产生以前的人物，而是第一位真正的科学家。他建立了生物学，并制定了人类最初运用的一部分实验观察程序。在后面的章节中，我们将提出，使用目的因果关系来描写事件并不与科学的基本目标相悖。事实上，只有返回到这样的描述上去，我们才能在科学上重获人的形象。下面我们将讲述现代科学兴起的过程中中止使用目的论术语的历史发展情况。

现代科学的兴起

一旦我们认为把目的归诿于自然是恰当的，这就向证实在这种理性秩序背后存在一个超级智慧（上帝）迈出了一小步。我们发现，在最早期对宇宙的解说中，科学与神学正是这样糅合在一起的。科学家和神学家都同样谈到上帝的目的或神圣的安排，用以说明被研究事物的可靠模式。这样认为宇宙中有一个可信的秩序的观点叫作唯理主义。在西方文明史中有过哲学唯理主义和数学唯理主义。因为这两个种类都以存在事物的秩序和模式的形成为基础，所以我们可以说它们都极大地使用了形式因的意义。

哲学唯理主义探讨的是我们认识上更形象化的方面，或者说探讨与我们的常识性经验有关的事物。例如，当柏拉图推测行星的运动时（约公元前350年），他认为行星可能沿圆形轨道运行，因为圆形是所有几何图形中最完美的；一个以合理的方式组织起来的宇宙自然会舍弃质地较差的形式而选择完美无缺的形式。加上上帝的概念，我们就可以说既然上帝一定是完美的，那就必然可以得出这样的结论：上帝只会使用所有几何图形中最完美的图形。这种理论解释在整个中世纪非常普遍。在符合规律的事件中的规则性和可靠性概念也是哲学唯理主义的产物，并由数学唯理主义加以补充（见下述）。让自然界的规律变得飘忽不定而无法预料是不行的，因为这样会使人想到大自然的理性设计有缺陷。

大自然的这种非凡的秩序有时在相反意义上被用作证据，证明一个设计者必定早就存在于我们今天在宇宙中所看见的这种理性秩序之前，因此也就是这种理性秩序的创造者。神学家正是通过这种证明来证实上帝的存在。在这方面的一个最好的例子就是圣安塞尔姆在所谓的第一因论证中使用了动力因。他是这样论证的：如果我们接受任何一个"结果"都有一个"原因"这一事实，那就必然可以得出这样的结论：通过逆时间而追溯因果系列，我们要么永恒地倒退，否则在某点上就会存在一个第一因，即上帝或原动者，它一开始就以因果方式让事件向前发展。这个论证完全依赖动力因果关系的意义，是从定义上论证。这是早期哲学经典论证方法，即推理者首先作出概念的可信定义，然后推断出从这种先行项意义引申出来又不自相矛盾的必然含义或结论。在神学研究领域中，这样做被称为经院哲学。像圣托马斯·阿奎那那样著名的教会哲学家就有效地使用过这种证明事物的方法。

让我们拿现代神学家仍辩论不休的节制生育问题作为例子。虽然他们不敢擅自代表上帝讲话，但许多神学家的确设想过，通过分析性交行为，有可能把这一行为的目的描写成是上帝创造的。如果现代神学家只从生殖方面来解释这一行为，那就必然可以得出这样的结论：使用避孕手段暗中破坏了上帝的意志。但是，如果神学家能够在性交中看到神的一个附加意旨，即创造两性之间肉体与精神共同享受的最高表达方式，那就必然可以得出这样的结论：性交而不生殖符合神的安排。在天主教的信仰中，月经期间能避孕被作为一种"自然的"节律得到认可，就是从设计上论证的一个例子。在这种情况下，男女在创造的经期循环的秩序中继续行事而不是改变或停止这一秩序。

神学家不是历史上唯一持有神之完美观的思想家。作为哲学家和数学家的莱布尼茨（约1700年），在提出我们所居住的世界是"所有可能的世界中最好的"时候，就是以这种方式推理的，因为设计之神必然不会满足于次好的。后来伏尔泰（约1750年[1]）在《老实人》里嘲笑和讽刺了这种观点。在那本书中，他让那位集"玄学、神学、宇宙学的学问"于一身的邦葛罗斯表达了他的话。这位年迈的宫廷哲学家是一个目的论者。他教导他照管的人老实人说："事无人小，生来就有个目的……岂不见鼻子是长来戴眼镜的吗？所以我们有眼镜。"在一个完美的世界中，一切都安排得十全十美。

就在这一历史阶段，发生了一些事情对目的描述法提出了怀疑。实际上，这种变化在几个世纪前就出现了。它牵涉到哲学唯理主义向数学唯理主义的转变，其特点是强调经验证明而不是从似乎有理

---

[1] 实为1759年。——译注

的定义上论证出必然的结论。这种经验主义,"拿给我看"的求证态度实际上始于宗教辩论中。威廉·奥坎(约1350年),一个背教的神学家,否定了经院哲学学者所声称的上帝的存在可以通过推理得证这种说法。只有在水面行走、治愈病人或起死回生这类不可思议的东西得到经验证明后,超自然主义才能得到证实,否则就只是推测,是空话!

这种经验主义的科学描述方法始于英国哲学家弗朗西斯·培根爵士(约1600年),因此一直被称为英国经验主义。培根在原因运用的范围上把批评的矛头指向亚里士多德。正如我们已经提到的,大自然有安排或目的这种提法本身就是形式因组织法,如果由神来使之生效,就会同时涉及目的因(结果就得出神性目的论而不只是自然目的论)。事实上,在谈及事件的目的因果关系时,总是假定有一个叫作理由(前提、安排、预期的结果或目的,等等)的形式因模式,所有被描述的事物实际上都是"为了这一模式"而存在或发生。我们总是在目的因概念中发现形式因概念,但相反的情况却未必真实。这就是为什么把大自然本身想象成有"目的"的是如此困难。亚里士多德在他的自然目的论中使用拟人化,那是因为要把万物看成有目的地向前发展就得有一个理智,一个类似人的意欲者。

培根提议,当我们科学地描述事物时,应当只限于使用两种原因——质料因和动力因。在为经验主义科学制定各种准则时培根说,树叶长在树上,骨骼支撑我们的肌体,这类事情没有什么理由可言。尽管伦理宗教思想家和艺术解释用形式因和目的因来描述是恰当的,因为道德和美在本质上就是判断的努力,但是,严格的经验主义科学家不应使自己对自然的观察带上这种目的论考虑的色彩。培根担心如果科学家们承认形式因和目的因的解释，他们就会停滞不前，就不会通过实验去积极寻求经验知识。实验就是要提出不同于"这个物体的形式或目的是什么"的问题；实验就是要问"什么东西导致这种事态？"科学家对于事物并不探求那些被假定的但又观察不到的理由。他们让事实本身说话，并据此说明某物是什么制成的(质料因)，或者它是如何按规律形成的(动力因)。然后就此我们才认出一种模式(形式因)或目的(目的因)。

由于培根的影响，自然科学家一直就在争辩说，只有在我们用朴实的眼睛(即形象地)看到了的事物分解成"构成这些事物"的基本实物和力以后，我们才算成功地对事物作出了正确的说明。这就是为什么科学描述本质上总是归纳性的原因。原子的原型就是一个完美的例子，因为它把一种"不可分"的质料的概念(质料因)与力的概念(动力因)结合起来了。现在我们已经能够将原子打破并释放出力了，但甚至在这种原子结构里，人们还是假定要么物质本身就是力(把质料因彻底变成动力因)，要么原了中较小的物质单位(电子等)乃自行"组成"从而使物体成为现在的状态。此外，由于在观察事物时测量事物并预测事物随时间而取的进程是可能的，所以，随着现代科学中经验主义的兴起，人们也就更依靠数学唯理主义来进行研究了。

在培根抨击亚里士多德用形式因和目的因做科学描述之前，数学和经验主义证明的关系就已经固定下来了。当天文学家托勒密(约公元200年)提出宇宙的地心说时，他用数学运算的经验主义证明来证实自己学说的正确性。群星按照数学的精度（包括较小的调整在内）进入天空的位置。可是，这些经验主义证据并未使中世纪的哲学唯理主义者们产生深刻印象。他们认为不仅仅需要数学运算和观察，还需要哲学证据。这种证据应以不言自明的、看来有理的根据为基础，就如曾用于第一因的论证或证明上帝造就了可以想象的行星的完美圆形运动的根据一样。中世纪犹太哲学家摩西·迈蒙尼德、阿拉伯哲学家阿威罗伊和大主教神学家阿奎那（约1200年）的著作都将数学证明和哲学证明区别开来，并且都坚定地信赖哲学证明。

也有一个举世无双的思想家把这两种证明方式结合在一起，这就是哥白尼（约1500年）。虽然他的日心说已被观察和数学计算证实，他还是以如下的"事实"作为他的地球引力说的基础：即当物质自行确定其本身界限时，它会自然而然地压缩成球体。雨点落向地面时形成"自然的"球体，因此与地球的形状相符。这个很容易想象的论证因为看来有理，就比当时被提出来以证实日心说的那些极其难以置信的（在当时！）经验主义论据和数学证明更能让人接受。甚至培根也批评哥白尼，认为他太热衷于把假设引入他的日心说，为的是使数学的运算看来正确。

这一点就告诉我们，使经验主义科学兴起的基本问题是一个人的理论陈述的源泉问题。在解释我们怎样才能科学地认识任何事物时，培根就像一个哲学唯理主义者那样推理，对观察的事实可允许"塞进"多少东西的基本原则提起争论。他不是怀疑形象地解释理论或以似乎有理的方式理解被检验的理论的必要性。他只是想要减少那些似乎有理的成分，剔除那些有赖于目的阐释的部分。如果说大自然有秩序，培根认为，这种秩序不能通过某种先行的、有意图的设计来加以解释，它只是漫无目的的质料－动力因的产物。由于引入假设，哥白尼违反了这一严谨的规则，即只能从所看见的、所感觉的或在日常经验中觉得似乎有理的方面去解释现实。

知识的终极来源问题在哲学上通常具有唯实论以及与之相对的唯心论的争论。唯实论者认为知识总是可以追溯到具体可见的现实存在中的一种固定模式。在这类模式中可以有各种表示关系的方式，但是原则上则有一个真实存在的组织；如果使用的测量程序足够精确，我们可以对这一组织进行逐一的探索。唯心论者则坚持认为，要么现实不存在（例如，我们可能看见的都是上帝精神安排有序的空幻景象），要么这种确实产生在认识中的秩序必须靠人的理智的帮助。因此，把被心智整理成为认识中的现实说成是独立于心智之外的，这在原则上是不可能的，无论这种知识的测量精确与否！经验主义者很可能是唯实论者。但也有一些经验主义者（例如逻辑实证论者）觉得这种区别没有意义，因而抗议把唯实论者的标签贴到他们身上。

同样，虽然不是所有的数学家都会承认自己是唯心论者（很叩能大部分都不会承认），但他们通过推理的数学方法来提供证据的一般特征却带有唯心主义的味道。数学家不需要质料因或动力因的意义来进行研究。通过纯精神的数学证明而求得的内在连贯性可以给人以巨大的的确信感。事实上，作为数学家、天文学家的伽利略认为没有必要在每个例子中都提供经验（研究）证明。只有在两种数学推理方法发生冲突时，伽利略才认为有必要设计一个经验测验（实验）来解决争端。

哲学唯理主义同数学唯理主义的对抗在对伽利略的审判中（约1615年）也是显而易见的。这次审判使后来的自然科学家深受其苦，使他们进一步远离目的性描述的方式。虽然经常被说成似乎伽利略是被迫要求放弃他的整个观点，但事实是宗教法庭的教士们仅要求伽利略承认日心说是一种数学假设，而地心说才是哲学真理。到这个历史阶段，托勒密的地心说观点便已在上面讨论过的"从定义上论证"的意义上融进了《圣经》中有关宇宙起源的故事中。结果，地球是万物的中心这种似乎有理的理论就被描绘成了神学上的真理。因此而必然产生的情况是：否定这种观点的理论描述就是否定上帝的安排——这正是一种头等重要的目的性解释方法。由于伽利略手中有经验证据，教士们唯一的解决办法就是把日心说看成一种数学运算把戏，并坚持《圣经》中神灵启示而且合乎常识的地心说。如历史所载，这种做法的结果对宗教和所有其他类型的目的论都是灾难性的。

显而易见，到17世纪人们目睹了哲学证明让位于新出现的被称为科学的证明方法。1609年，开普勒用数学与经验证明行星绕椭圆形而不是圆形轨道运行又是一个例子。它证明了那些常识中看来似乎有理的东西在观察界并不一定站得住脚。常识上似乎有理的东西与经验上观察到的东西之间这一决裂是我们乐意接受的，它最清楚地把中世纪哲学家与现代科学家区分开来了。并且，数学的方便之处在于它能对现实中所观察到的东西进行记录和跟踪而不必形象地解释正在发生的东西为什么会发生。数学如此抽象，它允许数学家在理论上不受约束，允许数学家有时对他正在记录或正在跟踪的东西究竟是什么，可以一无所知。

这方面有一个完美的例子。牛顿爵士坦率地承认，他不能把他的地心引力的数学概念形象地描绘成实际上存在于观察中。牛顿在一封写给同事的信（约 1725 年）里告诫说："你有时说引力对物质来说是基本和固有的，请不要把那个概念归于我，因为我从不假装懂得引力的起因……如果没有别的物料作媒介，既无生命亦无灵魂的物质竟然会作用于并影响别的物质而又互不接触，这是不可理解的。"如果我们用原因说来解释，那牛顿就是基本上承认，尽管他能够用形式因和目的因的数学操作方法来推理，并由此得到一个宇宙是怎样被组织起来的理论（数学唯理主义），但他不能用质料因和动力因的描述（哲学唯理主义）来填充这幅图画，虽然牛顿不屑于在数学领域外作假设，但他的后继者们即统称为牛顿主义者的人们却热衷于填充这一抽象。他们引入诸如以太那样的概念，以便使他们能够在像一架机器似的宇宙形象中形象地描绘引力。

他们通过利用"定律"这个词的双重意义达到这一点。牛顿的引力定律是一个数学假设，首先被证明在数学空间里（即没有广延性）成立，然后再应用于现实。但是"定律"也可以指一种由实验或某个天文规律反复观察到的结果，在此，数学测量和运算在记录和跟踪这些结果的过程中被当作一种辅助手段来使用。"定律"的第一种用法完全依赖形式因果关系的意义，但在后一种用法里，由于我们正在观察具体可见的事件，包括早期事件对后期事件的影响，所以这很容易就暗示着数学的规律性仅仅揭示那些被实际上观察到"在大自然中"发生的、潜在质料因和动力因产生出来的模式。

甚至牛顿运用的那种数学也能保证他会采取我们在上面目睹他

遵循的跟踪方法。那就是，他采纳了笛卡尔而不是欧几里得的几何设想。欧几里得给一直线下的定义是两点之间的最短距离，而笛卡尔给直线下的定义是沿直线函数独立运动的点。所有别的几何图形如椭圆或圆都同样被描绘成运动点形成的线。对欧几里得式科学家来说，静止的物体是处于它的本然状态，而运动则需要解释。但对牛顿式科学家来说，观察到的现实都已经在运动中，因此，需要加以解释的是出现在现实中的各种物体之间的相对位移。而且，正如我们在上面指出的，牛顿式科学家也很容易把大自然中变化的流体状态看成一支动力因果关系之流。

培根的科学描述同笛卡尔的数学结合在一起终于导致拉普拉斯的乐观主义机械论观点（约1800年）："一个能了解诸原子在任何瞬间的位置和运动的超人才智能够预测出未来事件的整个过程。"上帝依然存在于这一画图之中，被看作数学计算正确的终极源泉，正像上帝也曾总被看作世界完美的源泉一样。宇宙有如一台大时钟，装有永恒上紧了的发条、滑轮、齿轮和推动别的部件的部件；或不像时钟，这要取决于存在于这些具体可见的部件之间的接触和在时间上这种接触的频度。哲学唯理主义早已从神学论证转向科学论证了，但是，对哲学证明作形象的描绘和常识性理解在牛顿的机器比喻中被挽救下来了（即质料因和动力因果关系处于最高地位），但这种情况并没有持续很久。

在麦克斯韦的理论（约1870年）中，电磁现象则完全由数学方程来解释。这一理论一劳永逸地确立，现代物理学家主要致力于研究其数学符号系统的各种关系。尽管麦克斯韦的确曾试图通过运用以太概念来建立他本人的机械论观点，但赫兹随后却为所有现代物理学家作了概括："麦克斯韦的理论只不过是麦克斯韦的方程，也就是说，问题不在于这些方程是否形象化，即它们能否被机械地加以解释；问题只在于是否能从这些可以通过纯机械性实验检验的方程中得出形象的结论。"由赫兹、马赫、普安卡雷和杜安领导的19世纪和20世纪物理学再一次将数学理论置于单纯的观察和测量之上。事实上，正如马赫和杜安所表明的，在一个理论建立起来以前，是没有什么"单纯的"观察或测量这样的东西加入进来的。所有的观察、所有的事实在经验上确定下来之前本身就是理论构架。

  数学唯理主义对哲学唯理主义的最后胜利发生在20世纪。爱因斯坦的广义相对论显示，几何学赖以为基础的假想并不是被嵌进拉普拉斯的完美规律性观点赖以为基础的那种刻板的动力因果关系里的。之所以如此是因为量具、仪表和光线的机械特性本身就受时空连续体中各种变化无常的"测量值"的影响。人作为观察者也成了所有事实资料的相对性之中的一个因素。这一点在亚原子物理学中比任何其他地方更显而易见了。在亚原子物理学中，我们并没有发现培根曾指明的那个可靠的质料和动力因基础结构，而是发现现实正从我们的思维理解中溜走。正如玻尔在1927年表达事物时所说的："……量子假设意味着任何原子现象的观察必然会涉及不可忽视的观察者(即人)的作用。因此，一个在普通物理意义上的独立现实既不能归因于种种现象，也不能归因于观察者。观察的概念毕竟是任意的，因为它取决于哪些客体被包括在行将受到观察的系统之内。"

  尽管从某种意义上说，这是对唯心论的让步，但这也是对下列双方的告诫——一方认为一切认识都"在"一个等待形象地解释的机械现实之中；另一方则认为一切认识都"在"推理者的头脑里，然后向外投射出来。科学实际上就是处在观察者所作的设想与作为这些断言性指涉框架的结果而出现的事实之间的兼顾与平衡。

玻尔的互补关系原理是现代科学家因哲学唯理主义似乎分崩离析而趋于平静的又一个例子。在这一原理中，玻尔认为光可以被看成是一系列的粒子或者波，而二者间并没有什么逻辑矛盾。既然这两种理论都可以用数据来加以证明，那么就不用担忧解决光的"真实"本质的问题了。这对海森堡的测不准原理[1]也同样适用。不首先假定电子的速度，原则上就不可能谈及电子的位置，反之亦然。一项测量，一项观测，都必须在认识后才能获得对另一项的认识。所以，我们在谈论发现或预测亚原子粒子的运动路线时，如果采用相同于我们在谈论发现或预测习惯性经验的方式，那么我们就做了一个错误的类比，这就是为什么玻尔说"不放弃感性描述愿望"，原子物理学就决不会建立起来。

我们不应当由此断言数学唯理主义在现代的这一胜利是没有限制的。1931年哥德尔从数学上证实不可能证明一个非常大型的演绎体系的逻辑一致性。我们在此不是指测量装置的误差，而是指如下事实：不但几何学，而且甚至像初等算术这样的基础学科，都可以预料到在它们计算出的证据中也有不一致的和无法预料的东西产生。

---

[1] 德国物理学家海森堡1927年首先提出的一个量子力学基本原理。它表明，两个相关量如位置与动量或能量与时间中的一个准确测值会使另一个的测值产生不确定性。——译注

现在物理学已以非拉普拉斯的方式对我们的世界作了不完全是机械论的描述，并且，在经验的预测之下，这一描述是通过一个不完全闭合的数学符号关系系统进行的。我们可以在这种开放性与任意性之中看到物理学中目的性描述的一个可能的作用，尤其作为人的物理学家的目的作用，但抑制目的性的培根式实践依然被保留在无生物界的描述之中（除一些偶然的比喻暗指外）。总之，在所有这一切之中真正的失利者不是哲学唯理主义，而是目的论！这尤其使目的论者恼怒，因为很容易看到在现代物理学中以形式－目的因来描述所发生的事件完全符合历史事实。现代物理学家正明白无误地宣称：我们为之而开始认识现实的"那个"跟现实在质料－动力因意义上的"存在"同样重要。玻尔教导我们：我们绝不能把"那个"与科学观察中的"存在"分割开来。

到此为止，我们还没有讨论过生物学。但扼要地浏览一下就会说明目的论在这一历史性的衰败中在生物学领域的结局也不妙。出现在20世纪的科学哲学主要扎根于物理学和天文学。一些最有意义的概念问题就产生在这些领域，所以走在这些领域前列的科学家们就被吸引来撰写有关实验程序的问题和正确描述这些观察等方面的著作。科学认识是否能被形象地（机械地或非机械地）表现出来的问题在生物科学的演变过程中并没有成为严重的问题。

历史学家们一般都承认，在古巴比伦和埃及（约公元前3000年），医学实践最初与诸如驱邪术之类的宗教习俗有关，然后又逐渐与之分离。神或邪恶的精灵被认为有意让人遭受病痛的折磨，以作为对某种罪愆的惩罚。古代波斯人、印度人、希伯来人都持有这种观点。

有趣的是耶稣治愈病人却被看作是他神性的表现。宗教治疗作为信仰的一种表现目前仍在我们中间保留下来，但有科学头脑的人却使之威望大减。

古希腊医生希波克拉底（约公元前400年）经常被誉为医学之父。他根据疾病是由于某些体液失去平衡的理论而与巫邪疗法分道扬镳。古代人完全意识到体液对生命的重要性，于是就出现了这样的观点：血液（体液的一种）通过心脏全部同时流出在给身体的四肢提供了有益的效力之后，又返回心脏，从而在人体内起落升降。这种升降概念被介绍到埃及。在那里，这一概念是以对尼罗河的季节性涨落活动的类比为依据的。希波克拉底创立了如下观点：在体内纯机械过程的平衡与和谐中，人才能取得身体和精神的健康。

盖伦（约公元175年）的著作在中世纪的医学中占支配地位。他不但得出动物解剖学与人体解剖学完全等同的错误结论，而且他的著作里充满了宗教的归因。动物和生命元精给活的有机体以体能；这些元精是上帝创造的力，随着血液的升降而相互作用；它们刺激生命，滋养身体。对解剖学的这种精神化见解把目的和动力因的意义结合在一起了。上帝的意向创造了一种无实体的、无形的因此无法发现的"力"；这种力在纯机械结构和物质现实的力以外也进入行为的产生过程。生命元精把自我指导的、负有道德责任的、自由意志的特征赋予人类行为。至今，生机论（生命元精）和万物有灵论（动物元精）是科学家们用来贬低所有目的性评论的词语；他们把目的论视作为企图将盖伦的唯灵论从欧洲黑暗时期拯救出来的努力。

中世纪的医学在阿拉伯国家里可能是最先进的。在那里，拉泽斯和阿维森纳（约公元900年）继承了希波克拉底的传统。在西方，随着文艺复兴的到来（约1500年），人们对有机过程的认识有了迅速提高。维萨留斯解剖了人体和动物体，驳斥了盖伦的人体与动物解剖构造是完全等同的观点。17世纪，哈维发现了血液通过人体的循环流动，心脏起着泵的作用。当然，在那些年代，还有各种各样的思想家对解剖结构和肌体工作过程的奇妙模式中神的设计活动方式继续表示赞美。但是，由西登哈姆（约1675年）那样的英国医生领导的不断成长的经验主义已经开始出现，公开表示不相信长期流行的医学教科书。这个时期人们面向自然，抛弃有关生机论原则的种种预先构想。此时，培根对原因描述的限制已渗入整个科学中。人们普遍同意目的性阐释对促进科学的发展没有起过什么作用，而且，考虑到宗教法庭的恶果和流毒，目的性阐释实际上还延滞了科学的发展。

在生物学中，我们应予注意的最后一个重要事件就是达尔文不朽的生物进化论。在此之前，就曾有些理论家提出来一些进化的理论。这些论点经常带有这么一种观点，即进化的方向是神定（授意）的。由于曾经考虑过担任神职，达尔文充分认识了经常被神学家使用的因果关系概念。但为了获得一种恰当的科学（即非目的性的）说明，他不得不构想出别的办法来描述大自然似乎在进化中得到改进。达尔文通过提出自然选择论达到了这一点。由于自然选择的结果，那些在生存趋势中变异的动物种类和动物的社会组织（例如人类社会），在连续不断的生存斗争中出现某种预见不到的大灾难或适应的必要性时，得以继续生存下来；而那些在生存趋势中不变异的动物种类或动物组织则濒于绝种（即那些物种被灭绝）。一只偶然长了一身厚毛皮的动物在气候变得严寒、迁移已不可能的时候仍然继续生存。一个偶然产生了许多有才智而勇敢的爱国公民的社会,在经受敌对侵略的攻击考验时会继续存在下去。虽然达尔文并没有受益于有关遗传基因的认识,但他的观点最终还是和孟德尔[1]的原理完全吻合。

要注意的是:达尔文的思想就如现代物理学一样远不是从事件的内部进行理解。如果说光作为一系列粒子或者波能以经验为根据被跟踪的话,那么,主张某一内部发展的模式在设计上是单一的这种说法就一定是错误的。亚里士多德关于自然的目的概念需要某种类似的固定设计。这种设计反过来又吸引理论家试图理解"大自然"所意欲的东西究竟是什么。譬如说,我们试图看穿大自然的眼睛,从而看出这个意欲的设计在什么地方被发展了,什么地方或许还没有被发展。这也正是神学家们所做的;不同的是,他们把上帝置于大自然的角色(在此问题上希腊人过去也那样做了)。达尔文的自然观在时间上全然没有这种形式的本体。达尔文的自然是经验观察者可以跟踪的偶然事件和奇缘运气的显露,这个观察者则根据自己的方便来组织各种事件,就如局外人看"着"变化着的模式一样。但是,他并不希望理解某一正在显露的、有意向性的设计,就像牛顿并不希望理解引力究竟"是"什么一样。

亚里士多德的"看透"式分析引出了所谓的内省性理论描写。这种描写是从受观察本体的视角以第一人称形式写成的。内省性理论

---

[1] Gregor Johann Mendel(1822—1884):奥地利天主教神父,遗传学的奠基人,他提出了遗传单位(即现在所称的"基因")的概念并阐明其遗传规律。——译注

因此总是与我本人、我的以及与此相关的能捕捉住本体（包括神）的思想的词语有关，把用作前提的意义展现出来。达尔文的"看着"式分析引出了所谓的外观性理论描写。这种描写在语言表达中总是采用第三人称。外观性理论与那个、它、他、她、他（她）们以及与此相关的纯以观察者之便而构想出来的词语有关，所以，这些词语并不一定采取与被描写的本体在决定他们表露出来的实际前提意义时所采取的相同的立场。目的（目的因）理论解说总是产生内省性描写，而非目的性（质料和动力因）解说则产生外观性描写（所有的理论必然要使用形式因意义）。

达尔文的学说同正在出现的物理科学一起求助于外观性阐释。当物理学家们发现自己在现实的观察和测量中成了主动的代理人时，他们实质上就返回到某种程度的内省性阐释上，这也就是承认他们不能只从外观上谈论哪怕是无生命的经验事实。尽管达尔文在得出生物进化论时觉得没有必要仔细考虑他的理论假设，但从下面摘自《人类的衰落》一书的一节中可以看出，他确实表露了一种内省反复思考的阵痛。这一节文字同人类行为的伦理道德方面有关：

我们这些文明人……竭力阻止消亡的过程（即自然选择过程）；我们为低能者、残疾人、病人建造收容所；我们制定济贫法；我们的医生尽最大的努力抢救每一个生命，直到最后一刻。我们有理由相信种痘保护了成千上万的人，这些人由于体格虚弱原本是会死于天花的。就这样，文明社会的弱者得以繁殖他们的种类。任何照料饲养过家畜的人都不会怀疑，这种做法对人类必然极其有害。

单从机械论来考虑，这类人道主义的努力看起来与其说进化倒不如说是退化。这些努力是怎样出现的？达尔文个人品性中的什么东西促使他看到这种反常现象的？我们将在后面的章节中提出并希望回答这些问题，因为这类问题同我们探索个人自由有关。我们开始觉得我们的人性不应完全被外观性理论阐释所限制。我们暂时又重申第二章的中心主题，那就是：到 20 世纪初，目的性描写在科学界已被彻底贬为不可信的生机论、万物有灵论或拟人说了，而所有这些学说都是将目的因果关系带进自然描写之中，这种做法是不能接受的。

被全球化遗忘的中间地带

［美］杰弗里·盖瑞特

从20世纪80年代末冷战结束起，围绕全球化问题展开的争论一直左右着全球政治的走向，直到2001年9月11日才宣告结束，这一点有时未免容易让人忘记。争论的一方是全球化的拥护者，其代表思想是"华盛顿共识"，倡导者是国际货币基金组织、世界银行和美国财政部，以及不远万里从全球各地来到瑞士达沃斯参加全球经济论坛的人士。他们声称，整合全球市场不仅对自己有利，也是让全球穷国富裕和强大起来的最佳途径。

全球政策的反对者包括民粹派政客、劳工领袖、环境保护主义者及其他激进主义分子。只要"华盛顿共识"的支持者召开大会，他们就会随时随地地出现。双方最著名的一次交锋发生在1999年12月世界贸易组织在西雅图召开会议期间，后被称为"西雅图之战"。在反对者看来，全球化不过是以牺牲劳动人民、发展中国家和地球的利益来让全球精英阶层赚足腰包。

经济全球化到底让谁受益？自"9·11"事件发生以来，这一问题又被赋予了新的内涵。布什总统在恐怖袭击事件发生一周年纪念日上发表的讲话中明确阐述了自己的观点。他说："贫穷、腐败和经济萧条是许多社会的毒瘤……自由贸易和自由市场已证明能让所有国家摆脱贫困,所以美国政府正努力……建立一个自由贸易并从而逐步走向繁荣的世界。"可批评的声音仍然不绝于耳,民主党总统候选人哀叹说,美国在"失业人数居高不下的"经济复苏期间,却还要"向外国输出"制造业、呼叫中心及其他服务行业。

布什总统关于"自由贸易的世界"也是"逐步走向繁荣"的世界的说法对吗?我的回答是:既对——又不对。我认为存在3类不同的全球化社会,每一类对全球政治的未来走向具有不尽相同的重要含义。

自由贸易和资本自由流动在美国及其他富裕国家的经济发展中起到了良好的推动作用。全球化使得这些国家不仅能够利用日益增长的"知识经济"所带来的种种好处(在知识经济中,工人的受教育程度和技能对产品质量起着至关重要的作用),还能从发展中国家进口低成本的标准化商品及服务。但由于并非人人都具备参与知识经济的条件,西方各国的贫富差距继续加大——因为工人的受教育程度和技能比以往任何时候都更能决定他们未来的命运和机遇。

在美国及其他富裕国家,全球化的鼓声一浪高过一浪——因为只要有足够多的总体利润(而实际上也确有这么多的利润),就总有可能给受损失的一方以补偿;也因为即便各国政府愿意采取相应措施,也不清楚全球化的妖魔还能不能被关回瓶子中去。可只要经济发展停滞,全球化就会招来反对派的不满,政客们就不得不抛出民粹主义那套言辞和行动来取悦他们。这已不是什么新鲜事,可如何应付在向知识经济过渡当中出现的社会动乱,仍将是富裕国家的政客们在未来几十年需要面对的主要挑战。

贫穷国家中下调关税幅度越大,发展得就越快,因为贸易自由化为原来只能维持基本生存的农民带来了实实在在的利益,现在他们可以在工厂找到工作,就像许多经济学方面的教科书都对此大加赞颂的那样。这是第二类全球化社会,大约占世界人口的一半,多居住在人均年收入低于1,000美元的国家——包括撒哈拉沙漠以南的大多数非洲国家、中国和印度。贫穷国家还没有从所谓的全球"自由金融"当中得到多少好处,反而可能因此而遭受了损失,非法使用童工和工作环境恶劣等问题仍然存在。但是,全球贸易——正如制造业的"血汗工厂"和各种"输出"的服务行业所显示的那样——似乎的确为全球最贫困的人们创造了一条脱贫的道路。

贫困国家的大多数人口依然在土地上劳作,然而今天,贫困国家的制造业和服务业输出对经济发展的重要性已经远远超过了农业。对这些国家来说,真正的筹码在于要保证科学技术的快速普及,因为只有科技才可能让较贫穷的社会在几个世纪内赶上较富裕的社会。然而,事情远没有那么简单,因为他们的高额赌注依然押在富国对知识产权的保护上。

而自由贸易还没有为中等收入国家(人均收入在1,000美元至10,000美元之间的国家)带来实实在在的好处。虽然"华盛顿共识"和革新派政府的花言巧语为他们许诺了种种美好前景,可伴随关税下调和金融更加自由而来的却只是经济发展迟缓和失衡加剧——尤其是在拉美国家。这是被全球化遗忘的中间地带。

面对中等收入国家出现全球化的宣传与现实不符的情况，贸易自由化的支持者呼吁这些国家少安毋躁，耐心等待。可这种"等等就好"的乐观态度掩盖了这样一个事实——即市场全球化让中等收入国家陷入了一个圈套，他们从中完全无利可图，却又难以脱身。这些国家的经济今天无法期望与西方国家竞争；他们只得与一些较大型发展中国家竞争，以此当作自己的基本策略。这样做的结果只能是削减工人工资，从而损害工人的利益，根本无法形成规模化产业，而规模化产业才是提高中等收入国家在进行批量生产和提供标准化服务方面的竞争力的必需条件。

对这些国家来说，更可取的长期策略显然是依靠科技振兴，而不是无声地消亡。可这样做需要数十年才能见到效果——而全球化政策的失误，已经让他们付出了巨大的政治代价，并且这一代价越来越大。欧盟采取的措施是向中欧和东欧的新成员开放自己的市场。

在墨西哥和其他拉美国家，民粹派对全球化政策——以及美国——的反对情绪愈演愈烈。如果美国想改变其边界以南国家的政治和经济现实，不能只依靠提出更多的自由贸易协议。美国政府必须认识到，这些国家根本没有希望在知识经济中与他国竞争，除非等到这些国家的教育水平、基础设施和财产权更接近西方世界的那一天。美国及国际金融机构所起的作用是给这些国家以"可观的"发展援助，这一点必须明确。但美国还必须借助软力量来抚平这些国家的伤口，因为原先许诺给这些国家全球化的种种好处都没有兑现。

这就是当今世界经济的整合现状。全球化能带来什么好处不能仅停留在理论假设上，更应该看到事实的一面。实际上全球化的好处远不及原先所许诺的那么多。在全球化运动中蒙受损失的一方——中等收入国家和西方国家的穷人——陷入了一个两难境地：一方面面临在知识经济中胜出的迫切要求，另一方面又必须应付与第三世界国家竞争的残酷现实——在那些国家工人的工资要低得多，却同样能把工作做得很好。

如何改善全球化运动中许多当前蒙受损失国家的状况，是一个十分重要的全球性问题，不仅关系到经济待遇是否公正，还关系到政治的稳定。说什么让更多的市场加入进来才能最终解决问题云云，20世纪90年代美国所鼓吹的这一套看来是越来越不现实了，而且在许多人看来根本就是缺乏诚意。全球化在扩大市场方面起着相当重要的作用，可它集中的损失和不确定性的消极后果却不容忽视。要圆全球化的梦无疑很难，可是所下的赌注恐怕也不能更高了。

第四编

修身与思辨：教育与政治

导读

从小标题"修身与思辨：教育与政治"便可看出这部分的译文内容和教育与政治相关。这里我们可以学习如何思维，如何通过英语学习而修身养性，我们还可以看到美国的党派和政治纷争。

第一篇译文选自《西南联大英文课》(二)，作者系美国著名学者杜威。由于这篇文章很有影响，我还找到了新华出版社的译著《我们如何思维》。不过，我发现该书不少译文存在太多的理解偏差，已至文理不顺，词不达意。我仅一节供大家批评：

从最不严谨的含义来说，思维包括我们头脑里有过的任何想法。一个便士让你产生一点想法，但拿它做不了什么大的交易。将此时所想称之为思维，你不会指望它有多大程度的尊严、逻辑或道理。(《我们如何思维》，约翰·杜威著，XXX译，新华出版社，第3页)

该节英文如下：

In its loosest sense, thinking signifies everything that, as we say, is "in our heads" or that "goes through our minds." He who offers "a penny for your thoughts" does not expect to drive any great bargain. In calling the object of his demand thoughts, he does not intend to ascribe to them dignity, consecutiveness, or truth.

从最宽泛的含义来说，思维意指我们头脑中"存在"或"闪现"的所有事物。那个"拿一个便士换你思维"的人并不指望从这笔交易中满满地受益。在把吁求对象称之为思维时，他并无意赋予这些思维以庄重性、连续性或真理性。（罗选民译）

第二、三、五篇文章均选自《西南联大英文课》(一)，前两篇主要谈教育的本质与教育之功用。这是大学教师和学生必须了解的基础理论知识。所谓博雅教育，就是通识教育，是一种非功利性的教育，培养的人具有批评意识和创新精神。第五篇谈英语学习与自我修养，这涉及学习之目的。英语不仅仅是作为知识被获取，而且还具有修身养性的功能。只有把英语学习和提升学养结合起来，学习者才有可能最大化地得到提升。这是我将它们收入本文集的重要原因。我们不仅仅教如何做翻译，我们还要以翻译来行事，来育人。

第四篇译文谈经济增长和物质充裕是否能够让人的精神得到升华，该文章对提升人的情操和生活的口味大有裨益。

最后一篇《共和党人和民主党人》是谈论和研究美国问题不可回避的一个题目。奥巴马呼吁两党团结，为实现伟大的"美国梦"而努力，激励了不少美国人，尤其是年轻人。这本书也成为一部畅销书。2008年初，科学出版社编辑来清华，一定请我出面翻译此书。他们请过几人试译，效果都不甚理想，当我把序言翻译出来时，编辑说这就是我们希望看到的语言风格——奥巴马的风格。其实我连自己都不清楚是不是，我只是力图通过我的翻译来展现一个政治家的理念。

然而，我的观点是——我们别无选择。我们不需要搞一次民意调查来确信大多数美国人——共和党人、民主党人、无党派人士——已经厌烦充满利益纷争的政治死局，厌恶少数派在意识形态领域加强自己的"绝对真理"。不管来自"红州"还是"蓝州"，我们都深感政治辩论中缺少诚实、严肃和常识，都憎恶看似依旧虚伪狭隘的选择菜单。

不管信仰宗教与否，不管肤色是黑是白是棕色，我们都真正地意识到了，这个国家的首要任务正在被忽视。如果不尽快调转航向，我们会成为有史以来第一个把由强变弱的美国留给后人的一代。或许在美国近代史上，我们比以往任何时候都需要一种新的政治，它能够唤醒我们的相互理解，并在此基础上，团结整个美利坚民族。

现在来看我的译本，读者能够发现美国走上了一条奥巴马感到担忧的危险之途：大批穷人死于新冠肺炎的传染，卫生体系面临崩溃，种族矛盾日益深化，党派纷争愈加尖锐……

曾有不少美籍华人对我说，我们看了你的译著《无畏的希望：重申美国梦》后才决定把选票投给奥巴马的。他当选总统，你的翻译也有功劳。在经历了奥巴马、特朗普的时代后，我们再来读这本译著，似乎对美国有了更加清楚的认识。这本译著可以为美国国情分析提供丰富素材和理论根据。这是我乐意见到的。

何为思维[1]

[美] 约翰·杜威

人们最常挂在嘴边的字眼莫过于"思想"和"思维"。的确,我们给两个词赋予了丰富多样的用法,以至于到头来我们很难界定它们的意义。本章旨在探讨这些词背后连贯一致的含义。首先,我们不妨思考一下这两个词的习惯用法,或许能有所裨益。第一种用法宽泛,甚至比较随意,凡是脑中出现的,"在脑袋里走一遭的",都可称为思维。换言之,以任何方式意识到一个事件存在的,就是思维。第二种指我们没有直接感受的想法,即以思维呈现的、并不是自己直接见到、听到、嗅到、尝到的事物。第三种含义更为狭窄,即仅仅是基于某种证据或证词上产生的信念。这种含义进而有两种情况(确切地说,有两种程度)需要加以区分:在某些情况下,人们不假思索甚至无视支撑依据就得出自己的信念;其他情况下,人们会用心寻找依据或事实,并检验它们是否支持这个信念。这一过程称为反思性思维。只有后一种思维才真正具有教育意义。因此,它构成了本文之主旨。

下面,我将简短地概述"思维"的四种含义。

---

1 节选自《我们如何思维》,丹尼尔·卡内曼·希斯出版公司,1910,经许可转载。

一、从最宽泛的含义来说，思维意指我们头脑中"存在"或"闪现"的所有事物。那个问"在想什么"的人并不指望从中满满地受益。在把吁求对象称之为思维时，他并无意赋予这个"闪现"以庄重性、连续性或真理性。任何无聊的幻想、琐碎的回忆、转瞬即逝的印象即可满足需求。做白日梦、想入非非的计划以及在闲暇之余掠过脑海的随意遐想均可视为思维。不管我们是否意识到，我们一生中会有很大一部分时间都消磨在这类琐碎的随想和不切实际的希望之中，甚至比我们愿意承认，或者自我默许的那部分还要多。

从这个意义上说，傻子和白痴也有思维。有这样一个故事：曾经有一个以聪明自我标榜的人想竞选新英格兰镇镇长一职，于是他对街坊邻居这样说，"听说你们觉得我学识浅薄，不足以担此职务。但我想让你们知道，其实我每天大部分时间都在想这想那呢。"

反思性思维看似脑中随想，其实不然。它是脑海里一系列相互关联的事物，不是偶然冒出、杂乱无序的"这件事或那件事"。随心所欲、毫无逻辑的思考算不上思维，因为真正的思维不是简单的一连串的想法，它包含有"结果"——彼此关联、衔接有序、因果分明。反思性思维的每一个部分都是由此及彼、前后关联、互为支撑的。如果用术语来表达，那就是每一个部分都是思维的一个"结点"。前一个结点都会被后一个结点所使用，一系列连贯有序的思考就像是一节节列车、一环环链条、一圈圈螺纹。

二、即便从广义的角度使用思维这个词，它通常也仅指非直接感知的事物，即非见到、嗅到、听到或触到的事物。当我们问一个讲故事的人，"你讲的故事是你亲眼所见的吗？"他的回答可能是：

"不，这只是我构思的。"这是一个创造，不同于忠实的观察记录。编造的故事最重要的是有一定的关联性，将虚构的事件和片段串联起来。它既没有万花筒般的缤纷多变，也不是以结论为导向的精心编排，而是介于两者之间，具有一定的连贯性，连续地联结在一起。小孩子编的故事，内在逻辑也会有所不同，有的支离破碎，有的清晰连贯。这些情节联结到一起时，可以激发反思性思维。事实上，这些情节的构建通常需要逻辑思维。这种想象力往往是严谨思维的前提和铺垫，然而，它并不以获得知识或与事实真理相关的信念为目的。因此，尽管它们极像是反思性思维，却存在本质上的差别。表达这些想法的人并不追求真实可信，而是刻意追求精妙的情节或轰动的高潮。他们虽然可以创造出精彩的故事，但除非是巧合，否则不会产生出任何知识。这种思维只是感情的流露，其目的是通过引起人的情感共鸣来建立联结的纽带。

三、思维的第三种含义，指基于某种基础的信念，也就是真理性的或约定俗成的间接经验——知识。其特点是，人们根据事物的可信度来决定取舍。然而，这一阶段的思维分为两种情况，其区别仅仅是程度上的而非类别上的，但对它们分别进行甄别具有重要的实践意义：一些信念被接纳乃是建立在理据之上，而另外一些信念在依据未曾得到考究之前就被接纳了。

当我们说"人们曾经以为世界是平的"，或者"我以为你去过那间房子"，我们表达了一种信念：有些事情是被人们接受、认可、证实甚至确认的。但这样的思维可能是一种猜测，缺乏真凭实据。这样的思维可能是充分的，也可能是不充分的，但它们的价值以及价值所支撑的信念都没有得到考虑。

人们在不知不觉中滋生了这种信念，还没弄清楚正确与否以及从何而来，就将其慷慨收纳。它们来路不明，通过我们也许不曾注意到的渠道，被我们不知不觉地接受，成为我们思想的一部分。传统、教导或模仿都是导致这种信念得以形成的原因，它们是某种权威的表现，或是出于利益的驱使，或是出于狂热的激情。总之，信念就是这样得以形成的。这其实是一种偏见，是一种预判，而不是基于根据之上的合理判断。

四、信念要转化成思维，须先有意识地探索这一信念的性质、条件和意义。鲸鱼和骆驼腾跃于云端之上只能是一种止于自娱自乐的幻想，无法形成任何特定的信念。相反，认为世界是平的，则是给真实存在事物赋予了一种特征。这就表明事物之间存在着某种联系，比如幻想，这种联系和情绪相关。如果一个人相信地平说，那么他会由此去思考其他相关物体，如天体、对距点、出海可能性等。人们的行为方式往往取决于对信念的认识。

一种信念能给其他信念及行动带来很大的影响，所以，人们不得不认真思考信念的基础和理由，考虑其后果是否合乎逻辑。反思性思维——一种为人推崇与肯定的深度思考。

在哥伦布发现世界是圆的以前，人们一直认为世界是平的。早期的这种信念之所以为人们所奉行，是因为当时的人没有能力也没有勇气去质疑周围人所接受和被教导的知识，尤其身边的一切似乎都在或明或暗地证实这个信念的时候。而哥伦布的"地圆说"则是基于理性的推论，它标志着：深度研究事实，重新审视和修订证据，推敲不同假说的含义,将不同的理论结果相互比较,将它们同已知事实相互比对。哥伦布并没有当即接受当时流行的传统理论,而是对之提出怀疑,并加以探索,最终得出了自己的信念。他对长期以来看似确凿无疑的事情抱有怀疑态度,敢于设想似乎不可能的事情,他不断思考,终于找到证据来证明自己的信念和怀疑。即便他的结论最终被证明有误,但也截然不同于原先的传统信念,因为它是通过不同的方法而获得的。在基于信念和假定知识的基础上,他积极地、坚定地、缜密地考据,并进一步预想结论与可能性,这些就是构成反思性思维的要素。前面三种思维中的任何一种都有可能激发反思性思维;但这种思维一旦启动,就要自觉自愿地将信念建立在坚实的理性基础之上。

通识教育

[英]托马斯·亨利·赫胥黎

何谓教育？特别是在我们心中，真正的通识教育理想是什么？如若一切能够重来，我们会让自己接受这样的教育吗？如若命运能够掌握在自己手中，我们会让自己的孩子接受这样的教育吗？我不了解你们对此有何看法，但是我想吐露自己的想法，希望我们的观点不要有太大分歧。

假使真的存在这么一种情况，即我们每个人的生命和财产有一天要由自己在象棋比赛中的输赢决定，那么，你们不认为我们的首要任务是对象棋进行一定的学习吗？比如，至少要学习每个棋子的名称和走法、掌握开局棋法、谙熟各种"将军"及"被将军"的策略等。另外，如果一个父亲或一个国家放任他的儿子或人民，在长大或成熟后竟不分卒马，那么，你们不认为我们应当对这样的父亲和国家嗤之以鼻吗？

然而，一个基本事实显而易见，即我们及与我们相关的每个人的生命、财产和幸福，都取决于我们对某个游戏规则的了解程度，这些规则比象棋规则更难、更复杂。这场游戏持续了多久我们无从知晓，但我们每个男男女女都是这场游戏的参与者，各自进行着对弈。这场游戏中，棋盘就是整个世界，棋子则是宇宙现象，游戏规则便是我们所说的自然法则。游戏中我们虽然看不见对方，但我们都知道，对方是秉着公平、公正以及耐心来对弈的。但是，在付出代价之后，我们才知道对方从不放过我们的丝毫过错，对我们的疏漏也不做点滴宽容。游戏中，强者会被慷慨地授予最高奖励，从而使强者愉悦万分，而弱者只有慢慢地被将死，无人同情。

我所做的这番比喻，会让你们想起雷茨施的那幅名画，画中将人生描述为人类与撒旦的一场象棋博弈。将这幅画中阴险的恶魔替换成镇定自若、坚强无比的天使，他只为爱而战，宁愿输的是自己——我认为这正是对人类生活的真实描绘。

我所说的教育就是学会这场大型游戏的规则。换句话说，我认为教育就是对自然法则智慧的展现，这种展现不仅仅指各种事物及其蕴含的力量，而且也包括人类和他们的各个方面，以及热切希望和这些自然法则和谐相处的情感与意志的塑造。因此，在我看来，这就是所谓的教育。任何自命为"教育"之物都必须符合这一标准。否则，无论面临多大的权威和势力，我都不会称其为教育。

必须记住一点，严格来说没有哪个人是没有受过教育的。举一个极端的例子吧。假设一个成人如同亚当一样在他各种官能最佳时突然降生到这个世界，然后尽其所能去做事。那么，他"未接受教育"的状态会持续多久呢？不到五分钟。因为大自然会随时通过他的眼睛、耳朵、触觉来告诉他周围事物的特征，他所感知到的疼痛和舒适会告诉他什么该做，什么不该做。渐渐地，这个人就受到了教育。尽管这种教育范围比较狭窄，且缺乏与人互动及成就感，但对适应周边环境来说，这种教育比较真实、彻底和充分。

而且，对于这个孤独而生的亚当来说，如果他遇到了另一个"亚当"，或者如果更幸运的话，遇见了夏娃，那么，一个更大更新、具有社会性质且包罗道德现象的世界就会出现。从这种新的人际关系中引发的欢乐和悲伤都会使世上所有其他事物黯然失色。幸福和悲伤会取代快感和痛感这种粗浅的表达。但是，对行为举止的塑造还要靠观察他人行为的自然结果，或者靠人的自然本性。

世界对于我们每个人来说都曾是新鲜和陌生的，就像当初对于亚当一样。并且，早在我们受到其他任何教育影响之前，大自然就支配着我们，对我们的生活无时无刻不进行教育并施加影响，使我们的行为大致遵循自然法则，从而避免我们可能因为过分地逆反自然而被其淘汰。即使一个人年至松鹤、寿比南山，我也不认为这种教育方式对他来说是过时的。对于每个人而言，世界都如最初时一样无比新颖。在那些用眼睛观察世界的人看来，那里充满了奇珍异物，奥妙难言。大自然就好比一所伟大的大学，在这里我们每个人都是学员，大自然总是对我们进行耐心的教导。不过，在大自然这所大学里并没有宣誓条例。

在那里，能够获得荣誉并学会和服从支配人与事物法则的那些人，会成为这个世界上真正伟大而成功的人。相比之下，大部分人只是平庸的学生，他们所学知识只是保证他们能够通过考试。而那些不学无术的人则会被淘汰，这样就再也无法挽回。被大自然所淘汰就意味着灭亡。

因此，从大自然角度而言，强制义务教育并不是个难题。关于这个问题的议案早已制定完成并获得通过。但是像其他强制性立法一样，自然的立法是残酷的，一旦违反则需要付出巨大代价。无知就像故意逆反一样要受到严厉的惩罚，无能则如同犯罪一般要付出相同的代价。大自然的惩罚方式甚至不是先予以打击，再以理相劝，而是直接予以无言的打击。你只能自己去找出被打的原因。

我们通常所称的教育（因为这种教育有人为介入，我在此将其称为"人为教育"以示区分），其目的在于弥补自然教育在方法上的缺陷，同时为孩子接受大自然的教育做好准备，使他们不至于无知、无能或逆反，也帮助他们了解自然不悦时的各种迹象，不至于毫无准备地接受未来的惩罚。总而言之，所有人为教育应该是对自然教育的准备。通识教育就是一种人为教育。这种教育方式不仅教导人们避免逆反自然规律这样的罪恶行为，还教导人们利用并感恩于自然的赏赐，因为大自然用她的自由之手撒播赏赐，就如同撒播各种惩罚一样。

我认为，一个接受过通识教育的人应该是这样的：他年轻时受到的训练可以使其身体服从自己的意志，就像一台机器一样轻松而愉悦地从事一切工作；他的心智好比一台敏锐、冷静而有逻辑性的引擎，每个部分能力相当、有条不紊地运行着；他又如一台蒸汽机，待于效力各种工作，纺织思想之纱，铸就心智之锚；他的大脑中充满着知识，既有关于大自然的重要真理和知识，也有自然界运行的基本规律；他并不是一个不正常的苦行人，他的生活中总是充满生机和热情，但他的激情永远受制于强大的意志力和敏感的良知；他学会去热爱一切美好的事物，不论是自然之美还是艺术之美；他憎恨所有的丑恶，并做到尊人如待己。

我认为，只有这样的人，才有资格称为接受过通识教育，因为他已经和自然互为相融，互利互用，和谐与共。他们将会相处得很好，自然界永远是他的慈母，而他也会成为慈母的喉舌，化身为她的意识，变为她的代理人和传声筒。

民主社会中教育之功用

[美]查尔斯·W.艾略特

民主社会中教育之功用取决于民主教育之意义。

古往,教育于吾民大众莫过于教人诵读、授人文书、传人算术。如今,勤勉之士视之为"工具"而已,只需努力得当,假以时日,即可实现理性教育。然工具本身并非教育之目标,乃是受教育者为实现"享受理性生存"这一伟大目标之手段。任何文明政体下,孩童至九岁时便应习得此诸般技艺。时下,称职之师或规范之校皆同时教授阅读、写作及拼写。如此一来,孩童依照所读进行书写,当然,也于书写时拼读文字。因而,初始习得阅读、写作等技艺时,耳、眼、手则予协调并用。至于算术,多数教育专家坚信,受教育之人,除非专业于计算,其所需运算量甚小。无论在孩童时期或成人阶段,算术鲜有用武之地,故不应以延缓甚至牺牲真正教育为代价而习得此种鸡肋之技。至此,阅读、写作、算术皆不入大众教育之目标。

不论民主抑或其他教育,其目标总是随受教育者进步而后移,好比登山者眼中之山顶总不断后移。当攀上眼前之峰顶时,更远山脉、更高顶峰则相继涌现。言虽如此,目前教育目标仍是获取知识、锻炼产力、学会鉴赏及塑造性格。民主教育乃新生领域,其功能及目标尚未能得到完全领会。以柏拉图之见,模范联邦体中,劳动阶级不需接受任何教育。柏拉图此等大哲学家持此观点似乎非比寻常,吾辈尚表疑惑然不妨回想,仅一代人之前,于美国南方诸州之内教授劳动阶层人民阅读乃犯法之事。在封建社会,受教育乃贵族与牧师之特权,亦为其获得权利之源泉。在德国,全民教育源于拿破仑战争,目标为培养自由公民。在英格兰,此等公众教育体系仅存廿七年之久,且其最主要目标是使大众民智、民行、民乐上升一个层次,但此目标即便在美国也未得到充分领会。多数民众认为,大众教育不过是危险迷信活动之预防,治安管理之手段,抑或提高国家艺术及贸易产率之方式。故而,吾辈如若对民主国家教育之目标理解不透彻,实乃情有可原。

继而,将简述民主学校教学与学科两大主题。如若能轻松上手且娴熟运用上文所言之"工具",即可逐步获取外部世界基础知识以提升产力及培养乐趣。民主学校应在第一学年初始开设关于自然之学习,且所有教师应具备能力教授自然地理、气象学、植物学、动物学等基础知识。学生所学知识会作为整体在头脑中构成他们所处复杂环境的和谐轮廓。此即小学教师之价值功用,吾辈前人未曾有所意识。然年复一年,孩童启蒙师的早期价值功用会变得愈加明晰。在孩童迈向成熟之途中,化学、物理此等重要学科会在其系统训练中有所体现。据孩童之才干与能力,自第七或第八年,平面几何、立体几何、形式科学会在众多学习科目中占有一席之地,某些主要科目甚或需要连续学习六七载。通过各种学科知识来了解外在自然世界,于每位学生而言皆应有趣而快乐。此过程愉悦充盈、苦痛未沾,且孩童之读、写、算技能可获稳步提升。

此外,孩童应于早期了解自身所处环境之另一面——人类本身。人类故事应在孩童开始享受阅读之时就逐渐灌输于他们头脑中。传记文学与历史叙述两种灌输方式应予以并重,且对现实和真实事件之描写需穿插一些跌宕起伏、引人入胜的想象元素。然而,不禁思虑,完全符合意愿之想象性儿童文学作品在相当程度上有待创作。以往,神话传说、圣经故事、童话奇谈、历史演义等被习惯性用于填充孩童精神世界,但其中些许内容是违逆、野蛮且琐碎的。将此等愚蠢、残忍或有悖道德之邪恶思想灌输于一代代孩童内心,成为人类伦理发展进程缓慢原因之一。而当这些思想被轻率地置于孩童面前时,他们并不会理解其中之邪恶,这使得人们认为这种做法理所应当。好比一位母亲,她自认为孩童不会吸收脏物,从而喂食其不干净牛奶或米粥,对此,我们做何感想?从口食物品到精神食粮,我们应放肆标准,任意进食吗? 然而,仅靠观察或记录事实来填充孩童精神世界之做法既不合理亦不可能。艺术与文学中通过想象而得的大量产物是每个受教育之人都应或多或少熟悉的具体事实,此类产物是每个个体所处真实环境中的一部分。

对多数孩童而言,他们能否在家里和田间,或至少在家里出活出力也构成教育之重要部分。人口向城市或大型城镇快速聚集,以及作为工业现代化标志的分工细化导致了一个严重后果,即比起过去大部分人口从事农业活动的时代,保障这种有益健康的教育已日趋困难。因而,系统性教育必须在城市社区安排大量的动手能力训练与品性道德教育，而在农业社区中，孩童与父母协同承担工作，以完成此部分教育。故而，城市中的教育机构应当训练孩童在生产劳动中如何做到手工精细、耐心耐性、思虑筹划及正确判断，这些尤为重要。

最后，课堂教学应利用阅读中所提供的规则、例子和图解予以施教，确保每个孩童的最高培养目标是富有活力与魅力的性格。受益于良好家教的孩童自小便在言行上做到勤勉、坚韧、诚实，心中也已知晓公正、礼让这些品格，学校教育应让这些品格继续兴旺、传播。而对其他缺乏上述得体言行及优良品格的孩童，教育职责在于将其植入童心，并悉心发扬。另外，应让孩童明晓，品行美德于己于人、于国于民皆同行同德、同心同理。小至某个村落，大到一个城邦，治国之道德准则同样适用于规约个人行为，故寄生于群体或个人的自私、贪婪、虚伪、无情、凶残都是令人生厌及丧失体面的低劣人格。

以上略述之教育即前面言及的民主教育。此类教育理念只存在于现今最聪慧者当中或组织方式非凡突出的部分学校。尽管民主教育仍旧遥远，但绝不意味其遥不可及。在一个富有雄心及深度思想的民主国家，民主教育乃公办教学之合理目标。当然，师资与经费是两大问题，首先需要一批水平远超现今普通小学教员的教师，其次，还需投入比惯常更大的开支。如若民主制度想要繁荣发展，民众切实福利想要持续提高，则师资与经费的投入成必然之势。另外，教育标准不应以既成现有或触手可及的原则来制定，因公共教育之优势在于朝更远目标而迈进。

经济增长会升华人的精神吗?

[美] 大卫·G. 迈尔斯

在 20 世纪 80 年代中期,我和家人在苏格兰的历史名城圣安德鲁斯度过了一年的公休假期。我们印象特别深的是,把那里的生活和美国的生活相比,国家的富裕和人民的康乐似乎毫无联系。对于大多数美国人来说,苏格兰人的生活看起来非常简朴。他们的收入大概只有美国人的一半。在圣安德鲁斯周边的菲弗郡,44% 的家庭都没有汽车,而且我们从来没有见过哪个家庭拥有两辆汽车。此地位于冰岛偏南一点,中央供暖在当时仍然算是一种奢侈品。

那一年之后,我们又 3 次重返旧地,每次都会在那里待上半个夏天。在此期间的数百次交谈中,我们不时注意到,尽管苏格兰人生活简朴,但是他们的快乐看来毫不逊于美国人。我们听到人们抱怨撒切尔夫人,但是从没有听到谁抱怨薪水太低或无法支付日常开销。虽然钱少一些,但是人们并不缺少对生活的满足、精神的温暖和心灵的契合。

富裕的美国人更快乐吗？

在任何一个国家，包括我们自己的国家，是不是有钱的人更快乐呢？在孟加拉国和印度这样的贫穷国家，相对富裕确实会在一定程度上让生活更幸福。从心理和物质方面考虑，地位高总比地位低要好得多。我们作为人毕竟需要食物、休息、温暖和社会交往。

但是在富裕的国家，几乎每个人的生活所需都能得到满足，财富的递增就显得无关紧要。密歇根大学的研究员罗纳德·英格勒哈特对20世纪80年代的16个国家进行了研究，他指出，在美国、加拿大和欧洲，收入和快乐之间的联系"微乎其微（其实，几乎可以忽略不计）"。很穷的人幸福会少一些，可一旦生活舒适了，更多的钱所带来的回报就会递减。第二块馅饼，或者是第二笔5万美元的进账，绝不会像第一次带给你的感觉那么好。就快乐而言，无论一个人是开宝马还是像许多苏格兰人一样走路或搭乘公交车，他所获得的快感都不会有太大的差别。

即使是很富有的人——伊利诺伊大学心理学家艾德·迪纳尔所调查的在《财富》杂志上个人资产排前100名的美国人——也并不比普通人快乐很多。他们的资产净值都超过1亿美元，有足够的钱来购买他们不需要也很少在乎的东西。在接受调查的49人中，有4/5的人赞同"钱可以增加或者减少快乐，关键要看如何用它"。接受调查的人中有一些确实不幸福。一个巨富说，他可能永远记不起快乐的滋味了。另一位女士也坦诚相告，钱无法解除孩子问题所带给她的苦恼。

适应名誉、财富和苦难

　　处于生活境况另一端的大多是身有残疾的不幸者。除非儿时受到虐待或遭遇被强奸之类的恶性事件，绝大多数遭受生活打击、在逆境中成长的人不会表现出长期的精神压抑。那些可能是因为一场车祸而失明或瘫痪的人，从此要忍受因行动受限而产生的失望，每天都必须承受残疾所带来的种种不便。然而，值得一提的是，他们中的多数人最终会找回接近正常人的快乐生活。所以，在谈到快乐时，那些必须与残疾作斗争的大学生认为自己和身体健康的学生并没有两样，而且他们的朋友也同意这种看法。正如《诗篇》的作者所说："悲痛可能会持续一整夜，但是快乐会随着黎明而到来。"

　　正是在这些发现的基础上，人们通过对幸福问题进行新的科学研究，得出了一个惊人的结论。如后来的新西兰研究员理查德·凯曼所指出的："在探讨幸福时，可以忽略客观生活环境对它所产生的作用。"身处人人拥有4,000平方英尺豪宅的社会中的人很可能并不比身处人人仅有2,000平方英尺住宅的社会中的人更幸福。加薪、赢得关键比赛、重要考试得"A"这类好事固然会让我们开心，但我们很快就会习以为常。而和情侣争吵、工作失意、在社会上受挫这些不好的事会让我们感到沮丧，但这种心情很少会持续多日。

　　人们感觉到这些事件的短期影响，并以这样的事来解释他们的快乐，却在此时忽视了那些对长期幸福有着更微妙但影响更显著的因素。人们在从大把钞票中发现快感后，就可能接受好莱坞电视节目主持人罗宾·利奇所展示的快乐的形象——富有和知名的人。事实上，我们作为人对名誉、财富和苦难具有很强的适应能力。

我们通过调整"适应水平"来达到适应，即找到一些折中点，这样，声音就不会感觉太高或太弱，灯光就不会感觉太强或太暗，经历也不会感觉太愉悦或太忧郁。在密歇根这里，60华氏度的冬日会让人觉得很温暖，但当我们适应了炎热的夏日之后，这温度就不行了。这个道理对于其他事情也是一样。我们的第一台台式电脑是从盒式磁带上读取信息的，它当时显得如此不凡，但等我们得到了速度更快的硬盘驱动电脑时，它就显得过时了；而一旦我们有了运行速度更快、功能更强大的电脑时，以前的新式电脑又变得落后了。昨日的奢侈品变成了今日的必需品和明日的老古董，如此循环，永无止境。

经济增长会升华人的精神吗？

通过比较富裕和贫穷的国家、富有和贫困的人，我们细察了追求财富和幸福的美国梦。最后，我们不禁要问：随着时间的推移，快乐会随着财富的增长而增加吗？

通常不会。彩票中奖者得到的看来只是短暂的意外惊喜。回想起来，他们会因为中彩而欣喜。但是这种陶醉并不能持续多久。事实上，以前热衷的一些活动，比如读书，可能还会变得不那么令人愉快了。同中了100万美元的兴奋相比，普通的乐趣会显得黯然失色。

从近处看，薪水的增长可以暂时昂扬我们的工作士气。但英格勒哈特指出："从长远看，一份蛋卷冰激凌，或是一辆新车，或是出名致富,都不能带来最初的那种快乐感受……快乐并非富裕之结果,而是刚刚变富后带来的短暂效应。"艾德·迪纳尔的研究同样证明,那些10年间加过薪的人并不比那些没有加薪的人更快乐。因此,财富看来如同健康一样:没有钱可能酿成痛苦,但有了它并不等于拥有了快乐。与其说幸福在于得到我们想要的,还不如说幸福在于珍惜我们已有的。

英语与修身

[美]乔治·赫伯特·帕玛

学习英语的目标有四：视为科学习之，视为历史明之，视为娱乐悦之，视为工具用之。我只关注其中一点：视为工具用之。语文学和语法学将学习语言视为一门科学，分别从词和句出发，厘清各自纷繁复杂的发展过程，发现潜于词句背后的语言规则，好比在流动的星河、漫山的春花中寻求规律。此种思路固然重要而且也有趣，但在此我并不推介，因为我希望大家关注的只是一种脱离群书厚册的英语学习。同理，虽然原因差强人意，我也不主张视其为历史明之。现今的英语文学因其源远流长的历史，可能比其他任何民族的文学都更充满吸引力。文学杰作接连涌现从未间断，此乃人类其他任何语言所难以匹敌。每个说英语的人都赋有一种天资，激励我们去追溯从撒克逊人时期一直到诗人丁尼森和吉普林时代的非凡发展历程。文学也有其胜过其他任何艺术研究的优势，即每个人都可以研究经典原作，而不用依赖于复制品，比如绘画、雕刻和建筑，也无需依靠媒介表达，比如音乐。在当下，要把经典作品视为历史来研究，必须投入充足的时间和持续的关注，而这对本书的大多数读者而言是无力接受的。我们大多数人没时间追溯我们强大文学的历史源流,在这种历史研究中,后期文学发展的趣味总是通过和早期文学的联系体现出来。如果必须碎片式地阅读文学,我们的注意力则只会停留在那些能够提供美的享受和带来极度兴奋的文学段落上。换言之,比起从历史的角度,从娱乐的角度学习语言更加普遍。在我们的诗歌、小说、散文、戏剧等创造的无尽财富中,每一种性情的人都能找到适合自己的养分、榜样和慰藉。一个人无论多忙,如果没有自己热爱的作者——他真正的朋友,那么他是不明智的。因为热爱一个作者,可以让他在劳作之余有一席避难之地,他与作者的亲密关系可以让他受限的艰难的生活得到扩展、改善、抚慰,和胆气。然而,英语作为一种乐趣主要取决于个人喜好,这样我就无法为这类人提供普适法则了,因为吾之蜜糖可能成为彼之砒霜。就文学的乐趣而言,有些无法预测,有些反复无常,它没有精准的规则可言,哪怕有人试图承担引路人角色,其准则也显得有失准确。虽然我相信许多建议的提出对年轻的"文学逐乐者"有所裨益,让他们游移不定的思想变得明智,但在此我并不打算着手其事、出谋献策。驱散乐趣的喧嚣,剥离科学的外衣,英语就是个工具。我们的语言无时无刻不在塑造大脑中的思维,充当与他人交流的工具。我想提请大家掌握这不同寻常的重要工具,让每一位听到我想法的人都不再满足于自己对这个工具的使用。

文学的力量其重要性无须长辩。众所周知,没有它,人类的才智就会变得残缺。莎士比亚曾说:时间只能对愚昧无言的种族猖狂。时间及置身于其中之人都会藐视不会用言语表达之人。人与人之间相互依存，通过彼此之间快速充分的交流，才能使每项计划顺利完成。做不到这一点的人就只能依赖其匮乏的个体资源，因为人只有在被说服之时才会做我们期望之事。因此，口才成为生活的主要手段之一。这种手段既外显于表达，又内存于心智，因为语言表达和思维能力是一个整体。我们并不是首先拥有完整的思维，然后才将其表达出来。正是因为外在语言的表达可以使心智这一形成本源变得更具延展性、敏锐性和丰富性，所以，一段时间不说话的人很有可能会发现自己无话可说。同样，借助于语言表达，我们可以使自己的价值和声名长久流传。语言是脆弱的，但它的持续性特征使得它与其他人类欲求之物，比如健康、财富、美貌等之间出现了较大的价值差异。后者即使为我们拥有，但很有可能因一些变故而被剥夺，所以我们总是惴惴不安。但是，文学的力量一旦为我们所有，就可能比其他任何东西都更加长久地属于我们自己。凭借自身的存在，它会长久留存并不断充实，直到随着人肉身的陨灭而消散。因此，相较于健康、财富、美貌，拥有文学风格才更能被称为人。优秀的鉴赏家已经发现，修养终须由文学风格为证，并且还说只有语言有力量有美感的人是有修养之人。有句话说得好：文明的至高终极产物也就是二三人同处一屋交谈。因而，在我们和我们的语言之间也就相应地出现了一种特别的紧密联合。我们在意自己言谈所受到的评价，就像我们在意自己举止所受的评价。年轻人对著书之人充满敬畏，几乎视其为神。言语优雅的说话人则会是众人钦羡的对象。

　　文学天赋能迅速得到人们认可并引起艳羡，但这也造成一种奇怪的假象，似乎文学天赋是拥有者与生俱来的一种神秘特质，是不具备这种特质的人难以企及的。而事实正好相反。在人类所能中，没有哪一样能比驾驭语言更自由更可靠。毋庸置疑，有的人确实有学习语言的天资，就像有的人天生擅于耕作，有的人长于航海，有的善为人夫一样。但是，最有效的始终是后天的付出。坚持不懈、悉心谨慎、辨别观察、独出心裁、百折不挠这些品质才是其根本保障。至死英语都说不好的人要怪也只能怪自己没品，因为如果病语能被继承的话，它也就能被消灭。我希望提供一些方法，让英语说不好的人说得好。鉴于空间有限，也因为我想留名，所以我把所有我要说的归结为四个简单的准则。如果坚持遵从，那么任何人都可以有效地将英语作为一种工具掌握好。

首先，"悉心留意自己的言语"。通常认为，若有人要寻求文学的力量，他会走进自己的房间，认认真真写好一篇文章去发表，但这种培养文学修养的做法其实是本末倒置的。动笔一回，已是言说百次。最忙碌的作家一年产出不过一卷，还不及他一周的言谈。因而，人们总是通过一个人的言语来判定他是否掌握好了自己的语言。如果一个人在九十九次的口头言说中都很马虎懒散，那么他在第一百次的笔头写作中也几乎不可能做到挥斥方遒、严谨正确。文如其人，人有千象。口头的和笔头都需用功，懒散懈怠导致语言无力，元气充沛则使表达充满活力。我知道在进入新领域时做出调整经常是必须的。优秀的演说家伏案落笔时可能会感到无所适从，而优秀的作家唇口开阖时可能会语无伦次。在言说和写作之中，有些人只是长于其一，不能兼攻两项。但这种情况其实是比较少见的。通常，语言一经掌握，就均可服务于言谈与写作。由于口头练习的机会远远多于书面写作，所以在培养文学功力方面，口头表达尤其重要。我们可以公正地讲，成绩斐然的作家也是能说会道的。

口头言说的决定性影响力在几乎所有伟大的文学时代都留有印记。荷马史诗是说给耳朵听的，不是写给眼睛看的。荷马是否会写作尚未可知，但可以肯定的是他精于口头言说，熟知它的每一个特质：精确、生动、言简、意赅、易懂，而写作往往与刻板联系在一起。在那些流畅圆润的诗句中人们随处都能听到声音的回响，所以诗人赫西奥德的格言能很自然地口口相传，历史学家希罗多德的故事也可以由炉火旁的老人讲述。早期的希腊文学富有创造力，且繁言多语。它的显著成就在于没有文学注释，所呈现的真情实感并非通过常规的行文排列，而是明显出于自发——简言之，这是口头文学，而非书面文学。这个趋势在希腊持续了很长一段时间。在希腊的全盛时期，戏剧是其主要文学形式——而戏剧的高贵、连贯与明晰都只是靠言语来实现的。柏拉图秉承了戏剧这一文学表达先例，因袭其善于言说的导师苏格拉底的风格，将"对话"作为探讨哲学的媒介，把哲学讲得活泼、平易，甚至任性，而这些都是最出色的对话才能显示出的特质。这一倾向并非希腊人独有，我们的文学也表现出类似的趋势。学究的时代是颓废的时代，对话的时代才是辉煌的。英国作家乔叟与希罗多德一样，是个讲故事的人。他效仿的是用讨人喜欢的故事去取悦宫廷的那些欧陆前人。伟大的伊丽莎白执政时，时代氛围宽松，莎士比亚和他的同伴们并不关心文学出版。马斯顿在他一部作品的前言中写道，他为刊发自己的作品致歉，若非一些无耻之徒在剧院听了剧后先行刊印了拙劣的版本，他也不会出此下策。

安妮女王统治时期的文学大家虽然已经远离戏剧形式的创作，但仍旧以口头言说的形式来塑造理想的文学。《旁观者》中的文辞、蒲伯的诗篇，正是儒雅文士在晚宴上谈话所用的言语。这些引辞简洁明了、品味高雅、轻触浅沾、机智警世，能避免引起任何可能的情绪激动、争议辩驳或者思路纠结，而这些正是儒雅之士的言谈特点。实际上，任何基于书本思想而非活生生话语的文学，其活力都很难持久。假如不把言说观念摆在首位，表达内容就会被延迟，会被精细的措辞耽误，从而失去它的自然和现实感。女性最擅长讲话。当我注意到英国文学史上最伟大的三个时期刚巧都是女性执政时，有时会陶然自乐。

有幸的是，英语运用中的自我培养主要得靠口头说，因为不管我们做什么，我们总是要讲话。就掌握好一门语言的概率来说，最穷和最忙的人与悠闲的富人相比并没有多大的劣势。的确，在一些情况下，源自于社会鼓励与认可的强大动力可能会有所缺失，但学习者坚定的目标感足以弥补这样的不足。对用词井然美的认识，强烈的欲望，挫败之时的耐心，对每一次机会及时把握，这些都是让人迅速掌握语言能力的基本特质。关注自己的言语，这就是你要做的。当然，还需要明确的是要关注你话语的哪些方面，我发现有三个方面特别重要——用词准确、胆大、词汇量。下面我来分别谈一谈。

显然，好的英语一定是用词准确的英语。言语要符合思想，就像戴手套，不能太松也不能太紧。太松会在表意之余留下大片空白；太紧又会妨碍准确的把握。两种危险之下，松的弊端更突出。有些人，他们表达意思时用词含蓄至极，但凡不熟悉话题的人都不能迅速会意。乔治·赫伯特和爱默生的语言，很多人听了都会走神。但吝啬生硬的演说家还是少数。很多情况下，词并不指示任何事物，它们只是被抛出来，表达模糊的不确定的意思或一种笼统的情感。任何人想要练习语言的时候，第一件事就是学会准确表达自己的想法，明确知道自己想要表达什么，然后只挑出能让听众准确会意的那些词。因此，两个字能表达的就不要用三个字。用词越少，越一针见血。简洁不仅是笑话的精髓，更是妙语的灵魂，此处妙语等同于智慧。能把复杂问题三言两语说清楚，这是大师。因为他所追求的是坚实的质地，而非刺绣式的重叠装饰，所以美是对多余的净化。在许多段落中，通过用安静的词替代喧闹的词，删掉类似“很、非常、极其”等词，以及那些体现“文采”的辞藻华丽的语句，整个段落就美不胜收了。本·琼森曾这样描述培根的语言：“我所在的时代出现了一位伟大的演说家，他的言词充满了吸引力。没有人能像他那般用词简短、有力、落地有声，讲话不空洞不闲散。他的演说有他的优雅，听众咳嗽一下或是向一边张望一下都会是一种损失。他讲话时他就是主宰，他的评判者无论感到喜怒都难逃他的支配。”这样的人具有语言的操控力，他们的言说“简洁有力”。但要做到如此精准是要花功夫的。训练过程中，每个词都要“过牙关”。有些貌似是我们所指，实则并非我们本意。如果我们对自己的意思或者话语无法确定，停下来，想好再说。准确不会不请自来。会说几种语言的人，可以试着把一种语言翻译成另一种语言，看意义是不是得以完整传递，进而做到准确。只会说母语的人可以试着定义自己经常使用的词，也可从中获益。下定义的习惯不会与精确相左。但丁曾骄傲地说即便苛求韵律他也从未言不由衷。在无须苛求韵律和严密推理的情况下，我们漫不经心地讲话，很少能用语言完全地表达自己的意思，自己的表达也很少就是心里的所想。协调思想与话语保持一致就需要有一种讲真话的持久意志力，因为每一次的用词不当都会有些许言不属实。我们脑子里想的是一回事，说给听众的又是另一回事。道德目标并不能让我们免于这种不真实，除非这一目的足以激励日常言语练习，直到我们有能力做到言必实。我们一次又一次地对邪恶缄默，就是因为我们尚未获得善良的能力。

但我终究不希望我的每一位听者完全赞同我的上述观点。因为关注意识这一点有些苍白。纵然意识对实现目标很重要，但如果控制得太直接，太在乎，就又会导致犹豫不决，语言软弱无力。拿弹钢琴来说，一开始我们挑出的只是独立的音符，但只有弹了几个音符之后，才能产生音乐，虽然我们并没有在意这段音乐是如何形成的。同样的道理无处不在。有意识有选择的行为是初级的、劣等的。人们并不信任这种行为，更确切地说，不信任实施这种行为的人。如果有人跟我们说话时明显在考究自己该如何用词，我们会转身而去。他的语言可能是很好的课堂练习，但不能用来交谈。因此，我们的言说要有说服力，除了要准确、简洁、精炼外，还应当胆大无畏。我们追求的不单单是准确，我们追求的是准确以及胆大。据说英国演说家、政治家福克斯习惯于匆忙地开始讲一句话，然后相信万能的上帝自会帮他有惊无险地把这句话说圆。我们讲话的时候也必须这样。我们一定不能在一句话开始之前，就先确定好结尾。如果这样做了，就不会有人想听那个结尾。开始就是开始，需要说话人与听众双方都全神贯注,对继续讲下去的惧怕心理则会毁掉一切。我们必须得给自己的思路开个头,不要把缰绳勒得太紧,也不要在马儿稍一跳腾时就胆怯。当然,我们要在英勇中保持冷静,用之前提到的自制力力求准确,但也不必太过缓慢前行,不然就拘谨了。谨小慎微比粗心大意更糟糕。我们要想追求语言优雅灵活,就必须学会放手自己的思想任其奔跑。要习得英语,我们就必须培养即兴随性,这是一种自相矛盾吗?未经训练的语言没有多少价值可言,它不受控制,杂乱任性,无法达到预定目的。不过,从另一方面来看,缺乏勇气的言说,无论它有多么恰如其分,一定是无关紧要的。所以,精确与胆大应该合二为一。做到这一点很难,但只要我们还只是拥有其一,就永不该满足。

但是二者是否真的就像乍看那样互不相容呢?或者说,没有后者的辅助能实现前者吗?假使我们相信词语本身并没有价值,只有当它们真正用来表述经验时才会有对与错,那么我们会觉得自己是为了表达准确而不得已临时选择词语,并将它们以之前不曾有的组合方式整合在一起,明确表达出我们自己而非他人所看到的或感受到的东西。我们并非天生准确且大胆,原因可能有二。首先,我们对自己的经验有些模糊,观察不敏锐,想法不透彻,所以我们的语言没有个性。其次,受习惯的钳制,我们倾向于根据别人之前说的话来调整自己的话语。前一个问题的解决办法是将目光关注于客观事物,而非听众或自身;后一个问题则需要我们把语言的生动性置于正确性之上。反之,如果将正确性置于生动性之前,那么措辞就会相当平庸,变成一板一眼的"女教师英语"——这种表达产生的乏味感却是以牺牲那么多栩栩如生、充满想象、铿锵有力的词为代价的。当然，我们对词语的运用必须让人理解，且易于理解。除了做到这一点之外，语言还须是我们自己的语言，遵从我们自己的特殊需求。"任何时候，"托马斯·杰弗逊说道，"如果一点小小的语法失误能让思想更浓缩，抑或一个词就能代表一句话，那么我们就无须在乎语法。"亨利·沃德·比奇曾对一个指出他布道中语法错误的人说："年轻人，当英语成为我前进的羁绊时，我不会让它得逞的。"无论是作家还是演说家，但凡是知道哪些词最能表达自己但又不敢表达的，他的话就都不能让人心悦诚服，而这与其他人是否有过类似表达无关。在品评价值方面，我们不要用一些消极标准来麻木自己。伟人的特征不是不犯错，而是做事游刃有余。

然而，这种大胆的精确，虽正是这一点将卓越的演说与平庸的演说区分开来，却都是只有掌握大量词汇的人才能实现的。我们普通人的词汇量少得可怜。因此，每个人要提高自己的英语，就要费大功夫系统地扩大词汇量，这一点很重要。字典包含约十万多单词，普通人掌握大概二万。这是因为普通人只有二四十字的内容要说吗？根本不是。这只是因为愚钝罢了。听一下小学生讲话，他掌握十几或几十个名词，六七个动词，三四个形容词，以及足够的连词和介词，然后就能把想说的组合在一起。这种普通的表达与霍布斯对自己的作品《自然状态》的描述很像："孤独，贫乏，令人生厌，简单粗暴"。事实上，我们会陷入这样一种思维：好词佳句都属于别人，与我无关。我们就像是继承了一大笔财产，却要坚持硬板床和粗衣陋食带给我们的不便。我们也从不旅行，消费只限于可怜的生活必需品。要问这样的人为何让大笔的财富躺在银行而自己生活得如此吝啬,他们也只会回答说因为他们没学会怎么消费。但是这值得去学习。弥尔顿能够使用八千词汇,莎士比亚则能使用一万五千。我们谈论的话题都是这些前辈先贤所涉及过的,除此之外,我们还拥有自行车、科学、工人罢工、政治联合体等现代世界的复杂生活方式。

那么为什么我们不愿意扩大词汇量来满足自己的需求呢?这个问题问得没有道理。没有为什么,就是懒,懒到让自己都不舒服。我们词汇有限,活得粗糙,不去改进人际交往,不去提炼自己的思想,而思想与话语相互依赖,相辅相成。比如,各种可恼之事我们都只用一个词"aggravating(惹人生气的)"来笼统名之——不去考虑这个词可能是指令人不快、让人恼怒、使人反感、惹人生厌、招人心烦或是叫人抓狂,也不去在意我们鲁莽的用词会埋葬本来很便利的那个词,而这只需要我们注意一下"程度递增"的细微差别即可——我们就像厨艺不佳的厨子,不管是煎炒、烧烤、烘焙还是焖炖,都只用油炸锅,然后又质疑为什么菜品都是一个味儿,而隔壁人家的饭却那么香。事情本来就不该如此。还是扩充自己的词汇吧。让每一个想见证自己成长的人都下定决心每周学习两个新词,要不了多久,世界多样化的无穷魅力就会体现在他的言语中、思想中。我知道大家首次使用新词时都会惊讶,仿佛突然听到家宅附近有鞭炮爆响。我们四处张望,看看是否有人注意,但发现没有,这就壮了自己的胆。一个词使用三次后会自然地从舌尖流出,然后永远成为我们的一部分,生活中从未有过的一个崭新时期从此展开。每个词都会展示它自己的观点,揭示事物特定的一面,描述其他词所无法描述的那一点重要性，因而为解放我们受抑制的言语和思想贡献绵薄之力。

　　但有一点我必须提醒，以此来明晰我的意思：增加我们现有的可怜的词汇储备并不意味着使用那些日常对话中很少见的怪异、夸张表达或专业术语。我的目的恰好相反，我只是想让原本只会使用本人、本地词汇的人学会掌握英语中的优质资源。词汇贫乏通常源于保守，源于我们不加批判地接受自己所属阶层的习惯。我的家人，我最亲密的友人，他们都有自己的措辞，还有很多得到认可的词，在书本中通用，谦虚智慧的演说家也会使用，可我们不去学。我们的阶层一向不习惯使用"diction"（措辞）、"current"（通用）、"scope"（范畴）、"scanty"（贫乏）、"hitherto"（迄今）、"convey"（传达）、"lack"（缺乏）——绝不是这些词不常用，而是用了这些词会显得把自己和与自己智识相当的人分离开了。就像是我不喜欢去穿那些在别人身上看着很合适，却与我自己的平凡生活圈子格格不入的衣服。然而，如果我这圈子里的人都如此，整体的寒酸气则更加凸显。所有人的谈话都尽量压窄自己的词汇到最少以融入词汇量薄弱的圈子。我们应该试图对自己小圈子的每个人都逐渐施加一些影响，给他们一些不至于造成惊吓或导致疏远的刺激，好让我们免于单调乏味的常规和惯常。不大胆一些就无法做到真正的友好。一天天扩大的词汇量带来的小冲击，对我们和我们的朋友都很可能是不那么令人愉快的。

　　这些就是口头言说的妙处。如果要培养自己的英语使用能力，我们就必须让自己的日常谈话准确、大胆、丰富。我坚持强调这些特质，是因为在我看来所有的文学功底，尤其是大忙人的文学功底，都植根于精湛的口头表达。根在此处，成长可见在他处。接下来我们进入到下一个准则，如果前面的准则已深入人心，那么后面的内容只需简短讨论即可。

第二点，"欢迎每一次的写作机会"。尽管口头言说的重要性我们已经做了讨论，但它也并非万能。它不能教人谋篇布局，因为言语间隔太短。口头谈话以句为单位进行，基本上用不着段落。我说句话——十几二十个词，然后就等着朋友回给我几十个词。这种温和的交流可持续几小时。但如果一方连续说上五分钟不间断，另一方就会感觉他没礼貌。那样就不是谈话了，而是演讲。简短的单词组合构成的日常交流提供了极好的机会锻炼我们用词准确、胆大和丰富，但它无法提供足够的空间提升我们的组织能力。如果我们要阐明 B 与 A 以及 B 与 C 的关系，就必须要很长的表达。虽然每一个部分都是独立的，我们要能通过流畅的语言组织把部分整合成紧密联系的整体。这一整体就是我们常说的文体。少了它，任何写作都是败笔，因为事实上，它不是一篇文章，而是很多个片段的杂糅。为便于阅读，或达到一种预期的效果，整体性是必要的——一系列的陈述、轶事、引语、论证、幽默嘲讽、诉求，都"共同朝着一个方向发挥作用"。文章的统一性也要求各个部分具有统一性。把散乱的句子拼在一起，凑成一个段落，甚至只用无力的连接词如"以及""并且"把它们联系在一起，这样做远远不够。一句话必须只说一件事；一个段落必须只说一件事；一篇文章也必须只说一件事。每一个部分是一个初步的整体，整篇文章就是一个完成的整体。然而，基于一堆东西组织出一件事情的能力不是与生俱来的。它需要有创造性，同时又能自我约束，关注效果，能在草稿阶段就预测结局，还要遵循发展主题的各类需求，同时做到对任何引人入歧途的突发奇想充耳不闻。简言之，好的作家需要是艺术家。

现在，年轻的作家本能地意识到上述写作要求的重要性，并为之恐惧。他知道自己这样迈向"辛劳的一生"是多么欠缺准备。他坐在桌前，看着一页白纸，不寒而栗。要让他知道，不寒而栗是正常的。我清楚地记得自己还是年轻小伙子的时候，十分崇拜一位有着丰富经验的修辞学老师，他说在他看来人类所知道的所有工作中没有比写作更难的了，那一刻我特别开心。在那之前我一直以为只有我写作时才举步维艰。老师的话鼓舞了我，使我有勇气再次尝试，因为我知道全人类都和我同病相怜。不明白这一点就不要写作。不写作，年轻的作家就也不用遵循我的上述准则，不用寻找机会去写作了。对于大部分人来说，这才是面对写作的新方式——把写作当作一种机遇，一个机会，而不是强加的负担。这样一来，写作就不会缺乏独创性，也不再是一桩苦差事。相反，每一部分都会是珍贵而必要的台阶，让我们通往驾驭写作的路。对于那些靠写作吃饭的人而言，基本不会有这样的机会，因为只有把写作当作练习才会是自然的。但是说到这一点，不能因为是练习就可以写出次品然后蒙混过关。不管是写给朋友的信件，写给老板的报告，还是写给报纸的通讯，都要懂得有开头，有发展，有结尾。大多数写作都没有这么合意的结构，这些都是优秀作品的专有。记住，要让作品有美感，必须要注意首先写什么，其次写什么，然后写什么。

然而关于这个主题，我必须要祝贺当下的一代，因为比起我的年代，他们优势多多。如今孩子的成长，比我们那一代要幸福。他们不会觉得铅笔是折磨人的工具,口和笔基本没有区别。从他们离开母亲怀抱的那一刻,他们手中就已经握着笔了。他们被鼓励在纸上描述他们感兴趣的小鸟、朋友及探险经历。他们的写作课基本和口语课一样多。他们在还不知道写作是什么的时候就开始学习写作。我希望他们中的一些幸运儿会发现我所谓写作之难的悲哀描述过于夸大。我还想说,因为写作的熟练程度与频率最为相关,我认为新闻工作者非常幸运,因为他们 直在写作。现在人众对新闻产品普遍有所贬低,但我并不认为对他们要有如此苛刻的要求。毫无疑问,新闻写作是非常仓促的工作,带有仓促的印记。但在我看来,新闻出版的英语书写中达意、生动、信息量大的句子比比皆是,这比以往任何时代出现的频率都要高。书面文学和口头文学之间的界限正逐渐打破,这一现象既有好的影响,也有不好的影响。大家似乎都在写作,不管是韵文还是散文;如果说高质量的写作不会经常出现,另一方面粗鲁拙劣晦涩的写作也不多见。一种简单直接的英语文体正在确立其地位。整个民族都在学习使用自己的母语。在这种情况下,那些意识到自己英语薄弱的人就更有必要立即认真地培养自己的语言能力。

  第三条准则是"想着他人"。我一直在强调英语学习中的自我培养,这似乎只涉及一方,也就是我们自己。但实际上每一说话都涉及两方,其目标是社会性的,其目的是交流。毫无疑问,尽管说话时我们半路上会被自我表现的欲望驱使,但只有当另外一方能够从说话中有所获取时,说话才有其价值。因此,任何言说或写作都是双向的过程,从我开始,向他渗透,双方都需要给予关注。我所说的就是我想说的吗?这是一个重要的问题。我所说的话组织得够清晰,足以让听到的人都理解吗？这个问题同样事关重大，但却更容易被人忽略。我们只顾及表现自己，而忘记了对方。我们匆忙地说出那些毫无目的的话，只为一己轻松，不去考虑它们是帮助还是阻碍听话人的理解。我们大多数人都极为缺乏想象力，无法从自己的世界走出，去顾及对方的思想，而文学艺术家却一直致力于此。他能够以自己的眼光去观照事物，同时也能用他人看待他的眼光去自察其身。他可以轻松自如地把两种生活合二为一；或者说，他已经能够让自己把别人的生活看得更为重要，并且认为自己的舒适、喜好和劳动都是从属于为他人服务的。所有严肃的文学作品随时都在为他人担此重任。我必须不辞辛劳地写作，让他人能够轻松阅读。我必须找出他人的所想所需，然后去满足他们。

写作时，我必须不停地钻研出阻力最小的路径，让我的思想进入到与我迥然相异的头脑中去。为了遵循这一路径，我必须在不削弱我本意的情况下，微调我的表意方式。这样组词或那样组词能让意思明了吗？这种表达顺序是有助于快速理解还是会阻碍理解？为了顺从读者的阅读方式，让他感受语言的愉悦，我要搁置自己性情中的哪些任性呢？而且，我要接受读者性情中的哪些任性，并将它们作为固定的事实来调整我的所言呢？这些都是娴熟的作家一直自问的问题。

这些问题，不只是文学问题，同时也是道德问题。欲取之，必先予之。这一黄金法则同样适用于写作。每一位懂行的作家都有为仆意识。忍受艰难是他的职责，这样他的读者才能免于辛劳。不能让读者付出哪怕一点点的精力去排除理解障碍。因此他无权说出不考虑他人的言语——我是指那些不能顺理成章地被他人接受的语言。在坚持己见的同时，他把自己的与众不同搁置在一边，因为这些都是作家的道德素养，所以只要我们还活着并还在写作，就永远无法在这些方面臻于至善。我们可能会持续靠近这些特质，但仍然还会有更高一级的改进吸引我们。文学艺术家与道德之人的世界之所以有趣，正是因为这种进无止境。那些通过写作或演讲服务于人的都是艺术家，同时也是有德之士。写信是一件简单的事情，但也包含着道德和艺术，因为我们既可以充满想象地完成它，也可以以自我为中心粗糙地去写。收信人想知道什么？我怎样才能把他从对他而言完全陌生的环境中带出来，继而进入我的生动感觉里？我怎样才能把我所有渴望讲的话讲出来，同时还能保证他领会得和我一样明白愉悦？我想说：想着他人。不要一味专注于自己的世界。你的兴趣只能占据写作的一半；属于对方的那一半隐藏其中，是写作得以完整的必要部分。如果此处我谈写作的篇幅多过口头言说，也只是因为说话时我们发出的是最直接的思想，但写作则表达的是再思甚至是三思后更成熟的想法。深思熟虑之间，我已更加明显地感受到写作中需要道德和艺术，它们是语言中普遍存在的，可以更为明晰地被人感知。但不是说我们说给别人听时就不用像写给别人看时那么要求严格。

  还有第四条很重要的准则，它和第三条密不可分，即"紧靠主题"。我们讨论过语言的使用者，不管是写作还是说话，要为自己服务，也要为他人服务；但他还要服务于另外一样东西，它的影响力比任何人都大，那就是他的主题。主题产生最初的需求。那些把注意力都集中在自己或别人身上的人是绝不会达到效果的。效果依附于主题。我们必须与主题同在，并要乐意承认它无可匹敌的优势。当小学生胆战心惊地坐下来描写春天时，他根本想象不出作品需要的思路从何而来。他绞尽脑汁，寻找灵感。他一会儿瞧瞧笔尖、瞅瞅窗帘、看看墨台，看看这些东西是不是能给他带来什么想法。他猜想老师希望他说什么，并竭力想象第三读者眼中的文章会是什么样的。他尝试从各个方面去思考，唯独忘记一点，那个让他如此辛劳付出的根源：他的主题。而他畏惧主题。现在我想澄清的是，主题实际上不是敌人，而是朋友，是他唯一的助手。他的文章不是费力想象的虚构，其构成只能依靠主题给出的各种指令。他只是出席者。现在，他挡着自己的道，任由自己的焦虑喧扰心神，从而听不见主题给出的丰富建议。他纠结于自己的感受，纠结于自己或是他人希望他说些什么。这让他心力交瘁。他必须紧靠主题才能让自己的作品有力，并且要着力于作品要说的话而不是他要说的话。马修·阿诺德在给自己1853年出版的诗集所作的重要序言中对比了希腊诗歌和现代诗歌的艺术手法，他这样归纳希腊人的智慧："一切依赖于主题，选择一个适宜的行为，把自己融入情境，这些做好了，其他的就水到渠成了。"他指出我们这个时代疏行专断，思想散漫。"那种思维方式与我们的时代太不相同。现在没有人能懂米南德，当有人问他的喜剧进展时，他告诉人家他已经写完了，而事实上他一个字都还没开始，他只是已经在脑海里构建出了整个故事。可能有现代评论家会向他断言，说作品的亮点都是在写作过程中才唤醒于笔下的。我真的认为我们大多数人从内心深处不相信诗歌有什么动笔才能创造出来的整体印象，也不认为诗人必须能创造这一种整体印象。我们允许诗人选择任何他乐意的行为，使其纵性而为，这样他才能偶尔爆发出优秀的作品，让读者徜徉在大量独特的思想和意象中，从而得到满足。"伟大的作家无视自我以及自我幻象的塑造。他们的作品是一扇玻璃窗，从中反映的就是现实。透过这面玻璃，人们看到的不是作家，而是作家的作品。我们多么熟悉莎士比亚笔下的人物！可是我们对莎士比亚却了解甚少！人们评论他可能就像希伯来预言家以赛亚评论上帝一样："他隐藏了自己"。一流作家都擅于倾听思想。他们目光深远，能洞察到事物最深处，并完全听从它的指令。强势的作家都是卓越的顺从者——巧妙地积极地顺从。我曾经与一位伟大的小说家待了一整天，当时他的那部经典之作只写了一半。我称赞了书中英雄人物的伟大，但也说到这样一来作家的生活可能就悲惨了，因为他创作的角色太伟大了，手头有这样一个人物，还必须得给他找点大事去做。我的朋友满脸困惑，停顿了一下说："我想你不懂我的工作。我本人与角色无关。既然人物已被创造出来，静观其变即可。"

想好好写作的人都必须培养这种顺从的能力，这是一种艰苦的顺从。当然这需要充沛的精力，第三节中描述的想象力，第二节中对结构一致性的热情，以及第一节中提到的自律与大胆。但是，只有当你知道你写作的主题是什么，具备以上条件才有意义，因为这些条件都是由主题衍生出来的。宗教只是把道理放大，耶稣的话适用于天堂也适用于凡间。要说培养英语能力最重要的一点，我想最简练的答案就是耶稣宣称自己力量之源时的那句话："你们所听到的话不来自于我，而是来自派遣我的上帝。"任何能够使用这样言词的人都将会成为真正伟大的演说家。

　　上述都是基本的准则，想要掌握英语这门美丽语言的人都必须注意。当然，还有第五点。我基本不需要为此命名，因为不管上述四点哪一个在先，它都紧随其后。这就是：我们得去做，而不是想。日复一日地做，做不好也不要厌倦。早动手，多动手，哪怕事倍功半也要甘之若饴。据说约翰·莫莱早年间希望从事新闻业，然后他写一篇社论，每天寄给一家报社，天天如此，坚持了一年，终于被成功采用。我们都知道他后来成了伦敦新闻界的风云人物。我不能保证这个故事的真实性，但我能确定的是，一个能每周坚持写作并能将成果付之一炬的作家是多么的雄心壮志和英明智慧。只要把自己打磨成形，文章发不发表都不重要。

　　收尾之前，请允许我承认自己忽略了一整类具有建设意义的影响因素，它们的重要性不次于任何一个上述提到的准则。这是我有意忽略的，因为我希望说明我们能为自己做些什么。我一直认为英语的学习需要明显的意志力，需要全力以赴。上述因素作用巨大，但在这个事事皆关联的世界，它们无法单独发挥作用。只有在群体的建议和下意识习惯的支持下，作用才会发挥到极致。一般来说，优秀的演说家都会与优秀的人为伴，并能通过遵守我之前列出的那些准则，时时留心，来增强优秀之人对自身的有利影响。加上补充的这一点，我教的才是对的。光有这一点不成立，还需要其他方面的补充。让口才好写作好的人去发现优秀的作家和演说家，让他进入他们的圈子——因为一流作家的世界哪怕对最与世隔绝的人来说也是开放的——让他去感受他们完美、精巧、优雅又游刃有余的措辞中的那份轻松与舒适,然后很快他会发现自己的能力,继而在我所罗列的准则辅助下去发展这些能力。对大多数人来说,专门的学习不如偶然的捕获。我们会无意识地从周围环境中学习到我们完全创造不了的东西。我们应该牢记这些话,让自己接触同伴的善语良言,但不能就此认为自己的努力没有那么重要。我们多半可以去选择我们需要顺从的影响力,然后对其有选择地重视;我们可以享受、反对、修改抑或是煞费苦心地嫁接传达给我们的信息——因为要合理做到以上任何一点,都必须有清晰的目标指引我们。我已经提供了这些目标,尽管只是辅助性的,但非常必要。我还要重申,对这些目标的坚持,可能比语言上的天赋更重要,坚持是指导他们改善自己的笨口拙舌的良师。非常确定的是,只要付出坚持和努力,就必然会成为使用英语的能手。如果我们注意自己的言语,不断地让说出的话更正确一些,自由一些,丰富一些;如果我们把每一次写作都看作是一次机会,为实现统一的结构而深思熟虑;如果每次说话都能既考虑听众又考虑说话人;最重要的是,如果我们自己和听话人都能集中注意力于我们所谈的主题,由此让我们自己得到主题的支撑——那么我们每一天都会取得进步,不仅是英语学习的进步,还有个人能力的提升,甘于奉献的精神,以及由此带来的愉悦。

共和党人和民主党人

[美] 贝拉克·侯赛因·奥巴马

一般情况下，我乘地下交通进入国会山。一列小小的地铁从我办公室所在地哈特大楼开出，在上面可以看到沿途隧道里满是五十个州的旗帜和徽章。列车吱嘎一声停住，我踏出车厢，从忙碌的雇员、车站维护工人、偶尔可见的旅游团队中间穿过，然后搭上一间老旧的电梯升到二楼。走出电梯，通常可以发现拥挤在这里的新闻记者。我从中挤出一条路，冲着值班的首府警卫打一声招呼，然后再穿过两扇庄严厚实的大门，就来到了合众国参议院的办公所在地。

参议院并不是国会山最常心悦目的地方，但能给人留下难忘的印象。暗褐色的墙壁衬托出蓝条纹的镶板和条纹精美的大理石柱子。头顶上高悬一个乳白色的圆形穹顶，在穹顶正中，雕刻着一只美利坚雄鹰。在供游客参观的走廊之上，安详而庄严地陈列着美国历史上前二十位副总统的半身雕像。

徐徐前行，可以看到参议院的席位由一百张桃花心木桌子呈马蹄形排成四行。每张桌子的上方都摆放有墨水瓶和鹅毛笔，有些桌子的历史甚至能追溯到1819年。随便打开一个抽屉，你就能发现曾经使用过这张桌子的参议员名字——塔夫特（Taft）、隆（Long）、斯登尼斯（Stennis）、肯尼迪（Kennedy），而且这些或潦草或工整的字迹皆出自于议员们之手。有时，站在参议院议事厅中，我可以想象保尔·道格拉斯（Paul Douglas）或者休伯特·汉弗莱（Hubert Humphrey）坐在其中的一张桌子前，再一次敦促议会采纳和通过民权法案；或者是在几张桌子开外，乔·麦卡锡（Joe McCarthy）正在翻阅着长长的名单，随时准备为其中的些名字做政治定性；或者是林登·约翰逊（LBJ），徘徊在过道上，通过游说来拉选票。有时，我也会徘徊在丹尼尔·韦伯斯特（Daniel Webster）曾经用过的桌子边，想象着他勇敢地站出来，挺立在挤得水泄不通的议会旁听席和同僚们面前，强烈反对分裂势力，奋力维护联邦的完整。他的眼中闪烁着熊熊的火光。

但是这种想象不会持续很久。除了投票的短短几分钟，我和同僚们并不会在议事厅待太长时间。绝大多数的决定——包括提出什么法案，什么时候提出法案，需要做什么修正以及如何劝导反对派议员参与合作——早已被多数党领袖与相关的委员会主席，还有他们的同僚，甚至（这还取决于反对的程度和处理提案的共和党人的思想境界）在野民主党人士讨论决定了。当我们来到议会厅时，秘书便开始点名，参议员按序投票。其实他们都已拿定了主意——他们和同僚磋商，考量政党会议领导、院外游说团、利益集团、选民来信，以及意识形态的倾向等因素——在具体议题上早已确定了自己的立场。

这样的安排有助于提高办事的效率，自然得到那些疲于奔命的议员们的高度认可。他们的日程安排得满满的，往往长达十二甚至十三个小时：他们得急忙赶回办公室与委托人见面，回复电话，还要去附近的饭店结交政治捐助者，甚至还要赶去电视台直播室做现场访谈。如果你更加留心的话，你有可能发现在众人离去后，仍然有一个孤独的议员伫立在办公桌前，苦苦思索提案如何能得到认可从而在议会上发表演说。这可能是一份提案的解释，也可能是一份有关国内新问题的全面评述。演讲者充满激情，声音慷慨激昂；他的论点——关于削减低收入家庭的福利计划，或者关于阻挠一项司法任命，或者关于能源独立的必要性——听起来也是有理有据。但是这位讲演者也只能面对几乎是空荡的议会大厅发表演说，参与者只有会议主持人，少数议会同僚，参议院主席，还有那些目不转睛的美国有线频道（C-SPAN）的摄影记者。讲演结束时，讲演材料会被一位身着蓝色制服的书记员悄悄收去，作为官方的记录而保留。当这位议员走下台时，另一位议员会走到演讲席前，发表演讲，并希望得到广泛的认可。就这样，她重复前者所做的事情，一切都按部就班地进行。

就在这个世界上最伟大的审议机构里面，没有一个人在倾听。

我还记得2005年的1月4日。就在这一天，我和另外三分之一的参议员宣誓就任为第一百零九届国会的议员。那真是一段美丽而模糊的回忆。阳光明媚，气温也反常的温暖。家人和朋友们从伊利诺伊、夏威夷、伦敦、肯尼亚专程赶来参加我的就职仪式。当我和新当选的同僚们站在议会厅大理石讲台前，举起右手做就职宣誓的时候，他们都为我欢呼雀跃。在那古老的参议院议事厅里，我和妻子米歇尔（Michelle），还有我的两个女儿再次重温了仪式的过程并同副总统切尼合影留念［不出所料，六岁的玛丽亚很娴静地握着副总统的手，而三岁的萨莎（Sasha）却是先与副总统击掌，然后快速转过身来，面对着镜头招手］。之后，我就目视着女儿们蹦蹦跳跳，跑下国会大厦东面的台阶，她们的红色和粉色裙子随风优雅地摆动，最高法院外的白色廊柱成了她们嬉戏的庄严背景。米歇尔和我牵着她们俩的手，四人一起走到国会图书馆，在那里我们遇到了数百名祝福者，他们是冲着这一天从外地赶来的，在随后的几个小时里，大家互相握手、拥抱、拍照、签名留念。

一整天不停的微笑和致谢，一整天的礼仪和庆典——这就是国会山来宾的感受。也许那天是整个华盛顿特区最优雅的日子，人们都暂时停下来，集体欢呼我们的民主在继续。但是，此时的空气中却弥漫着一种滞息，提醒着人们此景不会持续很久。当招待会告一段落，家人和朋友们都离去以后，冬日的夕阳无力地落进铅灰色的暮霭之中，此时，游离在这个城市上空的阴影是这样一个不可改变的事实：这个国家被分裂，华盛顿被分裂，自第二次世界大战结束至今，这种政治上的分裂愈演愈烈。

我们的总统大选和各种各样的数据统计无不在表明我们传统智慧的正确。但美国在一系列问题上出现了分歧：出兵伊拉克、征税、堕胎、枪械管制、"十诫"、同性婚姻、移民、自由贸易、教育政策、环境的规范治理、政府组织的规模、法院的地位。我们不仅存在分歧，而且还带着分裂的和放纵的党派偏见，甚至不惜将最刻薄的批评抛向对手。我们在分歧的范围上存在分歧，在分歧的性质方面存在分歧,在分歧的理由上存在分歧。一切都充满了分歧:不管是造成气候改变的原因还是气候改变这个事实本身,不管是赤字的规模还是产生赤字的原因。

对我而言,这些都算不上新鲜事。长久以来,我一直关注逐步升级的华盛顿的政治争斗:伊朗门(Iran-Contra)和奥利·诺思(Ollie North)事件,博克(Bork)提名和威利·霍顿(Willie Horton)事件,克拉伦斯·托马斯(Clarence Thomas)和安妮塔·希尔(Anita Hill)的听证会,克林顿(Clinton)选举和金里奇革命(Gingrich Revolution),白水事件(Whitewater)和斯塔尔调查报告(Starr investigation),政府部门消极怠工而弹劾声却不绝于耳,悬而不决的扯皮(dangling chads)和布什戈尔之争。与其他公众一道,我见证了竞选文化渗透于整个政体内部,它作为一个极尽侮辱与诽谤之能事的产业,一个长期繁荣且有利可图的产业而占据了有线电视,无线广播和《纽约时报》畅销书的排行榜。

在伊利诺伊州立法机构任职的八年中,我渐渐地掌握了这种政治游戏的一些规则。在我1997年来到斯普林菲尔德(Springfield)上任时,伊利诺州参议院中占据多数席位的共和党采纳了和众议院议长金里奇控制美国众议院如出一辙的做法。在根本无力对修正案提出讨论,更遑论提案得到通过的情形下,民主党议员在一旁束手无策,只会抱怨和指责,但是这根本于事无补。他们只好眼睁睁地看着共和党通过了大型企业税收优惠提案,将经济压力转嫁给工人,甚至还削减了社会服务。一股愤怒的情绪在民主党会议上蔓延。此后,同僚们开始仔细地记录下大佬党(GOP)对权力的滥用,哪怕是一次细微的滥用也绝不放过。六年后,民主党当政,大佬党的日子也变得艰难。这时,一些老议员们不禁怀念起当年共和党和民主党一起共度晚餐,在牛排和雪茄的香味中商讨双方都能妥协的方案的情景。遗憾的是,当这些老人成为对方恶意中伤的目标,面对自己的选区大量散发的诸如渎职、腐败、无能和道德败坏的诬陷邮件时,过去那些温馨的回忆也会消失殆尽,荡然无存。

我并没有选择在这一切中做一个袖手旁观者。在我的理解中,政治就是一项身体对抗激烈的体育运动,即使是横眉瞪眼和偶尔脚下使绊儿也不会被判犯规。但由于占据了一个民主党占绝对优势的选区,我终于逃脱了被共和党成员大声唾骂的命运。偶尔,我也会和最保守的同僚一起共同起草一份法案,然后仅仅通过一圈扑克牌或者是一杯啤酒,我们就会发现彼此之间有着不愿公开承认的更多的共同之处。这也许就能解释为什么在斯普林菲尔德的这些年里,我会一直坚持着这么一种信念,那就是政治也可以是另外一种样子。选民们希望能看到不同的东西:他们已经厌倦曲解事实,诋毁谩骂,厌倦通过电视辩论来解决复杂的政治问题。如果我能和那些选民直接交流,感觉到他们的心声,并将他们的选择尽可能忠实地传达出来,那么,渴望公平竞争的本能和常识就能使他们重新振作起来。如果我们中有足够多的人愿意冒这个风险的话,那么,不仅国家的政治,甚至国家政策也会得到很大的改观。

带着这种信念我参加了2004年的美国参议员竞选。在参选过程中,我一直坚持畅抒己见,语言简洁,关注事情的本质。当我以绝对优势票数胜出并赢得民主党内部的初选和后来的参议院换届选举时,我越来越坚信自己的信念。

只有一个问题：竞选过于顺利，像是侥幸得来的胜利。政治评论家会指出在最初七位民主党候选人中，没有一位做过负面的电视广告。其中最富有的候选人——一位身价三亿美元的前商界人士——耗资两千八百万美元做了铺天盖地的正面宣传广告，不料竞选因最后几周有记者曝料他的离婚案丑闻而偃旗息鼓。我的一位共和党对手——潇洒而富有，曾经是高盛（Goldman Sachs）的合伙人，现在是内城区（inner city）的教师，从一开始就对我进行攻击，企图从我过去的经历中寻找不利的记录，没料到自己却因为离婚丑闻而仓皇落马。在那个月较顺的几天里，我没有招惹麻烦，倒是走访了伊利诺伊州，这是在我被提名在民主党全国代表大会上做"基调演讲"之前。我的演讲长达十七分钟，是一场毫无删减和中断的全国电视直播。最后伊利诺伊州的共和党很奇怪地选择了前总统候选人阿兰·凯斯（Alan Keyes）作为我的竞选对手。阿兰·凯斯以前从未在伊利诺伊州生活过，而且他是一个态度很激进并且很固执的一个人，就连保守的共和党人都畏他三分。

一些新闻记者后来宣称，我是全美五十州最幸运的政治家。私下而言，我的一些竞选伙伴们被这种说法激怒了，因为这种说法忽略了我们之前艰苦卓绝的努力和我们的政策感召力。不过，我仍然得承认成功里面有运气成分。过去我是个局外人，是一个异类；对于一个熟谙政治的局内人来说，我的成功说明不了什么。

怪不得当我一月份抵达华盛顿的时候，我感觉自己像个比赛结束之后才露面的菜鸟，崭新的队服洁净无痕，不但渴望比赛，甚至还希望能像满身泥泞的队友们那样清理比赛时留下的伤痕。当我忙于接受采访和合影时，满脑子都充满着高尚却不切实际的想法，幻想着能够少一些尖锐的党派之争和相互攻击。而就在这时，民主党已经被打得一败涂地——无论是总统选举、参议院席位、众议院席位，民主党在这些方面皆处于下风。我赢得了民主党新伙伴们最热烈的欢迎，他们将我的胜利视为民主党少有的几个亮点之一。无论是在议会走廊里，还是在参议院活动的间歇，他们总是将我拉到一旁，提醒我一场典型的议院斗争该是怎么样的一回事。

他们给我讲了他们的前任领袖，南达科他州的汤姆·达施勒（Tom Daschle）的失败遭遇。耗资数百万美元制作的诋毁广告向他铺天盖地地袭来——整版的报纸广告和电视新闻时刻在告诫社区民众他是如何支持堕胎（baby-killing）和同性婚姻的，有些广告甚至声称他曾经虐待第一任妻子，可事实是，她曾到南达科他州帮助前夫东山再起。他们又提起了马克斯·克莱兰（Max Cleland），佐治亚州的前任参议员，一位三级截肢的退伍老兵，在上一轮选举中仅因为被指控对国家不够忠诚，支持和鼓动奥萨马·本·拉登而丢失了参议院的席位。

那是"说出真相的快艇老兵"所做的一些小事了：没想到几则安排巧妙的广告和保守派媒体的几句中伤就能让一位曾经的越战英雄在人们心目中的光辉形象蜕变成一个软骨头的妥协者。

当然共和党中也会有人觉得自己受到了类似的毁谤。也许会议第一个星期出版的报刊社论是正确的：也许，是我们将选举抛到脑后的时候了，两党都应该收起互相憎恨和中伤的火药，在至少一两年的时间里，安心地治理这个国家。也许这个想法会是可行的，如果今天的选举不是这样的势均力敌，或者伊拉克战争局势没有这样动荡，或者选举游说团体、批评家和各式各样的媒体没有如此希望搬弄是非来从中牟利。和平也许因一个不同的白宫而出现，这个白宫不需要信誓旦旦去发动一场持续的竞选，不需要一个无可撼动的执政权，有五十一对四十八个选区的胜利来呼唤谦卑与合作，这就足够了。

无论实现这样一种缓和需要怎样的条件，这些条件没有在2005年出现。共和党和民主党彼此互不相让，没有善意的姿态。选举才过去两天，布什总统便出现在电视镜头前，宣称有足够的政治资本，而且打算充分使用它。就在同一天，保守派活动家格罗芙·诺奎斯特（Grover Norquist）不顾公共礼仪约束，在谈到民主党的处境时口出秽言："任何一位农民都会告诉你，某些动物跑来跑去，却并不感到开心；一旦被圈养，它们反而变得高兴，并安静下来。"在我宣誓就职的两天后，来自克里夫兰的女参议员斯蒂芬妮·塔布斯·琼斯（Stephanie Tubbs Jones）在参议院里站出来，质疑俄亥俄州选举结果的有效性，并举出在该州选举中发生的一系列舞弊行为。基层的共和党成员们不禁对之怒形于色（"可怜的输家"，我可以听到有些人这么小声地说着），但是议会主席黑斯特（Hastert）和多数党领袖迪莱（DeLay）面无表情，从高高的讲台上冷冰冰地盯着她，因为他们清楚选票和小木槌都在他们的手里握着。加州的参议员芭芭拉·博克瑟（Barbara Boxer）同意签署这个挑战，当后来回到参议院议事厅的时候，我发现自己的投票与七十四位投票的议员中的另外七十三位一道，将乔治·W. 布什送入了他的总统第二任期，这也是我在议会投的第一票。

我注定会在这次投票后接到一通斥责电话,受到一番邮件轰炸。面对被我惹得不高兴的民主党同僚们,我回电话,向他们保证我对于俄亥俄发生的问题很清楚,是的,我想接着就会有一场关于这个事件的调查,而且,我仍然相信,即使是那样,乔治·布什也依然能够赢得这场选举。我向他们发誓,我不可能在上任参议员的短短两天里就被拉拢并出卖自己的政党。就在同一周,我偶然碰见了即将离任的参议员泽尔·米勒(Zell Miller),他面目消瘦但目光犀利,是佐治亚州民主党党员,同时也是全国步枪协会(NRA)常委。由于对民主党感到失望,他转而支持乔治·布什,并在共和党全国代表大会上发表了一番言辞尖锐的"基调演讲"——他毫无保留地批评约翰·克里(John Kerry)的背信弃义,指责他在所谓的国家安全方面软弱无能。我们的谈话非常简短,但充满了无言的反讽——年迈的南方人即将退出政坛,而年轻的北方黑人却还有着不可估量的前程,新闻记者们从我们备受瞩目的大会演说中解读了这种鲜明的对比。米勒参议员非常有风度,他祝我在新岗位上有所作为。后来,我偶然读到他的著作《行动准则的瑕疵》中的一章,他称我的演说是他听过的演说中最好的一个,尽管随后他指出——我能想象出他在写下这些话时挂在嘴角的狡黠微笑——但从赢得竞选的角度上来说,这番演说可能并不是最有效的。

换句话说:我的人输了,而泽尔·米勒的人赢了。这就是冷酷无情的政治现实。其他一切都只是徒劳的伤感。

我的妻子会告诉你从天性上来说我并不是容易被激怒的人。所以，当我看到安·库尔特（Ann Coulter）或者肖恩·汉尼提（Sean Hannity）在电视上大喊大叫的时候，我发现很难拿他们的话当真，我猜想他们一定要这么做，要么是为了给自己的书促销，要么是为了提升书的排名。我不觉得有人愿意将宝贵的时间用来倾听这些无稽之谈。曾经有一些民主党党员在集会上冲到我面前叫喊，我们正处在政治上最困难的时期，因为有一只渐渐壮大的法西斯之手正在紧紧地扼住我们的喉咙。这时，我会提起罗斯福（FDR）政府对日籍美国人的拘押，约翰·亚当斯（John Adams）执政时期颁布的《客籍法和惩治叛乱法》（Alien and Sedition Acts），或者盛行长达百年历经数十任政府的私刑，这些恐怕比当前的状况要糟糕得多。所以，我告诫大家最要紧的是冷静。当有人在晚餐聚会上问，我怎么能在当前如此严酷的政治环境下行事游刃有余时，我会向他提起尼尔森·曼德拉（Nelson Mandela），亚历山大·索尔仁尼琴（Aleksandr Solzhenitsyn）或者其他一些待在埃及等国家某处监狱里的人。事实上，被人谩骂并非一件坏事。

但是，我还不能完全免于忧虑和紧张的折磨。和大部分美国人一样，我发现很难摆脱这么一种情绪，即我们的民主最近已经变得越来越糟糕。

我们认为，国家的理想和现实之间存在差距，但事实还不是那么简单。这个差距自美国成立之初就以某种形式存在。发动战争、通过立法、机构改革、组织工会，以及旨在连接承诺与实践的抗议活动。

不，我们真正的麻烦是横亘于我们的崇高使命和渺小政治之间的鸿沟——长期以来我们容易陷入一些细微琐事之中，往往不能在紧要关头做出重要决策，无法达成一致来解决所有的重大问题。

我们知道，全球化的竞争——更不用提我们所诚心许诺的，要真正实现机会均等和流动发展——需要我们自上而下地彻底改革我们的教育体系，充实我们的教师队伍，全力提高我们的数学和科学的教学水平。我们要拯救内城区的孩子，让他们接受教育。到目前为止，似乎我们关于教育的争论都集中在两派意见之上：一派希望能取消公立学校，另一派则希望能保持现状；一派人说钱对教育起不了什么作用，另一派人则需要更多的钱，但又不能证明这些钱将被有效和正确地使用。

我们知道，我们的卫生保健体系已经崩溃：昂贵的医疗费用，糟糕的工作效率，根本无法适应当今解除终身雇佣的经济体制，在这样一个保健体系中，勤劳的美国民众长期面临潜在的危机，并可能因此穷困潦倒。年复一年，意识形态和政治的权宜推诿导致了现状的低迷和无所作为。只是在 2003 年，我们盼来了一项药物法令，该法令费了很大周折，却成就了公共和个体权责的混淆——价格飞涨，官僚肆虐，保险覆盖面的缺口和令纳税人瞠目结舌的账单。

我们知道，反对国际恐怖主义的战斗马上就会演变成一场武装冲突和一场意志较量，国家的长期安全将建立在审慎的军事保护和日益增强的国际合作之上，还有解决全球贫困和失败国家的问题不仅仅是在做善事，实际上，它将使我们国家大受裨益。但是综观我们绝大部分关于国际政策的讨论，你会相信我们只有两个选择：要么与别国为敌，要么就退而将自己封锁起来以远离恐怖主义。

我们认为信仰是一切幸福和理解之源，然而我们却发现，在信仰的表达和理解上出现了分歧。我们相信我们是一个宽容的民族，即使是在种族、宗教和文化的紧张气氛弥漫大地的今天。遗憾的是，我们的政府不仅没有调停紧张局势，消减分歧，反而是煽风点火，利用这样的局势，从而将我们推向歧途。

我个人认为，政府中的那些人应该清醒地承认我们现有的政治和需要的政治之间存在一个鸿沟。当然，民主党人对于这种状况很不满意，这种不满意从他们输掉大选就开始了，由于一种胜者为王的选举制度，共和党人顺利控制了所有的政府要害部门，并且他们认为没有必要和一败涂地的民主党进行商榷和妥协。深思熟虑的共和党人不应该如此乐观，因为，就算民主党人不能获胜的话，共和党即便依靠无视现实的廉价承诺（税收削减但服务却未削减，社会保障体系私有化而福利却未得到改善，想发动战争却害怕伤亡）赢得了大选胜利，但它注定无力治理好这个国家。

而且公开来讲，对立的双方无论哪一方似乎都很难找到许多具备反省精神之人，甚至连一点点的关于造成现在政治僵局的责任都不愿承担。在选举集会上，在报纸社论中，在图书柜台上，在不断扩大的网络博客中，我们处处可以发现批评和指责之声不绝于耳。根据你们的感受，我们的现状是极端保守主义的自然结果，或者是刚愎自用的自由主义的必然后果，如汤姆·迪莱或南希·佩勒西（Nancy Pelosi），石油贸易或贪婪的律师，宗教狂热分子或同性恋者，福克斯新闻或《纽约时报》。故事是否叙述得绘声绘色，争论是否无懈可击，证据是否确凿可靠，一切因作者而异。虽然我不否认喜欢听民主党人讲故事，而且我也相信自由派的争论更多是建立在理性和事实之上。概括来说，右翼和左翼分子的论调恰恰处于相反的两个对立面上。这是有关阴谋的故事，美国现在正被一伙阴谋集团所劫持。如同所有精心策划的阴谋故事一样，双方都有足够的事实让那些本来就有政治倾向的人得到满足，他们不但相信，并且否认一切有可能动摇其理论假设的矛盾之处。争论的目的并不是为了说服对方，而是坚持自己的目标和理想是合理正确的——并且希望吸引足够多的拥护者来迫使对方投降。

当然，还有千百万日夜辛勤工作的美国人要告诉我们另一个故事。他们在工作着或正在寻找工作，开始创业，辅导孩子的家庭作业，穷于应对疯涨的油价和不足的医疗保险，以及由于破产法庭而无法领取应得的退休抚恤金。他们时而对未来充满希望，时而又跌入绝望的谷底。他们的生活充满了矛盾和含混。因为政治家们似乎并不关心他们所经历的事情——因为他们清楚当今的政治只是一种商业活动，而不是一项为国民谋福利的使命，政治家们每天所热衷争论的问题也无非是一场作秀——于是他们只好对政治退避三舍，远离那些无意义的吵闹、愤怒和无休止的争论。

一个能真正代表美国人民的政府——真正为美国人民服务的政府——需要一个完全不同的政治。这个政治要能够如实地反映国民的生活。它不应该是已事先打包随时可以从架子上取下来的东西。它应该是建立在我们最好的传统之上，并且准备为过去历史的阴暗一面负责。我们需要知道我们是如何发展到今天这个充满派系倾轧和互相仇恨的地步的。我们还要提醒自己，不要再斤斤计较于我们之间的差别，而是要想想我们之间的共同之处：共同的希望，共同的梦想，一条将我们联系在一起永远也割舍不断的纽带。

我来到华盛顿特区首先注意到的一件事情就是参议院的老议员们之间热情友好的关系：约翰·沃纳（John Warner）和罗伯特·伯德（Robert Byrd）之间始终充满谦恭有礼的交往，或者共和党人特德·斯蒂文斯（Ted Stevens）和民主党人丹尼尔·伊鲁耶（Daniel Inouye）之间的真诚友谊。大家似乎都认为这些老人代表了即将消逝的一个宝贵的传统，他们不仅热爱参议院，而且还体现了一种不屑于尖锐的党派纷争的气度。事实上，这是保守派和自由派评论家能够达成的少数共识之一，是已经过去的时代精神，是华盛顿的黄金时代，大家不介意哪个党派当政，议员之间都是彬彬有礼，政府职能高效有力。

在一个招待晚会上，我和一位在华盛顿国会山工作了将近五十年的老人进行了一番交谈。我问他，是什么导致了过去和现在不同的华府政治气氛。

"时代不同罢了，"他毫不迟疑地这么回答，"在过去，几乎每一个在华盛顿有些权力的人都参加过第二次世界大战。我们也许在某些问题上激烈交战过。我们中的许多人来自不同的家庭背景，不同的交际圈子，有着不同的政治哲学。但是通过战争，我们都找到了彼此的共同之处。这个共同的战争经历使得大家都彼此信任互相尊重，这使得我们可以克服隔阂，共同努力工作。"

我听着这位老人对往事的缅怀，讲关于德怀特·艾森豪威尔

（Dwight Eisenhower）和山姆·雷伯恩（Sam Rayburn），迪安·艾奇逊（Dean Acheson）和埃弗雷特·德克森（Everett Dirksen）的故事，也许年代久远，我发现要从这些叙述中得到清晰的画面不是一件容易的事情。在那个年代，没有24小时滚动新闻，没有无休止地募集资金，一批严肃敬业的人认真地处理严肃棘手的问题。我不得不提醒自己，他这番关于过去时代的美好追忆其实是有选择的：比如他闭口不提那次南方的政党代表在参议院议事厅人声抗议议会采纳民权法案，阴险的麦卡锡主义（McCarthyism），博比·肯尼迪（Bobby Kennedy）在去世前曾一再强调不断贫困的恶化以及妇女、社会少数派和弱势群体不能参与国家政治的问题。

我也意识到，一系列独特的环境因素促成了他所缅怀的那个时代的政坛稳定与和谐：不仅仅是共同的战争经历，还有那一致的对冷战和苏联威胁的担忧，更重要的是，二十世纪五六十年代美国国内经济所占的主导地位，当时欧洲和日本正从战后的废墟中重建自己的家园。

还有，不可否认的是"二战"后的美国政治并不像今天那么唯意识形态至上——各党派的机构和组织也没有那么明确。那些年的大部分时间里控制国会的民主党联盟其实是一个政治联合体，其中既包括北方自由派人士，像休伯特·汉弗莱（Hubert Humphrey），和南方的保守派人士，比如詹姆斯·伊斯特兰（James Eastland），以及由大城市机器刻意打造的忠诚人士。将这个联合体团结在一起的则是新政经济带来的平民主义——对平等的工资和利益，社会福利和公众工作，不断提高的生活水平的一种诉求。不仅如此，政党还确实培育了一种待人宽容的哲学：它根植于默许或支持南方逐渐升级的种族压迫之中，依赖一种更为宽泛的文化，在这一文化中，社会规范——性别的天性，或者说，妇女的角色——还没有得到广泛的质疑；在这一文化中，人们讨论问题时不会使用可能伤害感情而且与政治无关的词语。

在五十年代和六十年代早期，大佬党也宽容了所有的意识形态上的分歧——如巴里·戈德沃特（Barry Goldwater）的西部自由主义与尼尔森·洛克菲勒（Nelson Rockefeller）的东部家长作风主义；如那些怀念亚伯拉罕·林肯（Abraham Lincoln）和泰迪·罗斯福（Teddy Roosevelt）时代的共和主义并秉持联邦激进主义信念的人和追随埃德蒙·伯克（Edmund Burke）的传统甚于实验政策的保守主义者。在整理包括关于公民权利、联邦条例，甚至税收这些因地域和时代而产生差异的方面，我们的工作并没有做得很有头绪。但是对于民主党来说，与大佬党的合作来自经济利益的驱动，从梅因大道的老板到乡村俱乐部的经理，关于自由市场和财政限制的理论指导着我们合作的方方面面。［共和党在五十年代可能也采取了反对共产主义的过激路线，但是像约翰·F. 肯尼迪（John F. Kennedy）所帮助证实的，不论何时何地竞选，民主党都会在这个问题上十分情愿地助大佬党一臂之力。］

但是到六十年代，两党之间的联盟关系瓦解了，这个原因和过程被详细地记录了下来。首先是民权运动的到来，这个运动在一开始就从根本上向当时的社会结构发起挑战，并迫使美国人选择自己的立场。最后，林登·约翰逊（Lyndon Johnson）在这场战斗中选择了右派立场，但是作为一个南方人，他比任何人都能理解这个选择的代价：在 1964 年他签署《民权法案》的时候，他对助手比尔·莫耶斯（Bill Moyers）说，用了这轻轻的一笔，他就将南方可预见的未来交付给了大佬党。

然后是学生们发起的反对越南战争示威游行，他们宣称美国并不总是正确的，我们的行动也并不总是正义的——因此，年轻的一代没有义务去为上一代人的所作所为付出代价，或背负重担。

然后，伴随着现实堤坝的开裂，每一种形式的"外来者"从缺口蜂拥而入：女权主义者、拉美人、嬉皮士、黑豹党人、福利妈妈（welfare moms）、同性恋者，所有人都在要求他们的权利，要求得到主流的认可，要求能在社会上有一席之地并且能在政治上分得一杯羹。

让这些运动自生自灭需要花费几年的时间。尼克松的南方战略——向法院通过的公交车隔离政策挑战，对保持沉默的大多数人发出呼吁，给他带来立竿见影的竞选利益。但是他的治国政策并没有形成一种明确的理念——毕竟，这就是尼克松，他启动了第一次平权运动（affirmative action），签署法令成立了环境保护局，成立了职业健康与安全管理局。吉米·卡特（Jimmy Carter）也证实了，更加传统保守的民主党要旨与支持民权运动是不矛盾的。虽然失去了数量上的优势，但是绝大多数南方民主党议员还是选择留在党内，保留自己的议会席位以确保民主党至少对众议院的控制权。

但是，这个国家的政治地壳板块发生了移动和碰撞。政治再也不是记事本上的提示那么简单，它同时是一个道德问题，受制于道德职责与道德专制。政治也无疑变得更加个人化，并深入到人与人的所有互动之中——不论是在黑人与白人之间还是在男人与女人之间——并且在每一次权威的独断和拒绝之中暗示着自己的存在。

同样，如今人们判断自由主义和保守主义的依据更多是取决于态度，而不是出身阶层，即一个人对于传统文化和反传统文化所采取的立场。问题的关键不仅是你如何看待罢工权利或公司税收权利，还包括你对于性、毒品、摇滚、拉丁移民泛滥或者西方经典的看法。对于北方的白人选民和南方大多数白人来说，这种新自由主义毫无意义可言。暴力在大街上横行，而社会精英阶层对此表示宽容，黑人搬来隔壁，白人孩子乘车穿越城镇，当众焚烧国旗并冲着退伍老兵吐痰，这些行为如果不说成是攻击的话，至少可以看成是挑衅和污蔑。家庭、信仰、国旗、社区——所有这些曾经是最珍惜的东西都遭到了玷污。在这个混乱不堪的年代，暗杀行为抬头，城市纵火与越战惨痛失败之后，经济发展为输油管道、通货膨胀、工厂倒闭所取代。吉米·卡特所能提出的建议就是减少对经济的调控，即使一撮伊朗激进分子在加害已经饱受创伤的石油输出国组织（OPEC）　新政联盟中的相当一部分人就会开始寻找新的政治土壤。

我常常觉得自己和六十年代有一种奇怪的联系。从某种意义上来说，我不折不扣的是那个时代的产物：如果没有当时发生的种种社会动荡的话，作为一个混血儿，从出生那刻起，我的一生就注定是暗淡无日，我的未来就注定是风雨飘摇。但是当时我还很小，根本不能完全明白这些社会变化的深层意义，而且也因为距离的遥远——我当时生活在夏威夷和印度尼西亚——从而看不到它对美国精神的影响。我基本是从母亲那里渐渐了解六十年代的。我母亲直到去世前都很自豪地以一个顽固的自由主义分子自居。尤其是民权运动，激发了她深沉的敬意；无论任何，只要有机会，她就会给年幼的我灌输她心中的价值观：宽容，平等，帮助社会中的弱势群体。

但是从许多方面来说，我母亲关于六十年代的认识都是片面的，一是由于距离（她于1960年就离开美国大陆了），二是由于她具有不可改造的善良本性和浪漫主义情结。从理智上，她也许尝试去理解黑人权利运动，学生运动（SDS），以及她那些开始不再修腿的女性朋友，但是她无法理解其中的愤怒和反抗精神。从感情上讲，她的自由主义精神就定格在1967年之前的那个时候。她满心里想的还是诸如空间计划，和平工作队（Peace Corps）和自由乘车运动者，玛哈莉亚·杰克森（Mahalia Jackson）和琼·贝兹（Joan Baez）。

只有到了七十年代，等我的年龄变得更大一些后，我才开始意识到事态曾经到了一度失控的程度——那些直接经历过六十年代那场影响巨大的运动的人可能会有更深刻的理解。我的理解一部分是从外祖父母的抱怨声中听来的。他们都是老民主党员，但是却承认他们在1968年大选的时候投了尼克松的票，这一背叛行为让我母亲一直耿耿于怀。我对六十年代的认识主要还是来自调查研究。我那时还处于年轻反叛时期，在政治和文化的动荡中找到了理据后，开始对当时已处于低潮的政治和文化运动进行调查。在还未成年的时候，我就为当时那个时代的创造热情和敢为人先的精神深深地着迷，而且通过书籍、电影和音乐，发现了一个和母亲描述中完全不同的六十年代：我想到的是休伊·牛顿（Huey Newton）的形象，1968年的民主党全国大会，西贡空运（the Saigon airlift），以及阿尔塔芒特的滚石音乐会（the Stones at Altamont）。即使我没有找到革命的直接理由，我还是决定在行事风格和态度上做一个叛逆者，且不顾主流社会的舆论如何。

最终，我对于权威的藐视导致了我的自我放纵和自我毁灭。进入大学以后，我意识到任何一个对传统的挑战，其自身可能存在矫枉过正和正统观念。我开始重新审视我的设想，重拾起母亲和外祖父母灌输给我的价值观。在这个缓慢地、间断性地梳理自己曾相信的事物的过程中，尤其是当我和同学停止思考，开始大谈空话时，我开始悄悄地将在大学宿舍里与学友们的对话要点记录下来：如草率地批判资本主义和早熟的美国帝国主义，侈谈从传统的一夫一妻制的桎梏中解脱出来，从宗教中得到解放，却不能完全理解这些约束的价值，动辄以受害者自居，并以这种方式来逃避责任，维护权利，声称自比那些未曾受到伤害的人道德更加高尚。

所有的这些也许能够解释，我为什么被1980年罗纳德·里根的当选而搅得不安，尽管他扮演的约翰·韦恩（John Wayne）角色，他摆出的一副"老人总是对的"（Father Knows Best）姿态，他根据道听途说而制定出的政策，他对穷人的不必要的攻讦，都不足以让我信服。但是我领略他的吸引力，就如我还是个大男孩的时候，夏威夷军事基地曾同样地吸引了我——里面布满了整齐的街道和加满油的机器，到处都能看到笔挺的军服和标准的军礼，那种感觉同我看完一场精彩的棒球比赛，或者我妻子看完重播的"迪克·范戴克"（The

Dick Van Dyke Show）后所得到的乐趣十分相似。在谈到美国渴望秩序时，里根指出，我们需要相信我们不容易屈服于盲目的、非人性化力量，我们能够形成个人和集体的奋斗目标，我们需要重新发现诸如努力工作、爱国主义、个人责任、乐观主义和信仰这些传统美德的价值。

里根传递的信息取得了巨大的反响，一是得益于他良好的表述能力，二是他确确实实指出了自由主义政府的失败。在经济萧条的时期，里根向中产阶级选民传达出这样一个信息：他正在为他们而奋斗。而当时的情况是，政府正在满不在乎地大把花着纳税人的钱。他们对于政府的信任和付出常常换来的却是官僚主义横行。许多标榜自由主义的浮夸之词往往重视权利和名誉甚于职责与责任。里根夸大了社会福利的不足之处，当然自由主义者的抱怨是正确的——里根的政策过于偏袒那些所谓的经济精英，那些收购公司的投机分子在八十年代大赚特赚，大批工会资金短缺，全国平均薪资保持在过去的水平。

然而，通过许诺帮助那些努力工作、奉公守法、关心家庭并且热爱国家的人们，感觉上里根表达了这么一个共同考虑，即自由主义分子不再具有号召大家的凝聚力。批评者越是对里根吹毛求疵，他们就更多地扮演了里根为他们设计的角色——高不可攀的东西，税收和消费，首先抱怨美国，总是正确的政治精英！

我发现值得注意的不是里根当时发明的政治公式，而是他所陈述的观点在后来很长一段时间里仍然如此风行。尽管已经过去四十年了，六十年代的喧闹以及随后的混乱仍在占据着我们今天的政治话语的主题。从部分意义上说这显示出六十年代的冲突和骚乱对于从那个年代走出来的我们的影响是多么大，对于那个年代的争论的理解程度并不简单局限于政治的争论，它还作为个人的选择来决定个人身份和道德立场。

我认为这还告诉了我们一件事，那就是六十年代的争论焦点直至今天还没有得到解决和得出定论。那种反文化的愤怒已经消散并融进了诸如消费主义，生活方式的选择和音乐的爱好，而不是政治承诺；但是种族主义、战争、贫困和不同性别之间的关系这些问题仍然存在。

但是也许这与婴儿潮的那一代人的巨大规模有关系，这股人口组成的力量对于政治所产生的影响，与它对其他事物所产生的影响如出一辙——从伟哥市场到汽车制造商决定在汽车里设置多少个杯托。

不管如何解释，在里根政府之后，共和党和民主党，自由主义分子和保守派之间被画上了一道更加尖锐的意识形态的鸿沟。确实如此，当今诸如反歧视运动、犯罪、社会福利、人工流产和学校中的祈祷，所有这些其实都是早年战斗的延续。而且这对于今天其他的一些问题，情况也是如此。无论是大事还是小事，国内的还是国外的，所有这些问题都变成了"二选一""反对还是赞成"这种一刀切的选择题。经济政策再也不是在生产目标和分配公平之间权衡取舍的问题了。你所要面对的是减税还是加税，小政府还是大政府的问题。我们的环境政策再也不用在自然资源和现代经济发展需要之间权衡利弊了；你要么赞同一味地发展经济，大肆开采矿产资源等，要么你就支持不知变通的政府环保条令和繁文缛节，阻碍经济的发展。对政治而不是对政令而言，简单是一种美德。

有时候，我也在怀疑，甚至连紧随里根之后上台的共和党领导人对于这样一种政治取向也会有所不适。在像乔治·H·W.布什和鲍勃·多尔（Bob Dole）这些人的口中，两极化的措辞和相互憎恨的政治只会将选民从民主党中分离出来，但对自己的统治没有 点点好处。

但是，对于一代即将握有实权力的年轻保守派分子，如纽特·金里奇（Newt Gingrich）和卡尔·罗夫（Karl Rove），格罗芙·诺奎斯特（Grover Norquist）和拉尔夫·里德（Ralph Reed），这种两极化的措辞并不仅仅是一种竞选的策略而已。他们绝对相信他们所说的一切，无论是"不要增加税收名目"还是"我们是一个基督教国家"。实际上，根据他们严格的教条，极端的行事风格，夸大的委屈感，这种新保守派的领导只是迷信地紧紧追随六十年代新左派领导人。面对他们的左派对手，这些前卫的右派将政治看成是天堂和地狱之间的生死抉择，而不只是政策观点之争。两党的活动家们都开始观望政治风向，对于正统的意见进行总结，让那些质疑堕胎的民主党人更加形单影只，让那些拥护枪支管制的共和人更加孤立无援。在这番二元论的争斗中，妥协被视作软弱的表现，要遭到惩罚或干脆被清除出局。你要么站在我们一边，要么就反对我们。你别无选择。

比尔·克林顿非凡的贡献在于他尝试超越这种意识形态的僵局。他意识到，盯着保守派还是自由派的标签看只对共和党有好处；他还意识到这种单纯的政治划分对于解决我们当前面对的各种问题是毫无意义的。在他的第一次竞选中，他在愤愤不平的里根派民主党人面前表现出毫不圆滑的姿态，甚至是坚定的［索尔嘉妹妹（Sister Souljah）怎么啦？］，或者说是铁石心肠(他在一个重要的初选前夕批准处决一位因患有精神问题而被迟延处决的死囚) 的姿态。在他任总统的前两年里，他被迫放弃了他政策中的一些核心组成部分——全民的医疗体系，教育和培训资金的加大投入——这些政策能根本扭转新经济中工人阶层利益长期受到损害的趋势。

还有，他直觉上认识到摆在美国人民面前的选择是错误的。他也看到如果经过合理的组织，政府的开销和干预是经济发展的催化剂而不是抑制剂，而且市场和财政制度有助于维护社会公平。他注意到，要消除贫困不只是社会的责任，更是公民个人的责任。在他的政纲中——即使不总是在他的日常政令之中——"克林顿的第三条道路"弥合了之前的分歧，充分地激发了大部分美国人讲求实用、不拘泥于意识形态的态度。

的确，在他总统任期期满的时候，克林顿的政策尽管在目标上低调，但被认为是朝气蓬勃的，因此赢得了广泛的民众支持。在政治上，他排除了民主党内可能使我们无法赢得选举的因素。尽管经济快速增长，他并没有成功地将现行政策转换为类似于统治联盟的东西，比如民主党一直面临的人口数字上的劣势 (特别是南方的人口快速增长为南方的共和党人奠定了稳固的基础) 和共和党在参议院所占的结构优势，比如说，人口只有 493,782 人的怀俄明州两名共和党参议员的两张票与人口有 33,871,648 人的加州两位民主党参议员的两张票在效力上是同等的。

而且上述失败也证明了金里奇、罗夫、诺奎斯特等人在团结各派力量并将保守运动制度化时使用的卓越技巧。他们充分利用企业支持者和大亨赞助人的无穷资源建立了一个智囊库和媒体网络系统。他们利用现代的高科技手段来夯实基础,并且集中众议院的力量来加强党内的纪律。

他们也明白克林顿威胁到了他们想要保守派长期占据大多数的梦想,这也解释了为什么许多保守派成员会倒戈追随克林顿了。这还进一步解释了为什么共和党人处心积虑花大量时间来攻击克林顿的道德品质:因为如果克林顿的政策没有偏激的迹象,那么他的个人简历自然成为保守派阵营攻击的绝佳素材——长篇的信笺草稿,有关大麻的言论,常春藤院校的书卷气,干练却不会做家务的夫人,当然,最重要的还是性生活问题。通过不厌其烦的宣传,一些不道德的事实,以及总统本人在道德上不容置疑的缺点,克林顿可以被炮制成首先激发六十年代保守运动的自由主义象征。克林顿也许和那场运动打成了平手,但是此后,保守运动变得强大——就在乔治·W.布什的第一届任期内,保守运动迅速控制了整个美国政府。

我知道,这个故事讲述得有些简单。它没有对历史上一些有争议的地方进行阐述:制造业的没落和里根解雇空中交通管制员从而严重地打击了美国的劳工运动;议会关于南方几个州"多数对少数"的议会选举区特别举措,使得黑人代表有所增加,却减少了民主党人在议会中的席位;在国会中,民主党议员自认为羽翼丰满,缺乏居安思危的意识，故对克林顿采取了不积极合作的态度。同时，这个故事也没有告诉我们，在竞选问题上，不公正划分选区的做法使得国会中呈现单极化的局面，金钱政治和负面电视广告更是迅速地毒害着我们的政治空气。

当我回想起那天晚上那位年长的华府官员告诉我的话，当我思索着乔治·凯南（George Kennan）和乔治·马歇尔（George Marshall）的著作的内容时，当我读到博比·肯尼迪和那位埃弗雷特·德克森的演讲稿的时候，我不禁感到当今的政治正面临着一种止步不前的困境。对于这些人来说，美国曾经面临的问题绝对不空泛，因此也绝对不简单。战争是残酷的，但在一定条件下却是最正确的选择。尽管有完美的计划，我们的经济仍有崩溃的危险。人们可能一生都努力工作，但是仍旧在失去所有的东西。

相对而言，对于紧随其后出生并成长于较安逸时代中的一代政治家们来说，不同的经历导致了不同的政治态度和政治见解。在克林顿和金里奇之间的交锋中，以及在2000年和2004年的大选中，我有时候甚至觉得我在看一场婴儿潮一代人的心理剧——个关于很久之前在少数大学校园里发生的古老的忌恨和复仇计划的故事——在国家的这个大舞台上公演。六十年代的那一代人得来的胜利——比如说赋予了社会中的少数派和妇女以完整的公民权利，增强的个人自由和敢于质疑权威的健康精神——使美国公民拥有了一个更加美好的国家。但是在这个过程中有一些东西失去了，或者将被取代，这就是我们曾经共同拥有的梦想——那种珍贵的信任和朋友般的感觉——而正是这种梦想使得我们团结成一个共同的美利坚民族。

这些美好的东西是从什么地方离开了我们呢？理论上说，共和党也许已经培养出了他们自己的克林顿，一位中立稍微有点偏右的领导人，在继承克林顿的财政保守主义政策的基础上，采取更加积极的政策措施来改革陈旧的联邦政府机构，以市场和信任为基础，对社会政策的解决方案进行实验。这种政治家是仍然有可能出现的。并不是所有的共和党人都赞成目前的保守运动原则。无论在众议院还是参议院中，无论在华盛顿还是在全国的其他地方，都有着秉持温和与自制这两种传统的保守主义美德的人——他们认识到，因为对富人们所实行的减税政策导致了政府财政赤字的骤增，这一做法是不负责任的，减少赤字不能仅仅拿穷人开刀。教会与政府分离，既保护了教会，也保护了政府。稳健的政策和保守主义根本不需要互相冲突，政府的对外政策应该建立在客观事实而不是主观臆断之上。

但是这些共和党人不是过去六年里挑起那场大讨论的一帮人。与乔治·布什在2000年竞选时提出的"有同情心的保守主义"不同，现在的大佬党占统治地位的思想核心是绝对主义，而不是保守主义。这是一种自由市场的绝对主义，一种不需纳税、没有限制、没有安全系统的意识形态——实际上，没有一个政府能够对保护个人财产和国家安全掉以轻心。

基督教右翼有一种宗教意义的绝对主义，由不可回避且十分棘手的堕胎问题而发展成为更加广泛的运动，它宣称基督教不仅仅是美国占主导地位的宗教信仰，而且那些支持原旨主义者要推动公共政策的制定，消除其他一切对于宗教的不同理解的根源，不管它是来自自由主义神学家的著作，还是国家科学院的研究发现，或者是托马斯·杰弗逊（Thomas Jefferson）的语录。

另外还存在对于多数人意志的权威性的绝对信任，至少对那些以多数意见为名而占有权力的人是这样——这实质上是对公众监督机制（包括法庭、宪法、新闻出版机构、日内瓦公约、参议院的规章，或者那些传统的政治划分）的藐视，它有可能阻碍我们奔向光明未来的前进步伐。

当然，在民主党内部也不乏具有这样狂热倾向的人士，但他们从来未像罗夫或迪莱那样拥有统治整个政党的权力，这种权力使他们能够在党内任人唯亲，排除异己，并将自己一些过激的想法通过法律形式确立下来。党内普遍存在地区、种族以及经济地位的差别，划分选区，参议院的席位构成，以及为竞选需要而向经济精英募集政治赞助——所有的这些事情让在职的民主党代表无暇去构思那些离经叛道的想法。实际上，在我认识的许多当选的民主党员中很少有人像那些漫画中的自由分子；就拿最近的来说，约翰·克里主张维护美国军事力量的绝对优先权，希拉里·克林顿（Hillary Clinton）相信资本主义的美德，每一位国会黑人议员团的成员都相信耶稣基督流的血是为了洗清他们的罪恶。

相反，我们的民主党人现在倒是感到有些无所适从了。仍然有人高举旧时的宗教大旗，保卫每一项新政和"伟大社会"的计划，使之免于受到共和党的攻击，他们也因此获得了自由利益集团百分之百的支持。但是他们这些努力看起来却疲惫至极，一场没完没了的防御游戏，缺少足够的力量和新的思想来面对全球化或更加孤立的内城区。另外一些民主党人则追求一种更为"温和"的立场，认为既然他们已经与保守领导划清了界限，他们一定要采取更加理智的行动——可惜的是，他们没有意识到，随着时间一年一年过去，他们在做出越来越多的让步。就个人而言，民主党的立法者和候选人们在能源和教育、公共卫生和国土安全问题上摆出了一副理智的渐进主义的姿态，希望这些能够形成一种统治哲学。

简而言之，民主党已经变成了一个亦步亦趋缺乏活力的政党。面对一场至今都缺乏说服力的战争，我们在一切军事行为上都显得毫无主见。对于那些宣称市场能够解决一切问题的人，我们拒绝运用市场原则来解决亟待解决的问题；对于那些宗教上的过激行为，我们将宽容等同于世俗主义，并且丧失了那些能够将我们的政策赋予更深刻意义的道德语言。我们在竞选中落败，希望能通过法庭来阻挠一下共和党的计划。结果我们在法庭上也落败了，只好寄希望于白宫发生丑闻。

我们愈来愈感到有必要采取措施来对付共和党右翼那些过激的甚至是不择手段的策略。使许多拥护我们的团体和民主党活动家这些天激动不已的而且是广为接受的说法是：共和党之所以能够接连赢得竞选不是靠扩大他们自己的支持度，而是靠污蔑民主党，分化选民，煽动右翼势力，并且处罚那些偏离政党阵营的人来取得的。如果民主党希望能够重掌政权的话，就只能以牙还牙，以其人之道还治其人之身。

我能理解这些活动家们的苦衷。共和党人在单极化竞选的基础上重复赢得竞选的伎俩的确让人瞠目结舌，叹为观止。我在面对愈演愈烈的保守运动时感到了这些危险的细微之处。至少，在我看来，布什政府有一系列政策与催生这些义愤之情有直接的联系。

很抱歉，最后，我还是认为，民主党人采取任何一个更加激进的党派偏见和意识形态的尝试都是对我们的现状的错误判断。我相信，一旦我们夸张或者妖魔化，过于简化或者过分夸大我们所面临的局面，我们就已经输掉了。且任何时候，只要我们陷入这场政治纷争，我们就必输无疑。对彻底的意识形态的追求，死板的正统观念和对现行的政治争论的一成不变的预测，恰恰是这些使我们无法找到办法来应对作为一个国家所面临的挑战。正是因为这些，我们才被困在"要么/或"的思维定式之中：有这么一种看法，即我们要么只能有一个大政府，要么我们就干脆不要政府；还有一种假设，即我们必须要么容忍那四千六百万没有健康保险的公民，要么干脆就建立起一套全面的"社会化的医疗体系"。

正是由于这种教条化的想法和僵硬的党派纷争，才使得今天的美国政治陷入一团混乱。这对于右派来说不是一个问题；一个两极分化的选民群体——或者因为不诚实的争论、语言的肮脏而将两党都加以拒绝——对于那些打算削弱政府的人来说是再理想不过了。说到底，冷嘲热讽的选民就是以自我为中心的选民。

但是对于相信政府扮演着一个为所有美国人带来机遇和繁荣的重要角色的我们而言，一个对立的选民群体还不够好；单单让民主党取得多数优势还是不够。我们需要的是更为广泛的全国性的多数——包括民主党人、共和党人、善意的无党派人士——重新团结在一个全国性的改革计划之中，他们视自我价值与他人价值密不可分。

我从来都不幻想不费吹灰之力就能完成这项巨大的工作。但是我们必须要朝着这个目标奋斗,因为要解决目前美国面临的各种问题不是一件容易的事情,它需要我们做出痛苦的选择,甚至需要我们做出牺牲。政治领导人如果不是去接受新观点,而是玩几个新招式,我们就不能团结足够多的民众与我们一道齐心协力去倡导一个严肃的能源政策或者减少政府的赤字;我们将得不到民众的支持来起草一份足以应对当今全球化和恐怖主义挑战的外交政策,这项政策既不诉诸孤立主义又不会侵害公民自由;我们也将没有足够的授权来革新美国现今残缺不全的卫生医疗体系。同样,我们也得不到广泛的政治支持和有效的战略来将许许多多的同胞们从贫困的境地中解脱出来。

2005年9月,民主党的同僚们因投了约翰·罗伯茨(John Roberts)首席大法官的赞成票而遭到许多拥护团体和活动家的猛烈抨击,我在给"左倾"的博客"Kos日报"(*Daily Kos*)的一封信中也表达了类似的看法。竞选班子的同僚对此感到有些紧张,因为我给约翰·罗伯茨投了反对票,他们认为这很可能会在民主党内挑起事端。但是我很欣赏那个博客网站不偏不倚的立场,就在我写信的几天后,六百多人以十分民主的方式对我的观点发表了意见。一些人赞成我的观点,而另外一些人则认为我过于理想主义——我设想的那种政治在共和党强大的公共关系网面前将寸步难行。还有相当大一部分人认为,我是被华府政治精英"派来"平息不同声音的,而且因为置身在华府时间太久,最终脱离了美国民众,或者干脆就如一位博客的主人后来所说的那样——一个地地道道的"白痴"。

也许这些批评是对的。也许我们不能逃避现在这种分立的政治现实和无休无止的争斗，任何改变这种困局的尝试都将无果而终。或许这种政治的平庸化已经到了无法回头的境地，因此绝大部分人将政治看作是另一种消遣，另一种体育赛事，我们的政治家们是挺着大肚子的角斗士，那些不厌其烦的观众只关心谁会出局：我们将脸上涂满红蓝的颜色，为自己这边加油鼓劲，为反方喝倒彩。不管结果是最后才决出胜负或者轻而易举就击倒对手，我们都能接受，因为胜负才是关键所在。

但是我不这么认为。他们就在那里，我暗自思忖，那些普通的美国公民在所有的这些政治和文化的争斗漩涡中长大，他们找到了一条路——至少，在他们自己的一生中——能够让他们与邻里和平相处，甚至与他们自己和平相处。我不难想象，一位出生于南方的白人在父亲的唠叨中长大，后来在工作中和黑人同事建立起了友谊，于是他决定用不同于自己父亲的方式来教育自己的孩子，他认为歧视是不对的，但是却对为什么一位黑人医生的孩子就能优先于自己的孩子进入法学院感到不满。或者，一位前黑豹党人决定要从事房地产业了，在附近购置了几栋房子，房前的毒品贩子弄得他没招，银行家死活不给贷款，他被整得焦头烂额，根本无法扩展事业。有一位中年女权主义者在为流产悲伤不已，另一位信奉基督的妇女替未成年的女儿支付打胎费用，但是还有成千上万的女招待、临时的女秘书、护士助理，以及沃尔玛超市的女店员，她们每个月都要竭尽全力，希望能挣到足够的钱来养活自己已经带到这个世上的孩子。

我猜想他们正在盼望着一个足够成熟的政治，这个政治能够在理想与现实之间取得平衡，能分清什么能够妥协什么不能够妥协，承认自己的政治对手也可能有对的时候。他们不是总能够搞明白左派和右派，保守派和自由派之间的论点，但是他们能够区分教条和常识，负责与不负责，什么能够持久，什么只是昙花一现。

他们就在那里，等待着、盼望着我们民主和共和两党哪一天能够停止争吵，快步赶上他们。

罗选民译著年表

一、译著

1. 《艺术与诗中的创造性直觉》(现代西方学术文库), [法] 雅克·马利坦著, 刘有元、罗选民等译, 罗选民校, 北京: 三联书店, 1991.

2. 《后现代文学及其机遇》, [美] 斯潘诺斯, 载《后现代主义文化与美学》, 罗选民、刘有元译, pp.213—251, 北京: 北京大学出版社, 1992.

3. 《发现自由意志与个人责任》("现代社会与人"名著译丛), [美] 乔·里奇拉克著, 许泽民、罗选民译, 贵阳: 贵州人民出版社, 1994.

4. 《哈克贝利·费恩历险记》, [美] 马克·吐温著, 罗选民、曾竹青译, 海口: 海南国际新闻出版中心, 1997.

5. 《美国高速地面运输》(内部资料, 未发表), 长沙铁道学院《美国高速地面运输》翻译小组，罗选民主持、部分翻译与总校，1999.

6. 《最后的人质》(当代外国流行小说名篇丛书)，[美]约翰·南斯著，罗选民译，南京：译林出版社，2000.

7. 《牛仔弗雷迪》(儿童经典系列)，[美]沃尔特·布鲁克斯著，罗选民译，南宁：接力出版社，2004.

8. 《无畏的希望：重申美国梦》，[美]奥巴马著，罗选民、王璟、尹音译，罗选民校，北京：法律出版社，2008.

9. 《原生态·迹象·艺术》，李英杰著，罗选民译，北京：知识产权出版社，2008.

10. 《现代语境中的上帝观念》(经典与阐释丛书)，[德]沃尔特·卡斯培著，罗选民译，上海：华东师范大学出版社，2009.

11. 《安东尼与克莉佩特拉的悲剧》，[英]莎士比亚著，罗选民译，北京：外语教学与研究出版社，2015.

12. 《西南联大英文课》，陈福田主编，罗选民等译，北京：中译出版社，2017.

13. 《马可·波罗》(企鹅经典丛书)，[美]琼安·赫鲁伯，罗选民译，长沙：湖南科技出版社，2020.

14. 《孙子兵法》，罗选民英汉注释，上海：上海译文出版社，2020.

15. 《文学通诠》，[英]巴西尔·沃斯维尔，罗选民译，北京：商务印书馆，2021.

16. 《河之歌》，罗选民译，北京：中译出版社，2021.

二、翻译论著

1. 《外语·翻译·文化》,罗选民主编,长沙:湖南科技出版社,1997.

2. 《构建话语语言学的翻译理论》,《1981–1993 中国人文社会科学博士、硕士文库》(文学卷 / 下册),罗选民著,杭州:浙江教育出版社,1999.

3. 《话语分析的英汉语对比研究》,罗选民等著,长沙:湖南人民出版社,2001(2002 获第七届北京市优秀哲学社会科学成果二等奖).

4. 《中华翻译文摘》,罗选民主编,[2000 卷]、[2001 卷]、[2002–2003 卷]、[2004–2005 卷],北京:清华大学出版社;《中华翻译文摘》[2006–2010 卷],北京:中译出版社.

5. 《外国文学翻译在中国》,罗选民主编,合肥:安徽文艺出版社,2003.

6. 《阐释与解构:翻译研究文集》,罗选民主编,合肥:安徽文艺出版社,2003.

7. 《文学翻译与文学批评》,罗选民著,入选《中国学术年鉴 2005》,北京:人民文学出版社,2005.

8. 《文化批评与翻译研究》,罗选民主编,北京:外文出版社,2005.

9. 《语言认知与翻译研究》,罗选民主编,北京:外文出版社,2005.

10. 《互文性与翻译》(优秀博士论文),罗选民著,2006,香港岭南大学,未发表.

11. *Perspectives: Studies in Translatology*,(《视角：翻译学研究》第 3 卷），罗选民主编，北京：清华大学出版社，2006.

12. *Translation Studies: An Interdisciplinary Approach*, Luo Xuanmin (ed.), Beijing: Foreign Languages Press, 2007.

13. *Translating China*, Luo Xuanmin & He Yuanjian (Co–eds.), Bristol/ Buffalo/ Toronto: Multilingual Matters, 2009.

14 《结构·解构·建构：翻译理论研究》，罗选民主编，上海：上海外语教育出版社，2009.

15. 《新英汉翻译教程》(国家高等教育"十一五"规划教材)，罗选民主编，北京：清华大学出版社，2011（北京市高校精品教材，2014）.

16. 《翻译的区域合作：首届亚太地区翻译与跨文化研究论集》，罗选民主编，上海：上海外语教育出版社，2013.

17. *Essays on Translation and Chinese Pedagogy* (4 Volumes), Luo Xuanmin & Liu Meiru (Co–eds.), Lewiston: The Edwin Mellon Press, 2014.

18. 《翻译与中国现代性》，罗选民著，北京：清华大学出版社，2017（2020 获第八届全国高等学校科学研究优秀成果（人文社科）二等奖）.

19. 《在可译与不可译之间》(第三届全国宗教翻译经典研讨会论文集)，罗选民主编，北京：中译出版社，2018.

20. 《英汉比较与翻译》(第 13 卷)，罗选民主编，上海：上海外语教育出版社，2019.

图书在版编目（CIP）数据

河之歌：罗选民译文自选集 / 罗选民译著. -- 北京：中译出版社，2022.1（2022.12重印）
（我和我的翻译 / 罗选民主编）
ISBN 978-7-5001-6767-9

Ⅰ.①河… Ⅱ.①罗… Ⅲ.①世界文学—作品综合集②罗选民—译文—文集 Ⅳ.①I11

中国版本图书馆CIP数据核字(2021)第209845号

出版发行	中译出版社
地　　址	北京市西城区新街口外大街28号普天德胜大厦主楼4层
电　　话	（010）68359827，68359303（发行部）；68359725（编辑部）
传　　真	（010）68357870
邮　　编	100044
电子邮箱	book@ctph.com.cn
网　　址	http://www.ctph.com.cn
策划编辑	范祥镇　钱屹芝
责任编辑	钱屹芝　李倩男
装帧设计	静　颐
排　　版	冯　兴
印　　刷	北京顶佳世纪印刷有限公司
经　　销	新华书店
规　　格	880毫米×1230毫米　1/32
印　　张	10.125
字　　数	232千字
版　　次	2022年1月第1版
印　　次	2022年12月第2次

ISBN 978-7-5001-6767-9　　　　定价：58.00元

版权所有　侵权必究
中　译　出　版　社